- 国家 973 计划青年科学家专题项目（2015CB060000）
- 国家科技支撑计划项目（2014BAG07B01）
- 国家自然科学基金项目（51178100）

高速铁路桥梁安全预警理论及其应用

丁幼亮　王高新　岳　青　吴来义　著

知识产权出版社
全国百佳图书出版单位

图书在版编目（CIP）数据

高速铁路桥梁安全预警理论及其应用 / 丁幼亮等著 .—北京：知识产权出版社，2015.9

ISBN 978-7-5130-3758-7

Ⅰ.①高… Ⅱ.①丁… Ⅲ.①高速铁路—铁路桥—桥梁结构—安全监测—研究 Ⅳ.①U448.13

中国版本图书馆 CIP 数据核字（2015）第 206474 号

内容提要

本书基于国家 973 计划和 863 计划等相关专题项目成果，以京沪高铁南京大胜关长江大桥的温度场环境作用数据以及位移、应变、振动等结构响应数据为主要研究对象，详细阐述了高速铁路桥梁安全性能监控与预警的相关理论与方法。全书主要内容包括高速铁路桥梁温度场监测与评估、高速铁路桥梁支座纵向位移监测与评估、高速铁路桥梁主梁静应变监测与评估、高速铁路桥梁钢桥面板动应变监测与评估、高速铁路桥梁结构振动监测与评估等。

本书可供从事桥梁工程专业的研究、设计和管理的科技人员参考，可作为土木工程和工程力学专业研究生和高年级本科生的学习参考书，还可供铁道、水利、机械、航空、航天等相关专业人员参考。

责任编辑：祝元志　　　　责任校对：孙婷婷
封面设计：刘　伟　　　　责任出版：刘译文

高速铁路桥梁安全预警理论及其应用

丁幼亮　王高新　岳　青　吴来义　著

出版发行：知识产权出版社 有限责任公司	网　　址：http://www.ipph.cn
社　　址：北京市海淀区马甸南村 1 号	天猫旗舰店：http://zscqcbs.tmall.com
责编电话：010-82000860 转 8513	责编邮箱：13381270293@163.com
发行电话：010-82000860 转 8101/8102	发行传真：010-82005070/82000893
印　　刷：北京科信印刷有限公司	经　　销：各大网上书店、新华书店及相关专业书店
开　　本：720mm×960mm　1/16	印　　张：13
版　　次：2015 年 9 月第 1 版	印　　次：2015 年 9 月第 1 次印刷
字　　数：170 千字	定　　价：68.00 元

ISBN 978-7-5130-3758-7

出版权专有　侵权必究
如有印装质量问题，本社负责调换。

前　　言

  高速铁路桥梁结构在长期服役过程中受到自然环境、使用环境、动静力荷载以及材料内部因素的作用，不可避免地发生材料性能劣化、结构损伤累积，最终造成结构承载力下降、可靠性降低、使用寿命缩短。因此，建立高速铁路桥梁结构健康监测系统，实时识别结构受力状态及其安全性能的长期变化规律，全面掌握高速铁路桥梁的服役安全动态，是现代化高速铁路运输系统中不可缺少的重要技术保障。目前，国内外桥梁健康监测主要针对大跨公路桥梁，而针对高速铁路桥梁的健康监测研究尚处于起步阶段。高速铁路桥梁自身的结构特性以及高速行车的安全性与舒适性要求都给健康监测提出了更高的要求。本书紧密围绕高速铁路桥梁安全性能监控与预警这个主题，以京沪高铁南京大胜关长江大桥的温度场环境作用数据，以及位移、应变、振动等结构响应数据为主要对象，详细阐述了高速铁路桥梁安全性能监控与预警的相关理论与方法，对于揭示服役期内高速铁路桥梁的环境作用、结构响应及其累积损伤效应的变化规律，服务高速铁路桥梁的养护和运营管理，反馈和改进高速铁路桥梁结构设计方法等方面具有重要意义和实用价值。

  本书包括以下内容。第 1 章为绪论。第 2 章采用极值分析方法和统计分析方法详细考察了大胜关长江大桥钢拱桁梁的温度和温差的空间分布特征及概率统计特征，在此基础上计算了温差标准值以及最不利温差模式。第 3 章通过大胜关长江大桥支座纵向位移与结构温度场的相关性分析，研究了支座使用性能退化时纵向位移的变化规律，并建立了支座使用性能退化预警和定位方法。第 4 章通过大胜关长江大桥主梁静应变与结构温度场的相关性分析，建立了主梁静应变与结构温度场之间的相关性数学模型，在此基础上建立了基于静应变监测的主梁承载能力退化监控方法和主梁极限承载能力评估方法。第 5 章通过大胜关长江大桥动应变数据的长期监测和分析，建立了等效应力幅和应力循环次数的概率统计分布模型，在此基础上开展了考虑应力集中效应和环境腐蚀因素影响的钢桥面板疲劳寿命评估研究。第 6 章以大胜关大桥主梁和吊杆的振动监测数据为对象，开展了高速列车通过时大胜关大桥主梁和吊杆的振动加速度、振动位移和振动频率分析，在此基础上建立基于振动监测的主梁和吊杆振动性能退化监控方法。

本书的研究工作先后获得了国家重点基础研究发展计划（973 计划）青年科学家专题项目（2015CB060000）、国家科技支撑计划项目（2014BAG07B01）和国家自然科学基金项目（51178100）等科研项目的资助，同时也得到了京沪高速铁路股份有限公司、上海铁路局南京桥工段等建设管理部门和有关合作单位的大力支持。宋永生讲师参加了本书第 5 章部分内容的撰写工作。对此，作者表示衷心感谢！

本书的出版获得了"江苏省高校优势学科建设工程资助项目"资助。

本书总结了作者关于高速铁路桥梁安全性能监控与预警研究的阶段性成果，其中的一些论点仅代表作者当前对这些问题的认识，有待进一步补充、完善、发展和提高。因而，对本书存在的不足乃至错误之处，敬请读者批评、指正。

目 录

前言
第1章 绪 论 ··· 1
　1.1 桥梁结构健康监测的意义 ·· 1
　1.2 桥梁结构健康监测的研究与应用现状 ······························ 5
　1.3 高速铁路桥梁健康监测的研究与应用现状 ······················· 12
　1.4 本书的研究背景 ·· 16
　1.5 本书的目的和主要内容 ··· 19
　参考文献 ··· 20
第2章 高速铁路桥梁温度场监测与分析 ···································· 24
　2.1 高速铁路桥梁温度场监测概述 ······································· 24
　2.2 大胜关大桥温度场长期监测结果 ···································· 27
　2.3 大胜关大桥温差概率统计分析 ······································· 33
　2.4 大胜关大桥温差标准值及温差模式 ································· 41
　2.5 本章小结 ··· 48
　参考文献 ··· 49
第3章 高速铁路桥梁支座纵向位移监测与评估 ··························· 51
　3.1 高速铁路桥梁支座纵向位移监测概述 ····························· 51
　3.2 大胜关大桥支座纵向位移长期监测结果 ·························· 52
　3.3 支座纵向位移的数学模型建立方法 ································· 63
　3.4 基于纵向位移监测的支座使用性能退化监控方法 ············· 68
　3.5 本章小结 ··· 79
　参考文献 ··· 80
第4章 高速铁路桥梁主梁静应变监测与评估 ······························ 82
　4.1 高速铁路桥梁主梁静应变监测概述 ································· 82
　4.2 大胜关大桥主梁静应变长期监测结果与分析 ···················· 85
　4.3 大胜关大桥主梁静应变的数学建模方法 ·························· 92
　4.4 基于静应变监测的主梁承载能力退化监控方法 ················ 100
　4.5 基于静应变监测的主梁极限承载能力评估方法 ················ 103

4.6 本章小结 ·· 111
参考文献 ·· 112

第5章 高速铁路桥梁钢桥面板动应变监测与评估 ·························· 113
5.1 高速铁路桥梁钢桥面板的动应变监测概述 ···························· 113
5.2 大胜关大桥钢桥面板动应变的长期监测结果分析 ··················· 115
5.3 基于动应变监测的钢桥面板疲劳性能评估 ···························· 132
5.4 本章小结 ·· 156
参考文献 ·· 157

第6章 高速铁路桥梁结构振动监测与评估 ···································· 159
6.1 高速铁路桥梁结构振动监测概述 ·· 159
6.2 大胜关大桥主梁振动加速度监测与评估 ······························· 162
6.3 大胜关大桥吊杆振动位移监测与评估 ·································· 177
6.4 大胜关大桥主梁和吊杆振动频率监测与评估 ························· 184
6.5 本章小结 ·· 197
参考文献 ·· 198

第1章 绪　　论

1.1　桥梁结构健康监测的意义

　　交通是一个国家的经济命脉，而公路和铁路则是使交通能够畅通无阻的重要载体，"经济要发展，交通必先行"已成为全社会的基本共识。自从20世纪80年代起，我国已持续进行了大规模的交通基础设施建设，完成了数万亿的投资。2013年发布的《国家公路网规划（2013年—2030年）》提出未来我国公路里程总规模约580万千米，其中国家公路约40万千米，国家高速公路网总里程11.8万千米。截至2013年年底，我国已建成的公路总里程数已达到434.6万千米，其中高速公路9.6万千米，已经超越了美国的9.2万千米，居世界第一；铁路运营里程总数达到10.3万千米，其中高速铁路1.0万千米，居世界第一位。可以看到，我国公路和铁路的建设规模和运营里程已经名列世界前茅。随着国民经济到2020年再"翻两番"目标的实现，城镇人口必将大规模增加，交通客货运输量将会显著增长，可以预计我国交通基础设施的建设必将持续保持强劲增长的趋势。

　　作为公路和铁路大动脉连接的关键节点，桥梁更是取得了举世瞩目的成就。在过去1/4世纪里，我国完成了世界同一时期大跨桥梁建设总数的30%～50%。截至2013年年底，我国公路桥梁已达73.1万座，铁路桥梁已超过 6.5 万座，均为世界第一。我国公路桥梁的跨径分别在 1985 年突破 200m、1991 年突破 400m、1993 年突破 600m、1997 年突破 800m、1999 年突破 1000m、2009 年突破 1600m；我国铁路桥梁的跨径分别在 1997 年突破 200m、2003 年突破 300m、2008 年突破 500m。目前世界前十大悬索桥中，我国有 5 座；世界前十大斜拉桥中，我国有 6 座；世界前十大拱式桥中，我国有 7 座；世界前十大梁式桥中，我国有 5 座。因此，无论是从整体桥梁建设规模方面，还是从单体桥梁建设跨径方面，我国均已成为名副其实的桥梁大国。虽然我国桥梁工程实践已取得了辉煌的成就，但是桥梁设计、管理水平和安全评定方法等相关基础理论的研究与世界发达国家相比还存在一定的差距。跨越式发展也暴露出了诸多问题，如设计过于超前、施工技术及新材料运用不够成熟，重建设、轻基础理论研究，使一大批桥梁存在先天的结构性缺陷。可以说，总体数量众多、服役状况不容乐观，是我国目前大跨桥梁的主要特点。

  图 1.1.1 列出了 2010 年以来中国典型桥梁倒塌事故。图 1.1.1（a）宝成铁路德阳至广汉间石亭江铁路大桥被洪水冲断，一列从西安开往昆明的 K165 次火车第 15、16 车厢掉进石亭江；图 1.1.1（b）的拱桥坍塌主要是由于主跨第二根吊杆断裂，经现场勘查吊杆断裂的主要原因是由于承重钢缆的环境腐蚀所造成的；图 1.1.1（c）的拱桥坍塌的原因经初步查勘认定为车辆的长期超载导致吊杆的钢丝过早发生疲劳断裂（全桥 24 根吊杆断裂 14 根），从而导致全桥发生灾难性的垮塌；图 1.1.1（d）中哈尔滨阳明滩大桥引桥发生坍塌主要原因也是过桥车辆的严重超载。资料显示，图中 4 座大桥除石亭江铁路大桥以外均建成于 20 世纪 90 年代以后，目前它们的使用时间均不超过 20 年，哈尔滨阳明滩大桥投入运营甚至不超过 2 年。

  一方面，以上桥梁的灾难性事故不仅造成了重大的经济损失，常

(a) 2010年8月19日
宝成铁路石亭江铁路大桥垮塌

(b) 2011年4月12日
新疆库尔勒市孔雀河大桥垮塌

(c) 2011年7月14日
福建南平市武夷山公馆桥垮塌

(d) 2012年8月24日
哈尔滨阳明滩大桥引桥发生坍塌

图 1.1.1 2010 年至今中国典型桥梁垮塌事故

常也造成了严重的人员伤亡，造成了极为恶劣的社会影响。另一方面，从这些桥梁灾难性事故也可以认识到，经济水平的飞速发展对交通运输业提出了越来越高的要求，从而导致桥梁时常需要承受远大于其设计标准的荷载作用，在超负荷车辆荷载与环境腐蚀的共同作用下，桥梁构件的损伤速度可能要远远超过设计预期，从而导致桥梁使用时间远未到其设计基准期时就发生灾难性的破坏。因此，采取必要的手段和措施来保障大跨桥梁结构的安全性、完整性、适用性和耐久性，已迫在眉睫。

随着科学技术的发展，综合现代测试与传感技术、网络通信技术、信号处理与分析技术、数学理论和结构分析理论等多个学科领域的桥梁结构健康监测系统，可极大地延拓桥梁检测内容，并可连续地、实时地、在线地对结构"健康"状态进行监测和评估，确保运营的安全和提高桥梁的管理水平[1—3]，桥梁健康监测的研究与监测系统的开发应运而生[4,5]。桥梁结构健康监测系统最主要的功能是，通过各种传感器实时采集运营状态下的各种数据和信号，根据采集的数据和信号反演出桥梁的工作状态和健康状况，识别出可能的结构损伤部位及其损伤程度，并在此基础上进行桥梁的安全可靠性评估。从结构的重要性和目前建立监测系统较高的代价考虑，桥梁结构健康监测及状态评估的技术应主要面向大跨度桥梁，确保其设计使用安全性和耐久性达到预期的标准，并为桥梁维护、维修和管理决策提供依据和指导。

研究与发展桥梁结构健康监测系统，除了可以实现实时或准实时的损伤监测或状态评估外，结构健康监测系统对于桥梁设计验证和研究与发展亦具有重要的意义。桥梁结构设计常以很多假定条件为前提，因此，通过桥梁结构健康监测所获得的结构静动力行为来检验大桥的理论模型和计算假定具有重要的意义[6—8]。桥梁健康监测信息反馈于结构设计的更深远的意义在于，结构设计方法与相应的规范标准等可能得以改进，并且对环境荷载的合理建模以及对桥梁在各种交通条件和自然环境下的真实行为的揭示是将来实现桥梁"虚拟设计"的基础。同时，桥梁结构的健康监测还可以并应该成为桥梁研究的"现场试验室"[9,10]。桥梁健康监测为桥梁工程中的未知问题和超大跨度桥梁的研究提供了新的契机，由运营中的桥梁结构及其环境所获得的信息不仅是理论研究和实验研究的补充，而且可以提供有关结构行为与环境规律的最真实的信息。

1.2 桥梁结构健康监测的研究与应用现状

根据 Housner 的定义[24],结构健康监测是一种从营运状态的结构中获取并处理数据,评估结构的主要性能指标(如可靠性、耐久性等)的有效方法。它结合了无损检测(NDD)和结构特性分析(包括结构响应),目的是为了诊断结构中是否有损伤发生,判断损伤的位置,估计损伤的程度以及损伤对结构将要造成的后果。一个完整的结构健康监测系统应由在线测试、实时分析、损伤诊断、状态评估以及维护决策五个部分组成。结构健康监测能够利用监测数据对工程结构的工作状态做出实时评估,也能够在地震、台风等突发性灾害事件发生后对结构的整体性做出迅速的判断。因此,结构健康监测系统可为工程结构的设计验证、施工控制、安全运营和维修决策提供有力的技术保障,对评估工程结构的安全性、适用性和耐久性具有极其重要的意义[11,12]。

早在20世纪50年代,桥梁的健康运营与监测管理已经受到重视,但限于当时的仪器设备和计算机技术水平,一体化的智能桥梁健康监测系统并未成为现实;随着科学技术水平的发展,监测仪器及系统的逐渐成熟,桥梁结构的大空间大跨度使得业内对桥梁健康监测的研究日趋火热。国外桥梁结构健康监测系统的实施应用可以追溯到20世纪80年代,英国对北爱尔兰的总长522m的连续刚构 Foyle 桥安装了长期监测仪器和自动数据采集系统,是最早的较为完整的健康监测系统,以校验大桥的设计并测量和研究车辆、风和温度荷载对大桥动力响应的影响[13]。美国在威斯康辛一座已有65年历史的提升式桥 Michigan Street 桥上,安装了世界上第一套全桥远程监测系统,用于监测将达到设计寿命的该桥梁裂缝扩展情况，在佛罗里达州的 Sunshine Skyway 桥上安装了 500 多个传感器[14]。瑞士在 Siggenthal 混凝土桥的建设过程中安装了健康监测系统，该系统由 58 个光纤应变传感器、2 个倾角仪和 8 个温度传感器组成，目的是监测施工过程中和以后长期的变形、屈曲和位移[15]。丹麦在 20 世纪 90 年代曾对总长 1726m 的 Faroe 跨海斜拉桥进行施工阶段及通车首年的监测，旨在检查关键的设计参数，监测施工危险阶段以及获取开发监控维护系统所必需的监测数据，另外他们在主跨 1624m 的 Great Belt East 悬索桥上安装健康系统，并尝试把极端记录与正常记录分开处理，以期缩小数据存量[16]。挪威在主跨 530m 的 Skarnsnde 斜拉桥上所安装的全自动数据采集系统能对风、加速度、倾斜度、应变、温度、位移进行自动监测[17]。此后，随着现代传感技术、计算机与通信技术、信号分析与处理技术及结构分析理论的迅速发展，许多国家都开始在一些新建和既有大型桥梁中建立结构健康监测系统。如日本在主跨 1991m 的明石海峡（Akashi-Kaikyo）大桥，墨西哥在总长 1543m 的 Tampico 斜拉桥，丹麦 1624m 的 Great Belt East 悬索桥等安装了健康监测系统，服务于大桥的养护和运营管理，验证桥梁设计时假定的有关参数值并反馈和改进桥梁桥梁结构设计。

我国桥梁结构健康监测系统研究与应用起步相对较晚，依托我国 20 世纪 90 年代大规模基础设施建设的背景，桥梁结构健康监测系统在我国得到了较广泛的应用。与世界其他国家相比，我国桥梁结构健康监测系统具有数量多、桥梁规模大的特点。表 1.2.1 列出了国内外已安装（或正在实施）结构健康监测系统的主要桥梁。下面简要介绍其中一些大型桥梁上已经安装的桥梁健康监测系统的概况。

表 1.2.1　　国内外部分安装结构健康监测系统的桥梁

桥梁名称	结构类型	跨度/m	国家或地区
Sunshine Skyway 桥	斜拉桥	164.7+366+164.7	美国
New Benicial Martinez 桥	梁桥	180.9+3×200.8	美国
North Halawa Valley 桥	梁桥	120+113+2×106+80	美国
Bayview 桥	斜拉桥	134+274+134	美国
Red River 桥	梁桥	123	美国
Commodore Barry 桥	悬臂桥	274+548+274	美国
Fred Hartman 桥	斜拉桥	160.6+416.6+160.6	美国
Golden Gate 桥	悬索桥	343+1280+343	美国
Ironton - Russell 桥	悬臂桥	117+241+117	美国
明石桥	悬索桥	960+1991+960	日本
南备赞濑户桥	悬索桥	274+1100+274	日本
柜石岛桥	斜拉桥	185+420+185	日本
多多罗桥	斜拉桥	270+890+270	日本
白鸟大桥	悬索桥	330+720+330	日本
大鸣门桥	悬索桥	330+876+330	日本
Flintshire 桥	斜拉桥	194+100	英国
Foyle 桥	梁桥	144.3+233.6+144.3	英国
Forth 公路桥	悬索桥	408+1006+408	英国
Tamar 桥	悬索桥	114+335+114	英国
Namhae 桥	悬索桥	128+404+128	韩国
Jindo 桥	斜拉桥	70+344+70	韩国
Saohae 桥	斜拉桥	60+200+470+200+60	韩国
Yeongjing 桥	悬索桥	125+300+125	韩国
Banghwa 桥	系杆拱桥	540	韩国
Gwangan 桥	悬索桥	200+500+200	韩国
New Haeng Ju 桥	斜拉桥	160+120+100	韩国
Samcheonpo 桥	斜拉桥	103+230+103	韩国
Confederation 桥	梁桥	45×250	加拿大
Taylor 桥	梁桥	5×33.0	加拿大

续表

桥梁名称	结构类型	跨度/m	国家或地区
Portage Creek 桥	梁桥	45+50+30	加拿大
Great Belt 桥	悬索桥	535+1624+535	丹麦
Rama IX 桥	斜拉桥	166+450+166	泰国
Pereria-Dos Quebradas 桥	斜拉桥	114.6+210.9+114.6	哥伦比亚
Normandie 桥	斜拉桥	856	法国
Skarsundet 桥	斜拉桥	240+530+240	挪威
青马桥	悬索桥	455+1375+300	中国香港
汀九桥	斜拉桥	127+448+475+127	中国香港
汲水门桥	斜拉桥	160+430+160	中国香港
昂船洲桥	斜拉桥	1018	中国香港
西部通道	斜拉桥	74.5+74.5+99+210	中国香港
徐浦大桥	斜拉桥	590	中国
卢浦大桥	拱桥	550	中国
江阴大桥	悬索桥	1385	中国
润扬大桥南汊桥	悬索桥	1490	中国
润扬大桥北汊桥	斜拉桥	176+406+176	中国
苏通长江大桥	斜拉桥	主跨1088	中国
虎门大桥	悬索桥	888	中国
南京长江大桥	钢桁桥	3×(3×160)+128	中国
南京长江二桥	斜拉桥	主跨628	中国
南京长江三桥	斜拉桥	主跨648	中国
芜湖长江大桥	斜拉桥	180+312+180	中国
重庆大佛寺大桥	斜拉桥	198+450+198	中国
钱塘江四桥	系杆拱桥	主跨580	中国
松花江大桥	斜拉桥	主跨365	中国
滨州黄河公路桥	斜拉桥	主跨300	中国
大佛寺长江大桥	斜拉桥	主跨450	中国
重庆渝澳轻轨桥	连续钢构	主跨160	中国
杭州湾跨海大桥	斜拉桥	70+160+448+160+70	中国
珠江黄埔大桥北汊桥	斜拉桥	主跨383	中国
珠江黄埔大桥南汊桥	悬索桥	主跨1108	中国
杭州之江大桥	斜拉桥	116+246+116	中国

(a) 香港汀九桥　　(b) 润扬大桥南汊桥

(c) 润扬大桥北汊桥　　(d) 苏通长江大桥

(e) 珠江黄埔大桥　　(f) 杭州之江大桥

图 1.2.1　安装健康监测系统的大跨度桥梁

- 加拿大 Confederation 桥[18]，1997 年建成，全长 12.9km，是世界上最长的建于海水中的预应力混凝土箱梁桥。此桥主跨 45×250m，设计寿命为 100 年。因为当时世界上还没有一种规范或标准能涵盖该桥的设计标准，于是在该桥上实施一套综合监测计划，以便对桥梁在冰荷载作用下的性能、桥梁的短期和长期变形、温度应力、车辆荷载及荷载组合、在风和地震荷载下的动力响应以及环境对桥梁的侵蚀进行研究。监测系统所用的加速度计、应变计、倾斜计、水荷载传感器以及热电偶等各种传感器740个。

• 中国香港汲水门（Kap Shui Mun）桥和汀九（Ting Kau）桥[19—21]。其中，汲水门桥为中跨430m的斜拉桥，汀九桥为3塔单索面斜拉桥，两个中跨分别为448m和475m，于1997年建成。由于索支承桥对风比较敏感，香港路政署在这些桥上安装了保证桥梁运营阶段安全的监测系统，称之为"风和结构健康监测系统"（WASHMS）。该系统的监测项目包括作用于桥梁上的外部作用（包括环境因素及车辆荷载等）与桥梁的响应，共安装了GPS、风速风向仪、加速度计、位移计、应变计、地震仪、温度计、动态地磅等各类传感器774个。

• 中国上海徐浦大桥[22]，1997年建成。此桥中跨590m，中跨主梁采用钢梁和钢筋混凝土桥面板组成的组合梁，边跨为预应力混凝土连续梁。为了探索大跨度桥梁健康监测的经验，在该桥上安装了一个带研究性质的结构健康监测系统。该监测系统包括如下监测内容：车辆荷载、中跨主梁的标高、中跨主梁跨中断面的温度及应变、中跨主梁的自振特性以及斜拉索的索力及斜拉索的振动水平。整个监测系统共有各类传感器74个。

• 中国江苏润扬大桥[23—26]，其中悬索桥为单跨双铰简支钢箱梁桥，主跨1490m，为中国第一、世界第三；斜拉桥（176m+406m+176m）为双塔双索面型钢箱梁桥，2005年建成通车。作为我国建桥史上规模空前的特大型桥梁，对其建设和营运期间的健康监测、诊断以及各种灾害影响下的损伤预测和损伤评估具有重要的现实意义。该系统的监测项目包括缆索系统（包括斜拉索、主缆和吊杆）的振动响应、钢箱梁温度场及响应（包括应变、振动）、交通荷载状况、桥址风环境以及索塔的振动响应等。

• 中国江苏苏通长江大桥[27]，2008年建成通车，跨江大桥工程总长8146m，其中主桥采用主跨1088m的双塔双索面钢箱梁斜拉桥，是我国建桥史上工程规模最大、建设标准最高、技术最复杂、科技含量最高的现代化特大型桥梁工程，也是世界斜拉桥建设史上的标志性工程。主桥监测系统包括风速仪、温度计、车轴车速仪、GPS、加速度传感器、应变计、温度传感器、磁感应测力仪等，共计788个各类传感器。

• 中国珠江黄埔大桥[28]，位于广州东南部，2008年底建成通车，由北引桥、北汊主桥、中引桥、南汊主桥、南引桥5部分组成。其中，南汊主桥为主跨1108m的单跨钢箱梁悬索桥，北汊主桥为主跨383m的独塔双索面钢箱梁斜拉桥，主梁均为扁平流线型钢箱梁。通过对大桥多个状态的监测，对大桥安全评估提供依据，确保大桥安全运营，该系统的监测内容包括桥梁工作环境、桥梁整体性能、控制断面应力监测、意外状况监测。

• 中国杭州之江大桥[29]，2013年建成通车，全长1724m，主桥为（116+246+116）m钢箱梁双拱形钢塔斜拉桥，主塔高90.5m。其拱形钢索塔高度和跨度、桥面宽度均列国内已建的拱形钢塔斜拉桥第一位，其结构体系和力学性能复杂。为了确保大桥的安全运营和评估大桥的健康状态，该桥建成了结构健康监测系统。该监测系统包括如下监测内容：①重要的环境影响及荷载监测（环境温度、风速/风向、能见度、湿度、交通荷载、地震）；②动力及振动特性监测；③关键代表性构件、控制截面的温度、应力、变形、疲劳度等监测；④拉索受力监测及主塔钢-混凝土结合段锚杆力监测。

从上述国内外主要桥梁结构健康监测系统的监测目标、系统功能及系统运营等方面来看，国内外重要的大跨桥梁大多设置了结构健康监测系统，监测内容除了结构本身的状态和行为以外，还强调对环境条件的监测和记录分析。很多监测系统具有快速大容量的信息采集、通信与存储能力。然而，这些桥梁的结构健康监测系统大多数只进行测试数据的采集与保存，少有结构健康状态评估的能力。虽然国内外不少学者开展了基于整体动力特性的桥梁损伤评估方法研究，但是由于桥梁结构复杂、体量巨大、局部损伤的不敏感性以及环境因素的影响，基于动力参数测试的大跨桥梁结构动力损伤诊断技术难以有效地应用于结构状态评估，监测系统数据没有得到充分应用。

1.3 高速铁路桥梁健康监测的研究与应用现状

2004年1月，国务院审议通过《中长期铁路网规划》，高速铁路发展加快，客运专线建设取得重大进展，并对京广、京沪、京哈、沪甬深和杭长、徐兰、青太及沪汉蓉"四纵四横"客运专线网和城际轨道交通网做了详尽的规划。高速铁路从2008年起陆续投入运营，高速铁路的运营密度及高速度、安全性、舒适性等特性对高速铁路桥梁结构的静、动力性能提出了更高的要求。因此高速铁路桥梁在设计施工中有刚度较大、整体性好、纵向刚度大、减振性能和横向位移控制要求高等特点，所以高速铁路桥梁多采用标准小跨度的简支梁或连续梁[30]。但由于跨越江、跨河和跨深谷的需要，高速铁路大跨度桥梁的修建也越来越多。据不完全统计，在建和拟建的客运专线中100m以上跨度的高速桥梁在200座以上（见图1.3.1）。我国大跨度桥梁的杰出代表是京沪高速铁路的南京大胜关长江大桥和武广客运专线的天兴洲长江大桥。国内外部分大跨度高速铁路桥梁见表1.3.1。

(a) 南京长江大桥 (b) 武汉天兴洲长江大桥

(c) 汀泗河大桥 (d) 南京大胜关长江大桥

图 1.3.1　国内大跨度高速铁路桥梁

表 1.3.1　　　　　　国内外部分大跨度高速铁路桥梁

桥梁名称	结构类型	跨度/m	线路名
太田川桥	预应力混凝土连续梁桥	110	日本上越新干线
赤谷川桥	预应力混凝土刚梁柔拱桥	126	日本上越新干线
吾妻川桥	预应力混凝土T形刚构桥	2×109.5	日本上越新干线
第二阿武喂川桥	预应力混凝土连续梁桥	5×105	日本东北新干线
第二千曲川桥	预应力混凝土斜拉桥	3×133.9	日本北陆新干线
厄勒海峡大桥	斜拉桥	490	瑞典—丹麦
乌龙江大桥	预应力混凝土连续梁桥	80+3×144+80	福夏铁路
闽江特大桥	连续刚构桥	104+2×168+112	福夏铁路
紫泥河大桥	连续刚构桥	104+2×168+112	广深港

续表

桥梁名称	结构类型	跨度/m	线路名
沙湾水道特大桥	连续梁拱桥	76+160+76	广深港
容桂水道大桥	连续刚构桥	108+2×185+115	广深港
小榄特大桥	V形刚构-拱组合桥	100+220+100	广珠城际
新开河大桥	下承式钢箱简支叠拱桥	138	哈大客专
南京大胜关长江大桥	连续刚构桥	108+192+336+336+192+108	京沪高铁
镇江京杭运河桥	连续梁拱桥	90+180+90	京沪高铁
郑州黄河大桥	6塔单索面斜拉桥	120+5×168+120	石武客专
田螺大桥	连续刚构桥	88+160+88	温福铁路
白马河大桥	连续刚构桥	80+3×145+80	温福铁路
昆阳特大桥主桥	连续梁拱桥	64+136+64	温福铁路
武汉天兴洲长江大桥	公铁两用钢桁梁斜拉桥	98+196+504+196+98	武广客专
汀泗河大桥	下承式钢箱系杆简支拱	140	武广客专
胡家湾大桥	下承式钢管混凝土提篮拱	112	武广客专
东平水道桥	连续钢桁拱桥	99+242+99	新广州站

  首先，随着高速铁路桥梁服役时间的增长，加之桥梁结构长期处在环境侵蚀、材料老化和列车荷载的疲劳效应以及车桥之间的耦合作用等共同作用下，桥梁结构的安全性和使用功能将不可避免地发生退化，这必然影响结构的正常使用，从而抵抗自然灾害甚至正常环境作用的能力下降，而且有的构件损伤可能扩展很快，极端情况下引发灾难性的突发事故。为确保高速铁路行车安全，避免意外交通事故的发生，建立高速铁路桥梁健康监测系统有其重要意义。其次，通过长期健康监测还能够及时发现桥梁服役全过程中的受力与损伤演化规律，避免最终频繁大修关闭交通所引起的重大损失，实现延长桥梁使用寿命的作用，并大大节约桥梁的维修费用，即对于降低长期综合维护费用有其重要的

意义。此外，通过对高速铁路桥梁健康监测获得的实际结构的动静力行为来检验大桥的理论模型和计算假定，不仅对设计理论和设计模型有验证作用，而且有益于新的设计理论的形成。因此高速铁路快速发展的同时，高速铁路桥梁健康监测系统的研究、开发与应用已刻不容缓。

高速铁路桥梁结构健康监测系统的应用可以追溯到20世纪90年代，Fuhr等对Vermont大学附近的一座铁路桥梁中埋入和黏贴了单模和多模光纤以及部分光纤束和光缆，以监测该铁路桥梁在列车经过时的振动情况，从而了解该桥的运营情况[31]；中国香港青马大桥是主跨1377m的公铁两用悬索桥，香港路政署在桥上安装了保证桥梁运营阶段安全的监测系统，该系统安装了GPS、风速风向仪、加速度计、位移计、应变计、地震仪、温度计、动态地磅等各类传感器[19—21]；郑州黄河公铁两用连续钢桁梁斜拉桥实时健康监测系统共布设69个传感器，对桥梁状态进行监测、评估和预警[32]；南京长江大桥为我国自行设计建造的首座公铁两用特大桥，为了确保大桥的安全运营和评估大桥的健康状态，该桥安装了结构健康监测系统，该系统包括应变计、温度计、加速度计、拾振器、风速仪、轨道衡、地震仪等各类传感器150多个[33]。目前高速铁路桥梁结构健康监测系统大都是针对公铁两用桥梁，且多为钢桁结构的大跨径悬索桥和斜拉桥。高速铁路桥梁结构自身特性以及高速行车的安全性与舒适性要求都给结构健康监测提出了更多、更高的要求，因此高速铁路桥梁的健康监测具有以下显著特点[34,35]。

（1）高速列车行车导致的动力响应显著。

高速铁路桥梁不同于普速铁路桥梁及公路桥梁的重要原因之一就是其在高速列车通行过程中的动力振动效应非常显著。一旦桥梁发生病害或结构出现损伤时，桥梁结构容易出现较大的振动，降低列车乘坐的舒适性甚至危及高速行车安全。因此，在高速铁路桥梁的健康监测中，应长期监测桥梁的自振特性、车桥耦合振动特性等相关动力特性。

（2）面向高速铁路桥梁特点的桥梁安全性能评定。

目前国内已有相关普速铁路桥梁的检定规范，而针对高速铁路桥梁相关性能评定的规范尚未编制，并且相关的研究资料也很少。因此，在高速铁路桥梁健康监测系统的研究中，需要深入开展针对高速铁路桥梁安全性能评定方面的相关研究。根据实时监测的位移、速度、加速度等结构静、动力响应构建相关的结构安全评定指标。

1.4 本书的研究背景

1.4.1 京沪高铁南京大胜关长江大桥概况

京沪高速铁路南京大胜关长江大桥，位于长江下游的南京河段，距既有南京长江大桥上游约20km，距长江入海口约350km。本桥下游1.55km为已建成的南京长江三桥。大胜关桥是京沪高速铁路和沪汉蓉铁路共用的跨江通道，桥梁同时搭载南京市的双线地铁。桥梁立面布置图如图1.4.1所示。

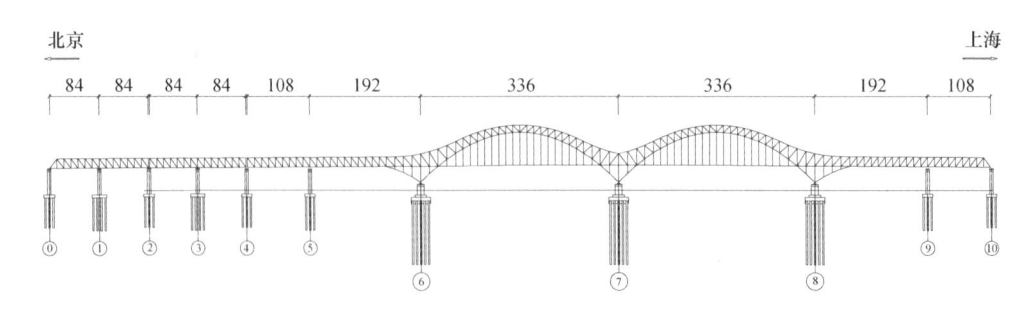

图1.4.1 主桥立面布置图（单位：m）

大胜关长江大桥主桥的上部结构为（108+192+2×336+192+

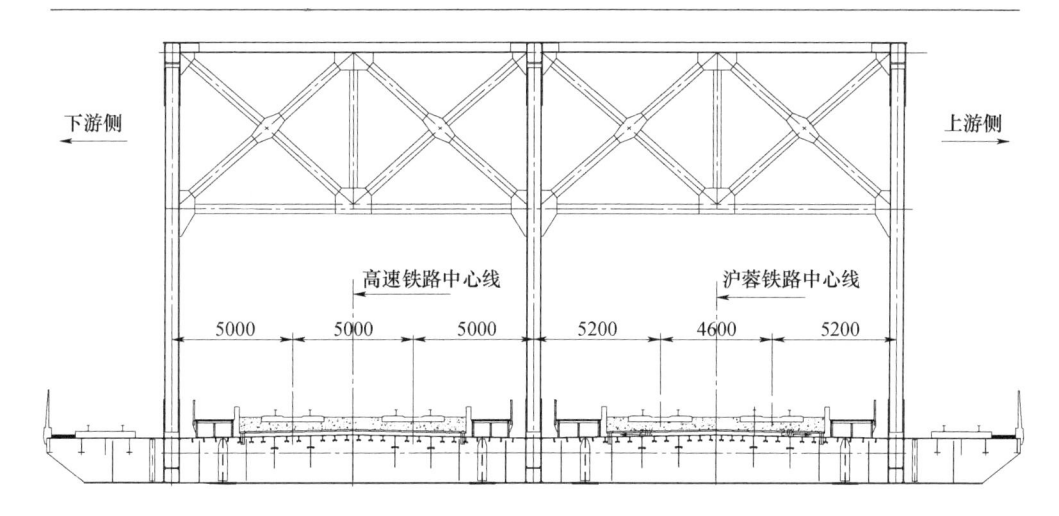

图 1.4.2 主桥横截面布置图（单位：m）

108)m 的连续钢拱桁梁。位于 4 号至 10 号墩间，北京侧与两联 2×84m 钢桁梁毗邻，上海侧与混凝土连续梁相衔接。主桥位于直线上；在钢桁拱结构对称点（7 号墩）的两侧 206.5m 范围内的线路设半径 35000m 的竖曲线，其余线路位于±5.9‰的纵坡上。桥梁横截面布置图如图 1.4.2 所示。该联钢桁梁由三片主桁架组成，每两片主桁间的中心距皆为 15.0m，上游侧是两线沪蓉铁路；下游侧是两线高速铁路。在两边桁的外侧，各外挑 5.5m 的悬臂托架，支撑城市轻轨铁路，结构总宽 41.0m。全联桁架的两端各 240m 为平弦桁架，高 16.0m，节间长度 12.0m 的 N 形桁式，竖杆与线路的纵坡垂直。平弦与拱跨间以带加劲弦的变高桁连接。两个 336m 的中跨为钢拱桁，拱的矢高 84.2m，矢跨比约 1/4，拱顶桁高 12m，从拱趾到拱顶总高 96.18m。

铁路桥面设在平弦的下弦和拱桁的系杆上，离拱趾约 28m 高。因为主墩附近拱桁的斜、竖杆交角较小，在三个主墩的两侧各 60m 范围内的 4 个节间长度改为 15m。由于桥面有竖曲线，要兼顾拱跨结构的对称性，近 7 号中主墩的节间调整到 13.56～15.72m，其余的节间长仍为 12m，拱跨竖杆呈竖直设置。

1.4.2 大胜关大桥健康监测系统概况

大胜关大桥健康监测系统共有测点 116 个,分别布置在由北向南的 21 个监测截面上,各类传感器具体布置如图 1.4.3 所示。主要监测

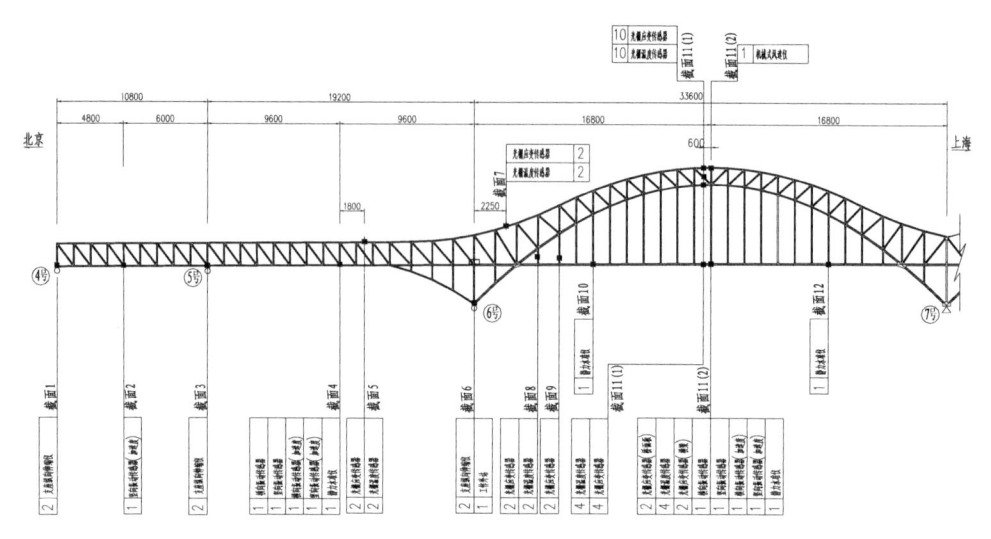

(a) 监测传感器布置图(一)

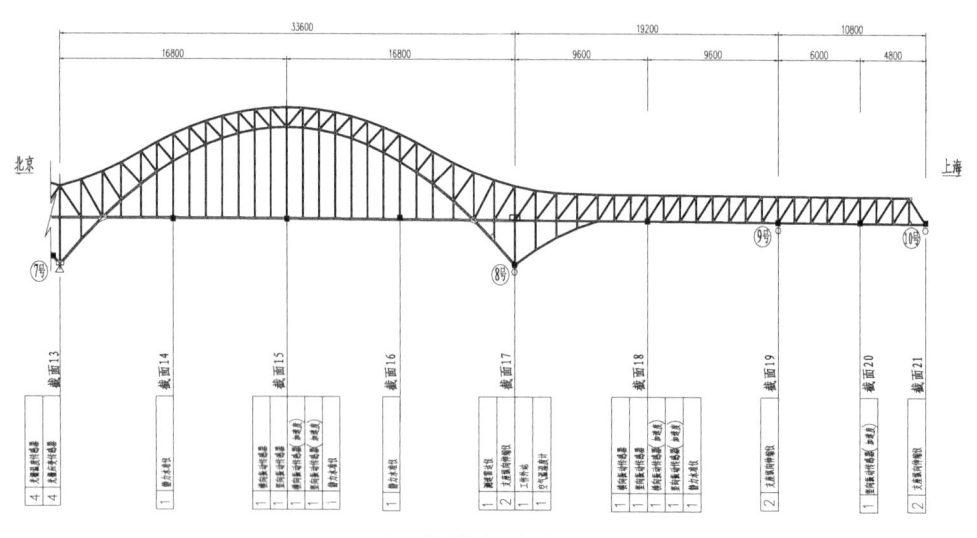

(b) 监测传感器布置图(二)

图 1.4.3 大胜关长江大监测传感器布置图(单位:m)

内容如下：①与桥址环境相关的风力、风速、温度、湿度；②桥梁养护管理需求的结构温度、桥梁变形、支座工作状况、结构振动、行车状况以及桥梁的结构应力、结构疲劳状况等情况。健康监测系统综合了大型工程科学计算、仿真分析、网络数据库、传感通信、实时健康诊断评估与结构安全预警等技术，通过对实时采集数据的分析，选择有用的数据进行处理，并结合桥梁设计、施工期间的各种资料、日常养护资料等进行信息化管理，建立大桥的连续评价体系，并预测大桥的未来变化趋势，实现以健康监测系统为平台的大桥养护管理评价系统。

1.5 本书的目的和主要内容

目前国内外桥梁健康监测主要针对大跨公路桥梁，而针对高速铁路桥梁的健康监测研究尚处于起步阶段。高速铁路桥梁自身的结构特性以及高速行车的安全性与舒适性要求都给健康监测提出了更高的要求。本书以京沪高铁南京大胜关长江大桥的温度场环境作用数据以及位移、应变、振动等结构响应数据为主要对象，详细阐述了高速铁路桥梁安全性能监控与预警的相关理论与方法。本书主要研究内容如下：

第2章通过大胜关大桥连续钢拱桁梁的温度监测数据，采用极值分析和统计分析方法详细考察了钢拱桁梁的温度分布特征和温差分布特征，重点讨论了边桁拱整体竖向温差以及关键构件横截面局部温差的空间分布特征和概率统计特征，在此基础上计算了温差标准值以及最不利温差模式。

第3章以大胜关大桥的支座纵向位移为对象，研究了高速铁路桥梁支座使用性能监控与评估方法。首先通过长期监测数据揭示了支座纵向位移与结构温度场的相关性规律以及支座纵向位移的空间相关性规律,进而建立了支座纵向位移与结构温度场以及支座空间位置的相关性数学模型,在此基础上通过研究支座使用性能退化时纵向位移的变化规律建立了支座使用性能退化预警和定位方法。

第 4 章以大胜关大桥主梁的温度场和静应变为对象,研究了高速铁路桥梁主梁承载能力监控与评估方法。首先通过长期监测数据揭示了主梁静应变与结构温度场的相关性规律,进而建立了主梁静应变与结构温度场之间的相关性数学模型,在此基础上建立了基于静应变监测的主梁承载能力退化监控方法和主梁极限承载能力评估方法。

第 5 章通过分析大胜关大桥钢桥面板的长期动应变数据,分析了两类疲劳效应——等效应力幅和应力循环次数的长期变化规律,建立了等效应力幅和应力循环次数的概率统计分布模型。在此基础上,基于欧洲规范推荐的疲劳评估方法,开展了考虑应力集中效应和腐蚀环境因素影响的钢桥面板疲劳寿命评估研究,重点讨论了列车荷载增长对疲劳寿命的影响特点。

第 6 章以大胜关大桥主梁和吊杆的振动监测数据为对象,开展高速列车通过时大胜关大桥主梁和吊杆的振动加速度、振动位移和振动频率分析,在此基础上建立基于振动监测的主梁和吊杆振动性能退化监控方法。

本书将系统论述作者及其合作者在高速铁路桥梁安全性能监控与预警研究方面所取得的阶段性成果,以期为有关研究和工程实践提供参考。

参 考 文 献

[1] Liu Y H, Su M B, Chen B P, et al. Data management technique based on health and safety monitoring system for bridges. Proceedings of the 2004 International Symposium on Safety Science and Technology, Shanghai, China, 2004.

[2] Kulcu E, Qin X L, Barrish R A Jr, et al. Information technology and data management issues for health monitoring of the Commodore Barry Bridge. Proceedings of SPIE – The International Society for Optical Engineering, Nondestructive Evaluation of Highways, Utilities, and Pipelines IV, Newport Beach, CA, 2000.

[3] Sikorsky C, Stubbs N, Bolton R, et al. Measuring bridge performance using a structural health monitoring system. Proceedings of SPIE – The International Society for Optical Engineering, Smart Systems for Bridges, Structures, and Highways – Smart Structures and Materials, Newport Beach, CA, 2001.

[4] Housner G W, Bergman L A, Caughey T K, et al. Structural control: Past, present, and future. Journal of Engineering Mechanics, 1997, 123 (9): 897—971.

[5] 张启伟. 大型桥梁健康监测概念与监测系统设计. 同济大学学报, 2001, 29 (1): 65—69.

[6] Shenton H W III, Chajes M J. Long – term health monitoring of an advanced polymer composite bridge. Proceedings of SPIE – The International Society for Optical Engineering, Smart Structures and Materials – Smart Systems for Bridges, Structures, and Highways, Newport Beach, CA, 1999.

[7] Wong K Y, Chan W Y K, Man K L, et al. Structural health monitoring results on Tsing Ma, Kap Shui Mun and Ting Kau bridges. Proceedings of SPIE – The International Society for Optical Engineering, Nondestructive Evaluation of Highways, Utilities, and Pipelines IV, Newport Beach, CA, 2000.

[8] Mufti A A, Bakht B, Tadros G, et al. Structural health monitoring of innovative bridge decks. Proceedings of SPIE – The International Society for Optical Engineering, Health Monitoring and Management of Civil Infrastructure Systems, Newport Beach, CA, 2001.

[9] Wu Z J, Ghosh K, Qing X L, et al. Structural health monitoring of composite repair patches in bridge rehabilitation. Proceedings of SPIE – The International Society for Optical Engineering, Smart Structures and Materials 2006 – Sensors and Smart Structures Technologies for Civil, Mechanical, and Aerospace Systems, San Diego, CA, 2006.

[10] Peeters B, De Roeck G. One year monitoring of the Z24 – bridge: Environmental influences versus damage events. Proceedings of SPIE – The International Society for Optical Engineering, IMAC – XVIII: A Conference on Structural Dynamics Computational Challenges in Structural Dynamics, San Antonio, TX, 2000.

[11] Wang M L, Heo G, Satpathi D. Health monitoring system for large structural systems. Smart Materials and Structures, 1998, 7 (5): 606—616.

[12] Aktan A E, Catbas F N, Grimmelsman K A, et al. Issues in infrastructure health monitoring for management. Journal of Engineering Mechanics, 2000, 126 (7): 711—724.

[13] Brownjohn J M W, Moyo P, Omenzetter P, et al. Lessons from monitoring the performance of highway bridges. Structural Control and Health Monitoring, 2005, 12 (3, 4): 227—244.

[14] 张启伟. 桥梁结构模型修正与损伤识别. 同济大学博士学位论文, 1999.

[15] Inaudi D. Monitoring of a concrete arch bridge during construction. Smart Structures and Materials, San Diego, 2002: 4696—5017.

[16] Anderson E Y, Pedersen. Structural monitoring of the Great Belt East Bridge. Proceedings of the Third Symposium on Strait Crossing, 1994: 54—62.

[17] Myroll F, Dibiagio E. Instrumentation for Monitoring the Skarnsunder Cable-Stayed Bridge. Strait Crossing 94, Krokeborg, Balkema, Rotterdam, 1994: 54—65.

[18] Cheung M S. Instrumentation and field monitoring of the Confederation Bridge. Proceedings of Workshop on Research and Monitoring of Long Span Bridge, Hong Kong, PRC, 2000.

[19] Wong K Y, Lau C K, Flint A R. Planning and implementation of the structural health monitoring system for cable-supported bridges in Hong Kong. Proceedings of SPIE-The International Society for Optical Engineering, Nondestructive Evaluation of Highways, Utilities, and Pipelines IV, Newport Beach, CA, 2000.

[20] Kwong H S, Lau C K, Wong K Y. Monitoring system for Tsing Ma Bridge. Procee-dings of the 13th Structures Congress, Boston, MA, 1995.

[21] Chan T H T, Yu L, Tam H Y, et al. Fiber Bragg grating sensors for structural health monitoring of Tsing Ma bridge: Background and experimental observation. Engineering Structures, 2006, 28 (5): 648—659.

[22] 史家钧, 兰海, 郭志明. 桥梁健康监测中的若干问题. 中日结构减振及健康监测研讨会暨第三届中国结构抗振控制年会, 上海, 2002.

[23] 李爱群, 缪长青, 李兆霞. 润扬长江大桥结构健康监测系统研究. 东南大学学报 (自然科学版), 2003, 33 (5): 544—548.

[24] Li A Q, Miao C Q, Zhao L. The Health Monitoring System of the Runyang Yangtse River Bridge. Proceedings of the 1st International Conference on Structural Health Monitoring and Intelligent Infrastructure, Tokyo, Japan, 2003.

[25] 缪长青, 李爱群, 韩晓林, 等. 润扬大桥结构健康监测策略. 东南大学学报 (自然科学版), 2005, 35 (9): 780—785.

[26] Li A Q and Miao C Q. Design and study on the structural health monitoring system for the Runyang Yangtse River Bridge. Proceedings of the 2nd International Conference on Structural Health Monitoring of Intelligent Infrastructure. Shenzhen, China, 2005.

[27] 董学武, 张宇峰, 徐宏, 等. 苏通大桥结构健康监测及安全评价系统简介. 桥梁建设, 2006, (4): 71—73.

[28] 陈红. 黄埔大桥健康监测系统设计. 广东科技, 2011, 20: 193—195.

[29] 吴鸣明, 徐玉明, 闫昕. 杭州之江大桥结构健康监测系统概述. 公路交通科技 (应用技术版), 2012, 12: 35—39.

[30] 卢状, 胡若邻. 高速铁路桥梁长期健康监测探讨. 建筑监督检测与造价. 2011 (06).

[31] Fuhr P L, Huston D R, Ambrose T P. et al. Stress monitoring of concrete using embedded optical fiber sensors. Journal of Structural Engineering, 1993, 119 (7): 2263—2269.

[32] 李松报. 基于桥梁健康监测系统的郑州黄河公铁两用桥的桥梁养护管理体系的构建.

铁道标准设计，2009，08：58—62.
[33] 何旭辉，陈政清，黄方林，等．南京长江大桥安全监测和状态评估的初步研究．振动与冲击，2003，22（1）：75—78.
[34] 魏召兰．高速铁路大型桥梁结构健康监测与状态评估研究．成都：西南交通大学，2012.
[35] 赵虎．基于动力参数的高速铁路桥梁多层次损伤识别与性能评定．成都：西南交通大学，2010.

第 2 章　高速铁路桥梁温度场监测与分析

2.1　高速铁路桥梁温度场监测概述

2.1.1　问题的提出

大跨桥梁结构由于受到四季交替的日照作用，会出现较大的变形、温度自应力以及附加应力，因此温度作用是影响大跨桥梁结构使用寿命的重要因素之一[1-12]。自 20 世纪 60 年代以来，各国桥梁工作者对桥梁结构在太阳辐射作用下的温度分布、影响因素及分析方法做了大量的研究工作。例如，叶见曙等人通过对混凝土梁桥大量实测，采用统计分析方法计算预应力混凝土箱梁竖向正温差和负温差的概率分布函数[13,14]；雷笑等人对南京长江二桥北汊桥进行了 3 个白天的混凝土箱梁现场观测，得到了公路桥梁混凝土箱梁沿截面高度的温度分布规律[15]；丁幼亮等通过对珠江黄埔大桥扁平钢箱梁温度场进行长期监测与分析，得到顶板和底板之间竖向温差的概率分布模型[16]；王高新等基于润扬大桥北汊斜拉桥扁平钢箱梁的温度监测数据，进行了顶板与底板横向温差的统计特性研究[17]。然而上述已有研究工作仅局限于混凝土箱梁形式和扁平钢箱梁形式，而对于钢桁拱梁形式的温度场研究甚少，有必要对钢桁拱梁结构的温度场分布进行研究。本章以大胜关长江大桥连续钢桁拱梁的温度场为研究对象，基于钢桁拱梁温度场的长期监测数据，详细研究了钢桁拱梁在日照作用下的温度场分布特征，为进一步深入研究温度作用对钢桁拱梁结构性能的影响提供了重要的依据。

2.1.2　大胜关大桥温度场监测简介

大胜关大桥结构健康监测系统在图2.1.1所示的主梁1-1断面处安装了12个温度传感器，其详细布置位置如图2.1.2（a）所示。温度传感器$W_1 \sim W_8$沿高度方向依次布置于连续钢桁拱梁的边桁拱两侧，其在2-2剖面、3-3剖面、4-4剖面、5-5剖面和6-6剖面的具体位置分别如图2.1.2（b）至图2.1.2（f）所示，温度传感器W_9与W_{10}、W_{11}与W_{12}分别沿横向布置于连续钢桁拱梁的钢桥面板和横向加劲梁上。温度传感器的采样频率为1Hz。

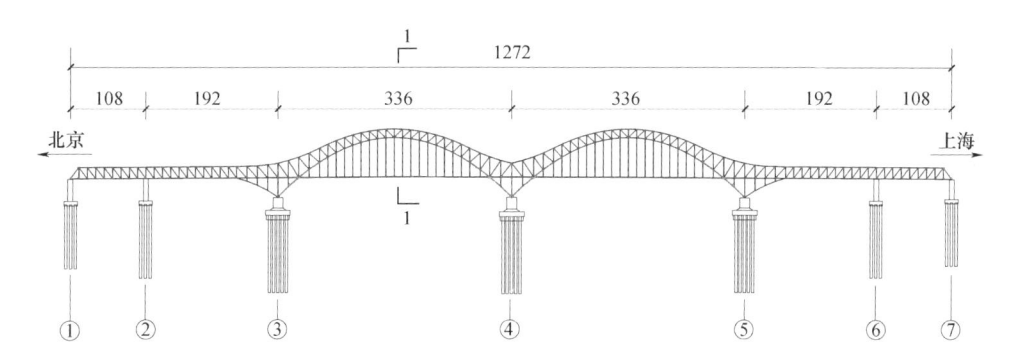

图2.1.1　大胜关长江大桥的主桥立面图（单位：m）

(a) 1-1剖面及温度传感器布置

(b) 2-2剖面及温度传感器布置

(c) 上弦杆3-3剖面及温度传感器布置

(d) 斜腹杆4-4剖面及温度传感器布置

(e) 下弦杆5-5剖面及温度传感器布置

(f) 桥面弦杆6-6剖面及温度传感器布置

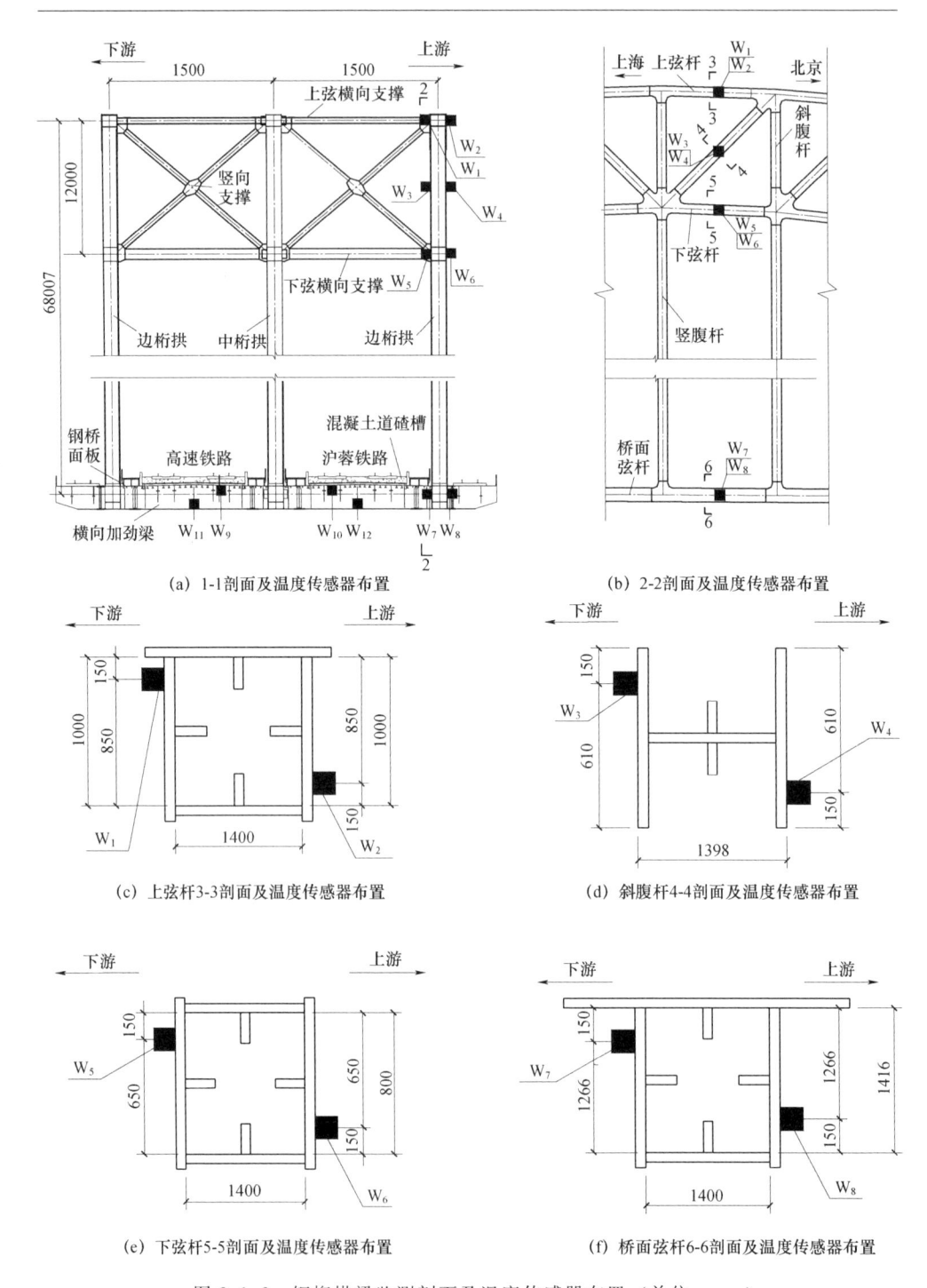

图 2.1.2 钢桁拱梁监测剖面及温度传感器布置（单位：mm）

2.2 大胜关大桥温度场长期监测结果

2.2.1 钢桁拱梁的温度分布特征

每个温度传感器 $W_i(i=1,2,3,\cdots,12)$ 采集的温度样本记为 T_i，由于相邻 10min 内的温度值变化较小，可利用每 10min 内的温度平均值来代表此时段的温度值，即一天内可得到 144 个温度平均值。本节首先讨论钢桁拱梁温度分布特征。基于 2013 年的温度监测数据，钢桁拱梁各个测点的温度年变化曲线如图 2.2.1 所示。从图中可以看出，钢桁拱梁横截面各点的温度变化具有相似的规律，都具有典型的季节变化特征：冬季温度较低，夏季温度较高。例如温度样本 T_1 的最高温度对应的日期为 7 月 13 日（夏季），最低温度对应的日期为 3 月 9 日（冬季）。

表 2.2.1 进一步给出了钢桁拱梁各测点的极值温度，可以看出关键构件（上弦杆、斜腹杆、下弦杆和桥面弦杆）两侧温度极值相差很大，而钢桥面板和横向加劲梁测点间的温度极值相差很小，例如上弦杆两侧温度的年最大值分别为 40.3℃ 和 52.8℃，两者相差 12.5℃，而桥面弦杆两侧温度的年最大值分别为 36.8℃ 和 35.9℃，两者相差 0.9℃。钢桁拱梁温度的季节性变化，将带来温度效应的不断变化，因此，有必要对钢桁拱梁的温度和温差分布特性进行深入研究。

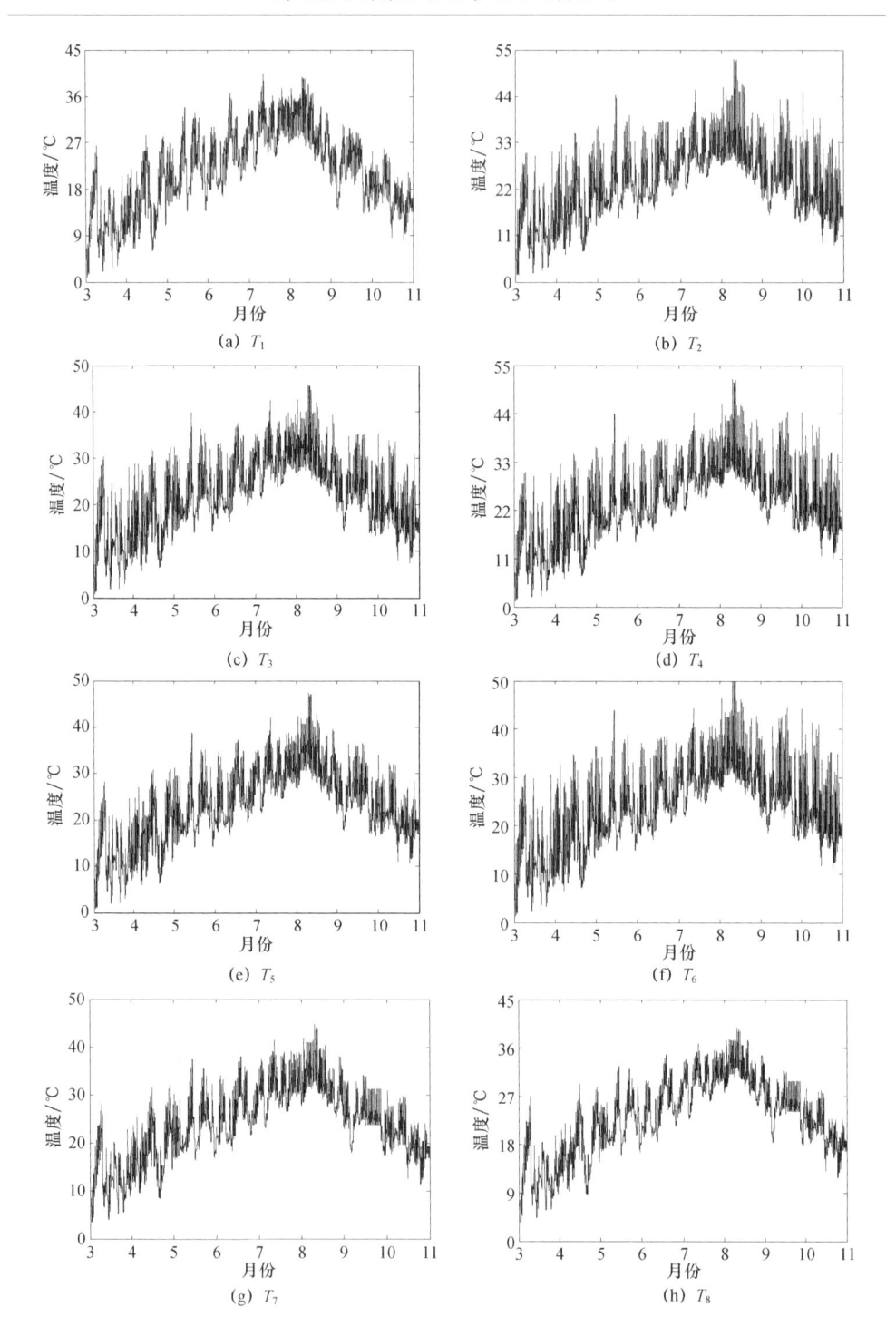

图 2.2.1 钢桁拱梁各测点的温度年变化曲线

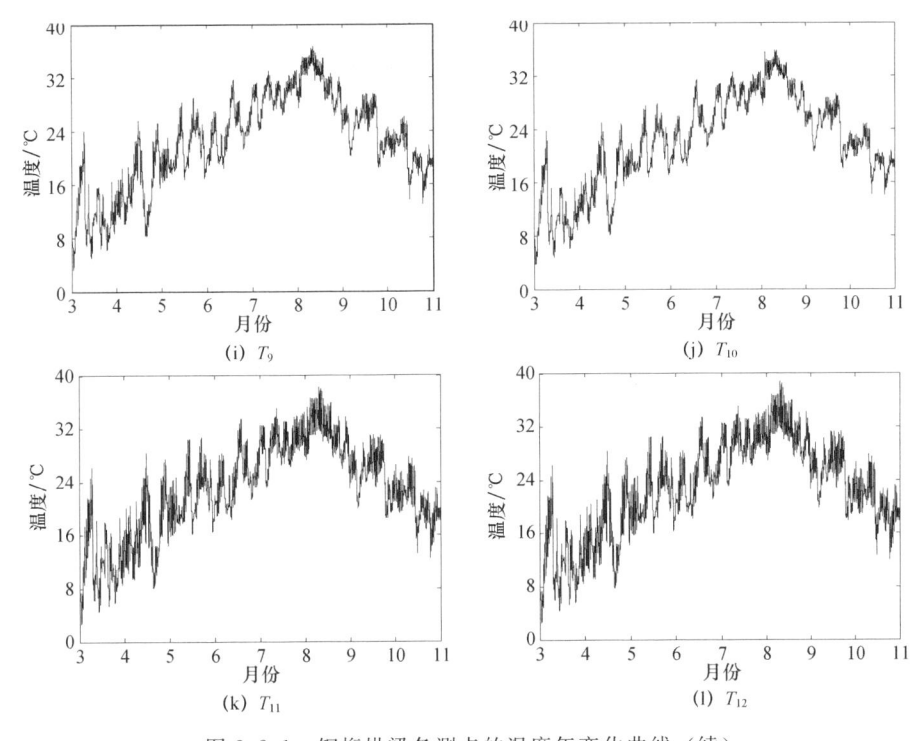

图 2.2.1 钢桁拱梁各测点的温度年变化曲线（续）

表 2.2.1 钢桁拱梁各测点的极值温度 （单位：℃）

监测部位	上弦杆		斜腹杆		下弦杆		桥面弦杆		钢桥面板		横向加劲梁	
温度样本	T_1	T_2	T_3	T_4	T_5	T_6	T_7	T_8	T_9	T_{10}	T_{11}	T_{12}
最高温度	40.3	52.8	45.7	48.7	47.5	51.9	44.9	39.9	36.8	35.9	38.3	38.8
最低温度	0.8	1.7	0.7	1.4	0.8	1.3	3.5	3.5	3.2	3.7	2.8	2.6
最大温差	39.5	51.1	45.0	47.3	46.7	50.6	41.4	36.4	33.6	32.2	35.5	36.2

2.2.2 钢桁拱梁的整体竖向温差分布特征

选用位于不同高度处的上弦杆、下弦杆和桥面弦杆之间的竖向温差来描述钢桁拱梁整体竖向温差分布特征。由于 3 个弦杆在上游侧和下游侧各存在一个典型温度样本，因此对每个弦杆采用上下游两侧的温度平均值来代表此弦杆的整体温度，并将不同弦杆之间的整体温度值相减，便得到上弦杆与下弦杆之间、上弦杆与桥面弦杆之间、下弦杆与桥面弦杆之间的竖向温差样本 T_{ud}、T_{ub} 和 T_{db}，其变化曲线分别如图 2.2.2（a）至图 2.2.2（c）所示（u、d 和 b 分别表示上弦杆、下弦杆和桥面弦杆），表 2.2.2 进一步给出了竖向温差的极值分析结果。从中可以看出，3 个温差样本均包含一定幅值的正温差和负温差，其中下弦杆与桥面弦杆之间的竖向正温差可达到 8.8℃，因此在温度效应计算时应考虑钢桁拱梁整体竖向温差的影响。

(a) 上弦杆与下弦杆之间温差样本 T_{ud}

(b) 上弦杆与桥面弦杆之间温差样本 T_{ub}

(c) 下弦杆与桥面弦杆之间温差样本 T_{db}

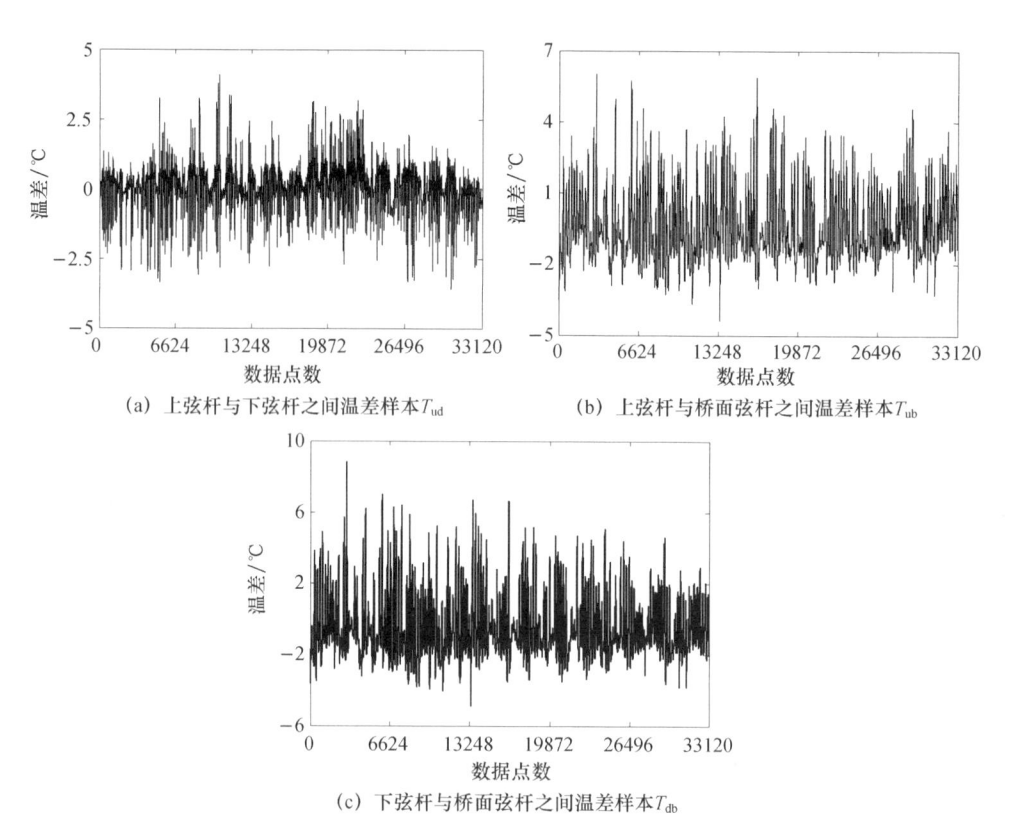

图 2.2.2 竖向温差样本 T_{ud}、T_{ub} 和 T_{db} 的变化曲线

表 2.2.2　竖向温差样本 T_{ud}、T_{ub} 和 T_{db} 的极值分析结果　（单位：℃）

极　值	温差 T_{ud}	温差 T_{ub}	温差 T_{db}
极大值	4.1	6.0	8.8
极小值	-3.6	-4.4	-4.8

2.2.3　边桁拱关键构件的横截面温差分布特征

将边桁拱关键构件横截面的温度样本 T_i 和 T_j 在同一时刻的温度值相减，便得到边桁拱各关键构件横截面的温差样本 T_{ij}（i，$j=1$，2，…，8，且 $i \neq j$）。采用上弦杆、下弦杆和桥面箱形弦杆横截面的典型温差样本 T_{12}、T_{56}、T_{78} 和斜腹杆工字形横截面的典型温差样本 T_{34} 来描述边桁拱关键构件的温差分布特征，其变化曲线分别如图 2.2.3（a）至图 2.2.3（d）所示。表 2.2.3 进一步给出了边桁拱关键构件温差的极值分析结果。从中可以看出：①对于弦杆构件，上弦杆横截面的正温差和负温差最为明显，可分别达到 9.6℃ 和 -14.8℃；下弦杆次之，其横截面的正温差和负温差可分别达到 6.3℃ 和 -11.2℃；桥面弦杆横截面温差主要以正温差为主，且最大正温差可达到 5.3℃；②斜腹杆横截面存在一定正温差和负温差，最大值分别达到 6.5℃ 和 -7.8℃。因此在温度效应计算时应考虑边桁拱关键构件横截面温差的影响。

表 2.2.3　边桁拱关键构件温差样本 T_{12}、T_{34}、T_{56}、和 T_{78} 的极值分析结果　（单位：℃）

极　值	温差 T_{12}	温差 T_{34}	温差 T_{56}	温差 T_{78}
极大值	9.6	6.5	6.3	5.3
极小值	-14.8	-7.8	-11.2	-1.5

(a) 上弦杆温差样本 T_{12}

(b) 斜腹杆温差样本 T_{34}

(c) 下弦杆温差样本 T_{56}

(d) 桥面弦杆温差样本 T_{78}

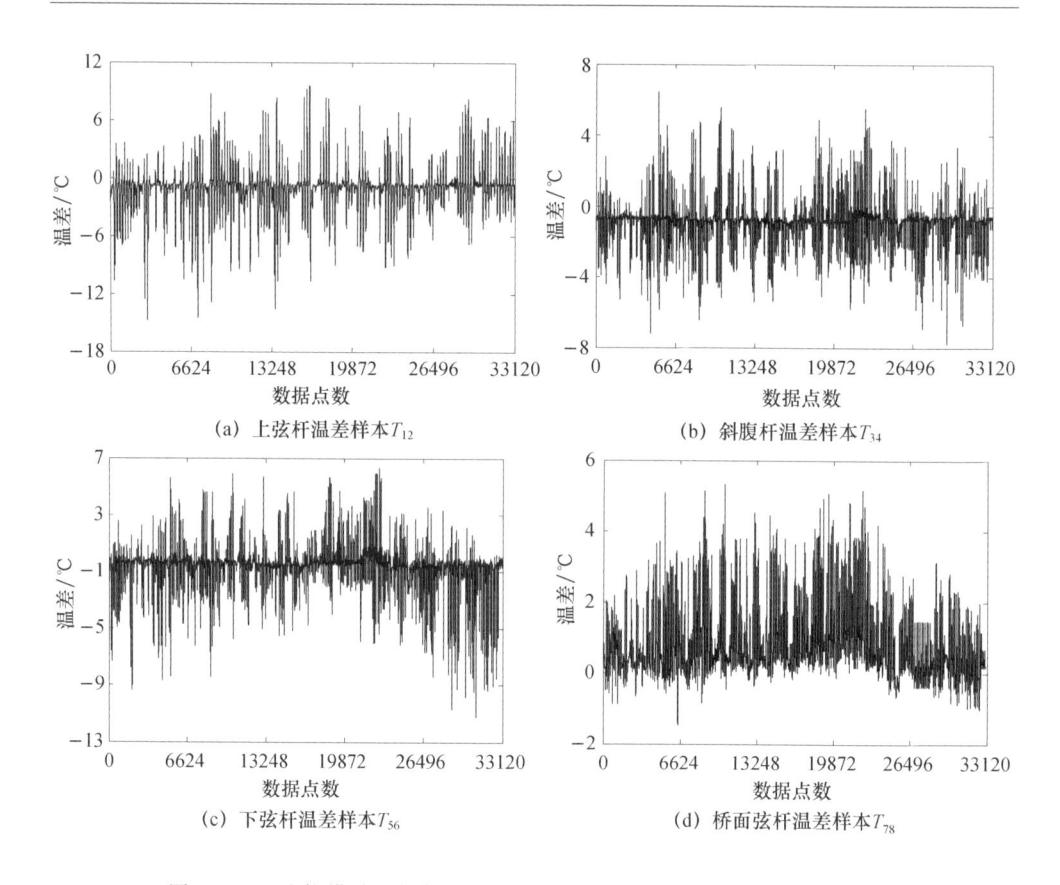

图 2.2.3　边桁拱关键构件温差样本 T_{12}、T_{34}、T_{56}、和 T_{78} 的变化曲线

2.2.4　桥面系关键构件的横向温差分布特征

将桥面系关键构件的温度样本 T_i 和 T_j 在同一时刻的温度值相减，便得到桥面系关键构件的温差样本 T_{ij} (i，$j=9$，10，…，12，且 $i \neq j$)。采用钢桥面板横向典型温差样本 T_{910} 和加劲梁横向典型温差样本 T_{1112} 来描述桥面系关键构件的横向温差分布特征，其变化曲线分别如图 2.2.4（a）和图 2.2.4（b）所示。表 2.2.4 进一步给出了桥面系关键构件横向温差的极值分析结果。从中可以看出，钢桥面板和加劲梁横向正温差和负温差均很小，因此在温度效应计算时可不予考虑桥

面系关键构件横向温差的影响。

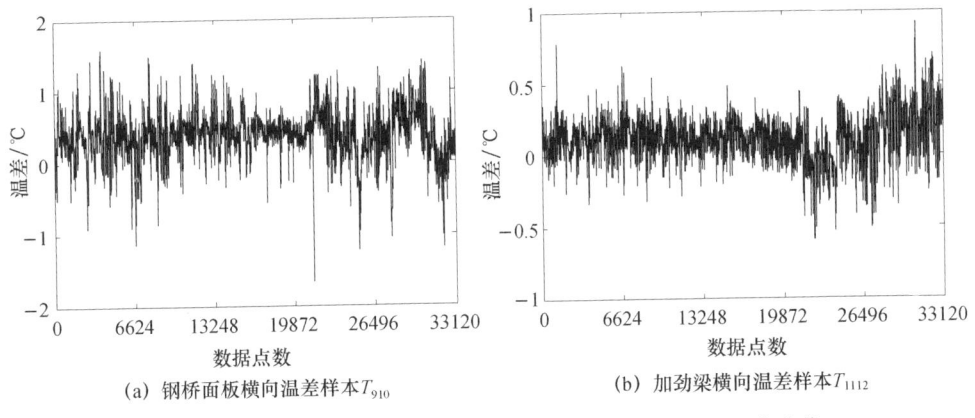

图 2.2.4 桥面系关键构件横向温差样本 T_{910} 和 T_{1112} 的变化曲线

表 2.2.4 桥面系关键构件横向温差样本 T_{910} 和 T_{1112} 的极值分析结果　　（单位：℃）

极　　值	温差 T_{910}	温差 T_{1112}
极大值	1.6	0.9
极小值	−1.7	−0.6

2.3　大胜关大桥温差概率统计分析

2.3.1　温差概率统计分析方法

温差样本 T_{ij} 的时程变化是一个同分布的平稳随机过程，根据平稳随机过程的遍历性定理，可以将其视为一个随机变量，并运用非线性最小二乘估计得到其概率密度函数[18]。由于正温差和负温差在钢桁拱梁中产生的温度应力会有明显差别，因此将钢桁拱梁温差样本 T_{ij} 按正温差和负温差分别考虑，具体为以天为时间单位从 T_{ij} 中筛选出日正温差极值样本 T_{ij}^+ 和日负温差极值样本 $T_{ij}^{-[10]}$。通过对多种概率密度函数的拟合优度比较，连续钢桁拱梁 T_{ij}^+ 和 T_{ij}^- 的概率密度函数最终选用多个 Weibull 概率密度函数的加权和来描述。由于 Weibull 分布函数在负值区域内不存在，因此需要先将 T_{ij}^- 取相反数变为正值 $-T_{ij}^-$，再利用 Weibull 分布函数拟合其概率密度值。

需要指出，正温差或负温差不同的区间划分会导致不同形状的概率密度柱状图，因此，概率密度函数不能直接通过对概率密度柱状图进行曲线拟合得到。为此，本节提出了概率密度函数估计的两阶段方法。首先通过曲线拟合方法得到温差样本的累加分布函数，在此基础上求导得到温差样本的概率密度函数。由于温差样本的累加分布函数是唯一的，从而可以保证温差样本概率密度函数的唯一性。由于桥面系关键构件的横向温差很小。因此，本节主要对钢桁拱梁整体竖向温差和边桁拱关键构件的横截面温差进行概率统计特征分析。

温差概率统计分析的具体分析步骤如下。

（1）确定正温差样本和负温差样本中各温差值对应的累加概率值。

利用式（2.3.1）对正温差样本的累加分布特性进行分析，确定正温差样本中各温差值对应的累加概率值

$$P(T^+ \leqslant t^+) = \frac{q_1(T^+ \leqslant t^+)}{l_1} \qquad (2.3.1)$$

式中，T^+ 表示正温差变量，t^+ 为正温差样本中某一温差值，$P(T^+ \leqslant t^+)$ 表示 t^+ 对应的累加概率值，$q_1(T^+ \leqslant t^+)$ 表示正温差样本中小于等于 t^+ 的温差值个数，l_1 为正温差样本中温差值的总数。

利用式（2.3.2）对负温差样本的累加分布特性进行分析，确定负温差样本中各温差值对应的累加概率值

$$P(T^-\leqslant t^-)=\frac{q_2(T^-\leqslant t^-)}{l_2} \quad (2.3.2)$$

式中，T^- 表示负温差变量，t^- 为负温差样本中某一温差值，$P(T^-\leqslant t^-)$ 表示 t^- 对应的累加概率值，$q_2(T^-\leqslant t^-)$ 表示负温差样本中小于等于 t^- 的温差值个数，l_2 为负温差样本中温差值的总数。

（2）对正温差样本的累加分布进行拟合。

对于正温差样本，利用式（2.3.3）对正温差样本的累加分布特性进行拟合

$$F(T^+) = a_0 + \sum_{i=1}^{n_1}[a_i\cos(iwT^+) + b_i\sin(iwT^+)] \quad (2.3.3)$$

式中，T^+ 表示正温差变量，$F(T^+)$ 表示正温差变量的累加分布拟合函数，n_1 为大于或等于 4 的整数，a_0 表示 $F(T^+)$ 的常数项，a_0、w、a_i 和 b_i 为待估参数，其中 i 为整数，且 $i=1, 2, \cdots, n_1$；基于最小二乘法，利用正温差值及式（2.3.1）得到的各正温差值对应的累加概率值，对函数 $F(T^+)$ 进行拟合，得到待估参数 a_0、w、a_i 和 b_i。

（3）对负温差样本的累加分布进行拟合。

对于负温差样本，利用式（2.3.4）对负温差样本的累加分布特性进行拟合

$$F(T^-) = c_0 + \sum_{j=1}^{n_2}[c_j\cos(j\lambda T^-) + d_j\sin(j\lambda T^-)] \quad (2.3.4)$$

式中，T^- 表示负温差变量，$F(T^-)$ 表示负温差变量的累加分布拟合函数，n_2 为 $\geqslant 4$ 的整数，c_0 表示 $F(T^-)$ 的常数项，c_0、λ、c_j 和 d_j 为待估参数，其中 j 为整数，且 $j=1, 2, \cdots, n_2$；基于最小二乘法，利用负温差值及式 2.3.2 得到的各负温差值对应的累加概率值，对函数 $F(T^-)$ 进行拟合，得到待估参数 c_0、λ、c_j 和 d_j。

(4) 确定正温差样本的概率密度参数。

利用式 2.3.5 对 $F(T^+)$ 求导,得到 $f(T^+)$,将正温差样本的温差值代入 $f(T^+)$,得到正温差对应的概率密度值,利用式(2.3.6)对正温差样本的概率密度特性进行拟合

$$f(T^+) = F'(T^+) \tag{2.3.5}$$

$$g(T^+) = \sum_{k=1}^{m_1} \nu_k \left[\alpha_k \beta_k^{-\alpha_k} T^{+\alpha_k-1} e^{(-\frac{T^+}{\beta_k})^{\alpha_k}} \right] \tag{2.3.6}$$

式中,$g(T^+)$ 表示正温差变量的概率密度函数,m_1 为 $\geqslant 1$ 的整数,ν_k 表示威布尔分布函数的权重,且 $\sum_{k=1}^{m_1} \nu_k = 1$,$\alpha_k$ 表示威布尔分布函数的形状参数,β_k 表示威布尔分布函数的尺寸参数,其中,k 为整数,且 $k=1$、2、$\cdots$、m_1,ν_k、α_k 和 β_k 为待估的正温差样本的概率密度参数;基于最小二乘法,利用正温差值及其概率密度值,对函数 $g(T^+)$ 进行拟合,确定正温差样本的概率密度参数 ν_k、α_k 和 β_k。

(5) 确定负温差样本的概率密度参数。

利用式 2.3.7 对 $F(T^-)$ 求导,得到 $f(T^-)$,将负温差样本的温差值代入 $f(T^-)$,得到负温差对应的概率密度值,然后将负温差取相反数,变为对应的正温差,用 $-T^-$ 表示负温差对应的正温差,最后利用式(2.3.8)对 $-T^-$ 的概率密度特性进行拟合

$$f(T^-) = F'(T^-) \tag{2.3.7}$$

$$g(-T^-) = \sum_{p=1}^{m_2} \rho_p \left[\gamma_p \eta_p^{-\gamma_p} (-T^-)^{\gamma_p-1} e^{(-\frac{-T^-}{\eta_p})^{\gamma_p}} \right] \tag{2.3.8}$$

式中,$g(-T^-)$ 表示 $-T^-$ 的概率密度函数,m_2 为大于或等于 1 的整数,ρ_p 表示威布尔分布函数的权重,且 $\sum_{p=1}^{m_2} \rho_p = 1$,$\gamma_p$ 表示威布尔分布函数的形状参数,η_p 表示威布尔分布函数的尺寸参数,其中,p 为整

数，且 $p=1, 2, \cdots, m_2$；ρ_p、γ_p 和 η_p 为待估的负温差样本的概率密度参数；基于最小二乘法，利用 $-T^-$ 值及其概率密度值对函数 $g(-T^-)$ 进行拟合，确定负温差样本的概率密度参数 ρ_p、γ_p 和 η_p。

(6) 确定日照温差采集样本的概率密度。

根据步骤(4)得到的正温差样本的概率密度参数和步骤(5)得到负温差样本的概率密度参数，利用式(2.3.9)得到日照温差采集样本的概率密度 $y(T)$

$$y(T)=\begin{cases} \dfrac{l_1}{l}g(T) & T\geqslant 0 \\ \dfrac{l_2}{l}g(-T) & T<0 \end{cases} \quad (2.3.9)$$

式中，T 为温差变量，当 $T<0$ 时，T 为 T^-；当 $T\geqslant 0$ 时，T 为 T^+；l_1 为正温差样本中温差值的总数，l_2 为负温差样本中温差值的总数，l 表示日照温差采集样本中温差值的总量，且 $l_1+l_2=l$。

2.3.2 整体竖向温差的概率统计分析

本节研究钢桁拱梁上弦杆与下弦杆之间、上弦杆与桥面弦杆之间、下弦杆与桥面弦杆之间的竖向温差样本 T_{ud}、T_{ub} 和 T_{db} 的概率统计特征。利用上节提出的概率统计分析方法，对各竖向温差样本 T_{ud}、T_{ub} 和 T_{db} 的实测概率密度进行 Weibull 分布函数拟合，得到各正负温差样本的概率密度拟合曲线，分别如图 2.3.1、图 2.3.2 和图 2.3.3 所示（其中各概率密度拟合函数的参数估计值见表 2.3.1）。可以看出，Weibull 概率密度拟合函数均能够较好地反映实测概率密度，进一步对每个概率密度拟合函数的拟合优度进行 5% 显著性水平上的 Kolmogorov-Smirnov 检验，检验结果均不拒绝，表明实测概率密度服从拟合 Weibull 函数的原假设，即说明 Weibull 概率密度函数具有良好的拟合优度。

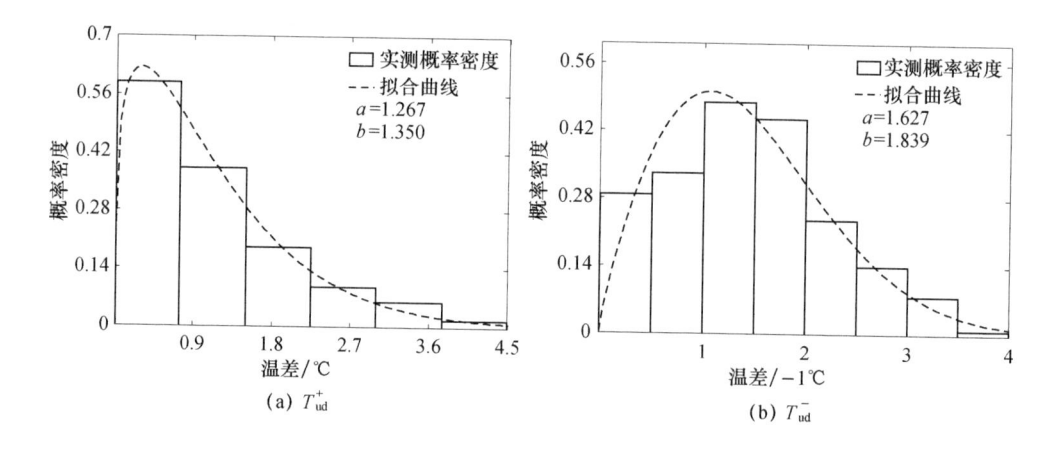

图 2.3.1 T_{ud}^+ 和 T_{ud}^- 的概率密度柱状图及其拟合曲线

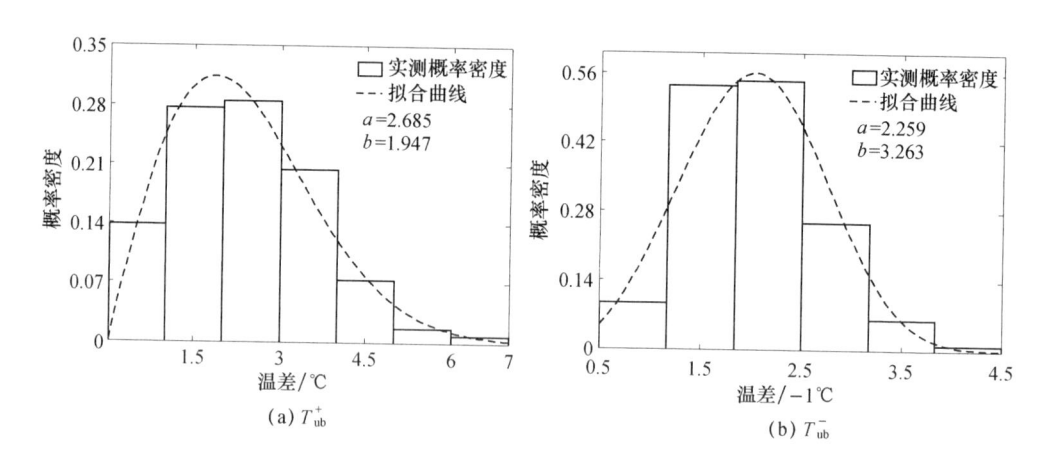

图 2.3.2 T_{ub}^+ 和 T_{ub}^- 的概率密度柱状图及其拟合曲线

表 2.3.1　　　　　　　各概率密度拟合函数的参数估计值

温差样本	概率密度拟合参数			
^	正温差样本		负温差样本	
^	α_1	β_1	γ_1	η_1
T_{ud}	1.350	1.267	1.839	1.627
T_{ub}	1.947	2.685	3.263	2.259
T_{db}	1.723	3.289	3.531	2.698

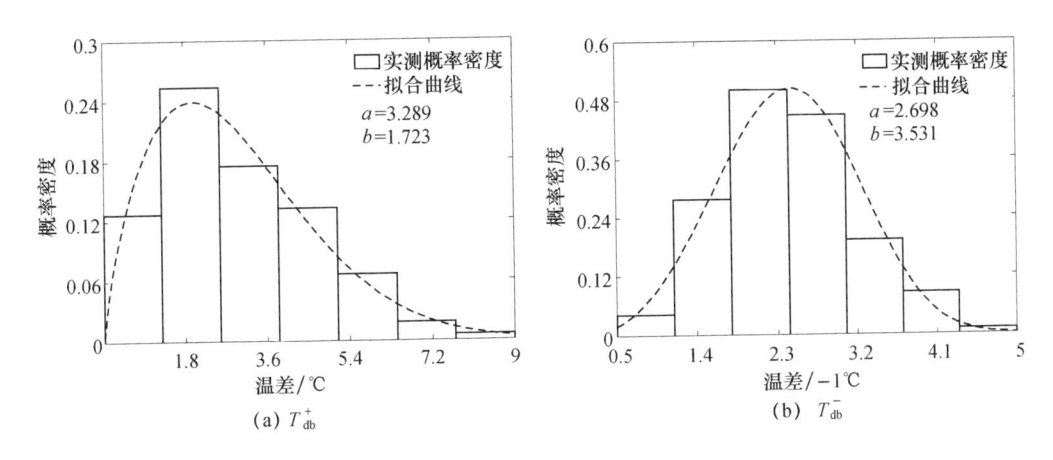

图 2.3.3 T_{db}^+ 和 T_{db}^- 的概率密度柱状图及其拟合曲线

2.3.3 边桁拱关键构件横截面温差的概率统计分析

本节研究钢桁拱梁箱型弦杆横截面的典型温差样本 T_{12}、T_{34}、T_{56} 和工字形斜腹杆横截面的典型温差样本 T_{78} 的概率统计特征。参照钢桁拱梁整体竖向温差概率统计特征的分析方法，得到所有关键构件横截面温差样本的概率密度柱状图及其拟合曲线，分别如图 2.3.4 至

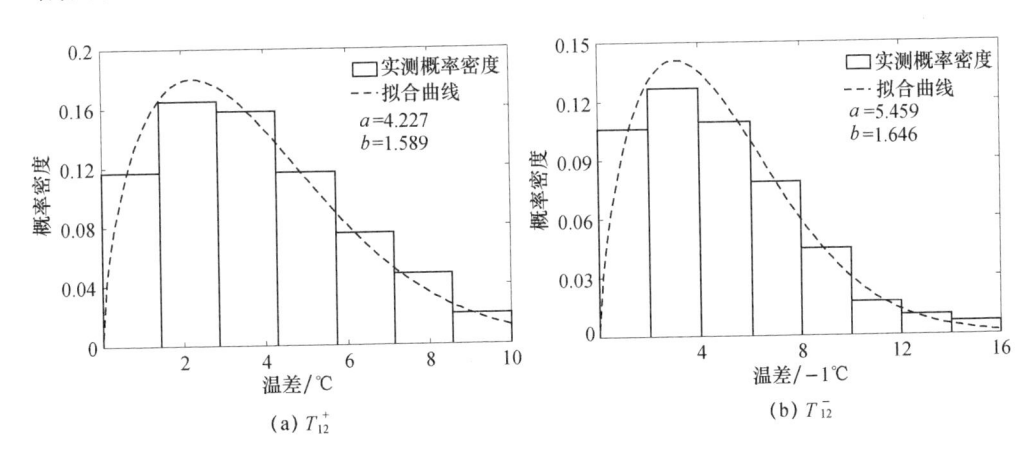

图 2.3.4 T_{12}^+ 和 T_{12}^- 的概率密度柱状图及其拟合曲线

图 2.3.7 所示（其中各概率密度拟合函数的参数估计值见表 2.3.2）。可以看出，拟合曲线能够较好地反映关键构件横截面实测温差的概率密度统计特性，进一步对每个概率密度函数拟合优度进行 5% 显著性水平上的 Kolmogorov-Smirnov 检验，结果表明 Weibull 概率密度函数的拟合优度均通过检验。

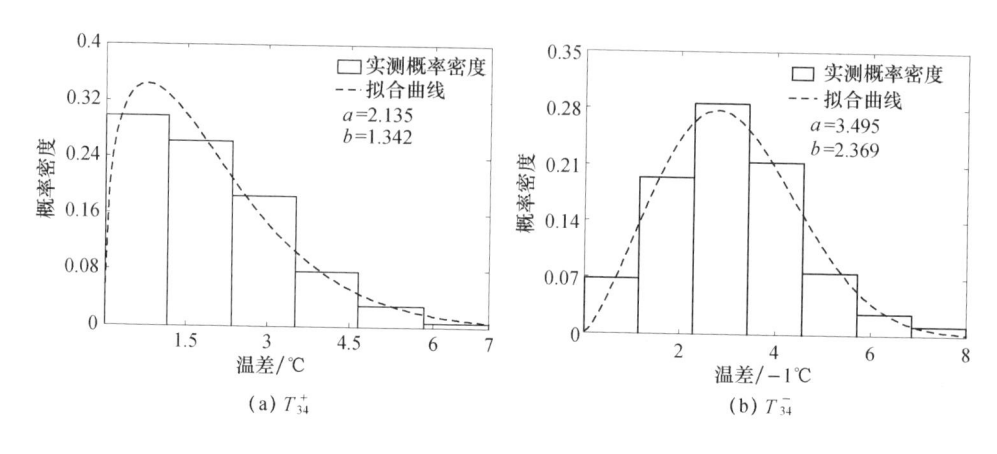

图 2.3.5 T_{34}^+ 和 T_{34}^- 的概率密度柱状图及其拟合曲线

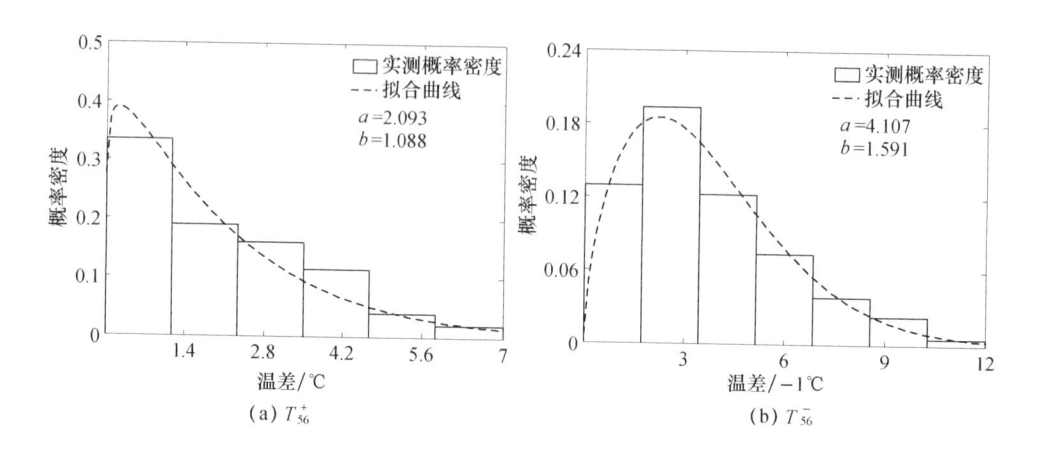

图 2.3.6 T_{56}^+ 和 T_{56}^- 的概率密度柱状图及其拟合曲线

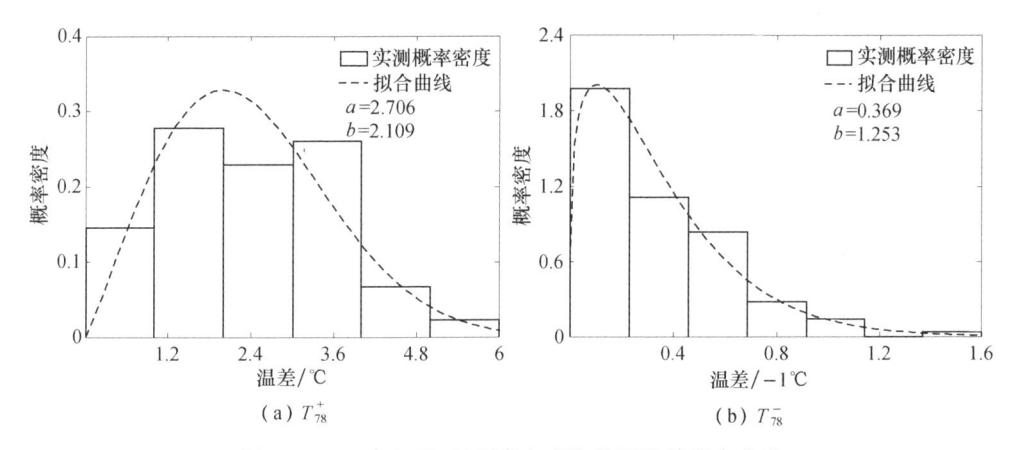

图 2.3.7 T_{78}^+ 和 T_{78}^- 的概率密度柱状图及其拟合曲线

表 2.3.2　　　　　各概率密度拟合函数的参数估计值

温差样本	概率密度拟合参数			
	正温差样本		负温差样本	
	α_1	β_1	γ_1	η_1
T_{12}	1.589	4.227	1.646	5.459
T_{34}	1.342	2.135	2.369	3.495
T_{56}	1.088	2.093	1.591	4.107
T_{78}	2.109	2.706	1.253	0.369

2.4　大胜关大桥温差标准值及温差模式

2.4.1　温差标准值

我国《铁路桥涵设计基本规范》（TB 10002.1—2005）将温度（均匀温度和梯度温度）作用视为附加力，但并未明确说明温度标准值的计算方法[19]。故本节参照欧洲结构设计标准Ⅰ的规定，即温度标准值是具有50年重现期的温度作用值。按照我国铁路桥梁设计规范中的100年设计基准期计算，最大温度作用超过温度标准值次数的数学期望为2次。因此，正温差样本 T_{ij}^+ 和负温差样本 T_{ij}^- 对应的温差标准值 $\hat{T}_{ij}^+$ 和 $\hat{T}_{ij}^-$ 分别采用如下公式计算

$$P = \int_{\hat{T}_{ij}^+}^{+\infty} f(T_{ij}^+) \mathrm{d} T_{ij}^+ = \frac{2}{100 N(T_{ij}^+)} \qquad (2.4.1)$$

$$P = \int_{-\hat{T}_{ij}^-}^{+\infty} f(-T_{ij}^-) \mathrm{d}(-T_{ij}^-) = \frac{2}{100 N(T_{ij}^-)} \qquad (2.4.2)$$

式中，P 为超越概率，$f(T_{ij}^+)$、$f(-T_{ij}^-)$ 分别为 T_{ij}^+ 和 T_{ij}^- 的概率密度函数，$N(T_{ij}^+)$、$N(T_{ij}^-)$ 分别为 T_{ij}^+ 和 T_{ij}^- 的样本容量。

基于上述分析方法，并结合前述钢桁拱梁温差样本的概率密度特征分析结果，计算得到钢桁拱梁整体竖向温差标准值及其关键构件横截面温差标准值，如表2.4.1所示。从表中可以看出，上弦杆和下弦杆横截面存在明显的温差标准值。此外，由于钢桁拱梁桥面系关键构件的横向温差很小，因此其温差标准值取为0℃。

表 2.4.1　　　　　　钢桁拱梁温差标准值　　　　　　（单位：℃）

温差样本	钢桁拱梁整体竖向温差			钢桁拱梁弦杆横截面温差			钢桁拱梁斜腹杆横截面温差	桥面系构件横向温差	
	T_{ud}	T_{ub}	T_{db}	T_{12}	T_{56}	T_{78}	T_{34}	T_{910}	T_{1112}
正温差标准值	7.1	8.2	11.6	16.3	15.8	7.8	10.9	0.0	0.0
负温差标准值	−5.5	−5.7	−5.0	−20.6	−16.7	−2.1	−8.3	0.0	0.0

表2.4.1中的钢桁拱梁温差标准值与其实测温差极值存在一一对应关系。例如，上弦杆横截面温差样本 T_{34} 的负温差标准值为 −20.6℃，其对应的负温差极值为 −14.7℃，因此绘制钢桁拱梁温差标准值与实测温差极值之间的相关性散点图，如图2.4.1所示，可以

看出两者之间具有良好的线性相关性，进一步利用最小二乘法对此线性相关性进行拟合，得到拟合函数表达式为 $T_y=1.482T_x+1.144$，其中 T_y 为温差标准值，T_x 为实测温差极值。此函数表达式揭示了钢桁拱梁温差标准值与实测温差极值之间的内在规律。

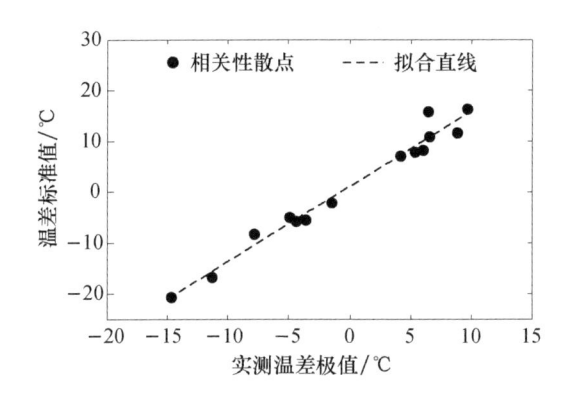

图 2.4.1　温差标准值与实测温差极值之间的相关性散点图

2.4.2　温差标准值与设计值对比

基于上述分析结果，钢拱桁梁结构的温差标准值如表 2.4.2 所示，表 2.4.2 中同时对比给出了温度作用设计值。从表中可以看出：①上弦杆箱形横截面温差、下弦杆箱形横截面温差、下弦杆与桥面弦杆之间温差和斜腹杆工字形横截面温差的最大绝对标准值均十分明显，在钢桁拱梁温度作用设计时应充分考虑，而在实际温度作用设计时未考虑；②上弦杆与下弦杆之间温差、上弦杆与桥面弦杆之间温差和桥面弦杆箱形横截面温差的最大绝对标准值较大，在钢桁拱梁温度作用设计时宜进行考虑；③钢桥面板横向温差和横向加劲梁横桥向温差的最大绝对标准值很小，在钢桁拱梁温度作用设计时可不予考虑。

表 2.4.2　　　　　连续钢拱桁梁的温度场分布特性　　　　　（单位：℃）

连续钢拱桁梁		最大温差（按绝对值考虑）	
		标准值	设计值
钢桁拱梁的整体温差	上弦杆与下弦杆之间温差	7.1	×
	上弦杆与桥面弦杆之间温差	8.2	×
	下弦杆与桥面弦杆之间温差	11.6	×
边桁拱关键构件的横截面温差	上弦杆箱形横截面温差	20.6	×
	下弦杆箱形横截面温差	16.7	×
	桥面弦杆箱形横截面温差	7.8	×
	斜腹杆工字形横截面温差	10.9	×
桥面系关键构件的横向温差	钢桥面板横向温差	0.0	×
	横向加劲梁横桥向温差	0.0	×

注　表中"×"表示设计未对此类温差进行考虑。

2.4.3　温差模式

为计算温度作用对钢桁拱梁结构的最不利温度效应，需要建立钢桁拱梁结构的最不利温差模式。基于以上钢桁拱梁温差标准值计算结果并结合温差样本的互相关分析，本节重点研究钢桁拱梁的两类温差模式，即边桁拱整体竖向温差模式和关键构件的横截面温差模式。

2.4.3.1　边桁拱整体竖向温差模式

钢桁拱梁边桁拱的整体竖向温差可由三种工况，即 T_{ud} 和 T_{ub}、T_{ud} 和 T_{db}、T_{ub} 和 T_{db} 来确定，每种工况又同时存在正温差和正温差、正温差和负温差、负温差和正温差、负温差和负温差四种组合。因此，钢桁拱梁边桁拱的整体竖向温差共存在 12 种竖向温差模式。这 12 种竖向温差模式中的某些模式之间可能存在相互排斥，可通过相关性分析对相互排斥的模式进行筛选，获取有效的钢桁拱梁边桁拱的整体竖向温差模式。

(1) T_{ud} 和 T_{ub} 的相关性分析。

绘制 T_{ud} 和 T_{ub} 之间的相关性散点图,如图 2.4.2 所示。从中可以看出,当 T_{ud} 逐渐增大时,T_{ub} 并未明显表现出逐渐增大或减小的趋势。因此当 T_{ud} 取正温差标准值时,T_{ub} 可能取正温差标准值,也可能取负温差标准值;当 T_{ud} 取负温差标准值时,T_{ub} 可能取正温差标准值,也可能取负温差标准值,即存在以下四种温差模式:

第 1 种温差模式:$T_u - T_d = 7.1 ℃$,$T_u - T_b = 8.2 ℃$;

第 2 种温差模式:$T_u - T_d = 7.1 ℃$,$T_u - T_b = -5.7 ℃$;

第 3 种温差模式:$T_u - T_d = -5.5 ℃$,$T_u - T_b = 8.2 ℃$;

第 4 种温差模式:$T_u - T_d = -5.5 ℃$,$T_u - T_b = -5.7 ℃$。

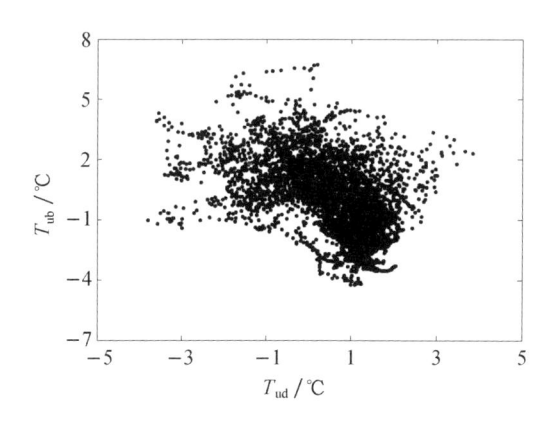

图 2.4.2 T_{ud} 和 T_{ub} 的相关性散点图

(2) T_{ud} 和 T_{db} 的相关性分析。

绘制 T_{ud} 和 T_{db} 之间的相关性散点图,如图 2.4.3 所示。从中可以看出,T_{ud} 和 T_{ub} 之间存在较好的负相关特性,即 T_{db} 随 T_{dd} 的逐渐增大而减小。因此当 T_{ud} 取正温差标准值时,T_{db} 只存在取负温差标准值的情况;当 T_{ud} 取负温差标准值时,T_{db} 只存在取正温差标准值的情况,即存在以下两种温差模式:

第 5 种温差模式：$T_u - T_d = 7.1℃$，$T_d - T_b = -5.0℃$；

第 6 种温差模式：$T_u - T_d = -5.5℃$，$T_d - T_b = 11.6℃$。

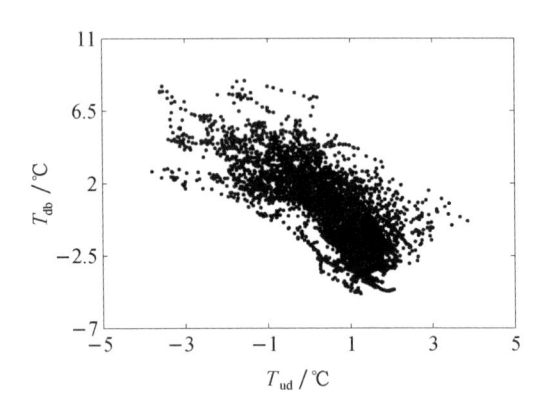

图 2.4.3　T_{ud} 和 T_{db} 的相关性散点图

（3）T_{ub} 和 T_{db} 的相关性分析。

绘制 T_{ub} 和 T_{db} 之间的相关性散点图，如图 2.4.4 所示。从中可以看出，T_{ub} 和 T_{db} 之间具有明显的正相关特性，即 T_{db} 随 T_{ub} 的逐渐增大而增大。因此当 T_{ub} 取正温差标准值时，T_{db} 只存在取正温差标准值的情况；当 T_{ub} 取负温差标准值时，T_{db} 只存在取负温差标准值的情况，即存在以下两种温差模式：

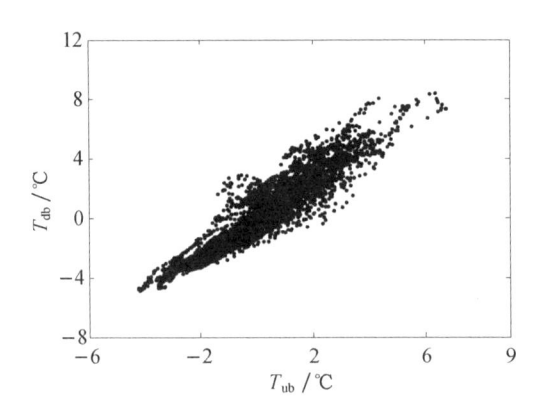

图 2.4.4　T_{ub} 和 T_{db} 的相关性散点图

第 7 种温差模式：$T_u-T_b=8.2℃$，$T_d-T_b=11.6℃$；

第 8 种温差模式：$T_u-T_b=-5.7℃$，$T_d-T_b=-5.0℃$。

根据上述分析，基于对 12 种温差模式的相关性分析，剔除了 4 种不可能出现的温差模式。若以桥面弦杆温度 T_b 作为基准点（即令 $T_b=0.0℃$），则剩余 8 种温差模式取值如表 2.4.3 所示。在此基础上进一步将此 8 种温差模式进行归类，并且对比不同温差模式 T_u 与 T_d 之间、T_u 与 T_b 之间和 T_d 与 T_b 之间的温差绝对值，便可确定最不利温差模式：

①第 3 种、第 6 种和第 7 种温差模式同属于"$T_u<T_d$，$T_d>T_b$"类型，将其归为一类并相互对比可知第 3 种温差模式为此类型最不利温差模式；

②第 2 种和第 5 种温差模式同属于"$T_u>T_d$，$T_d<T_b$"类型，将其归为一类并相互对比可知第 2 种温差模式为最不利温差模式；

③第 4 种和第 8 种温差模式同属于"$T_u<T_d<T_b$"类型，由于其 T_u 和 T_b 取值与第 2 种温差模式相同，对比此 3 种温差模式可知第 2 种温差模式为最不利温差模式；

④第 1 种温差模式单独归为"$T_u>T_d>T_b$"类型，由于其 T_u 和 T_b 取值与第 3 种温差模式相同，对比此两种温差模式发现均为最不利温差模式。

基于以上分析，筛选得到钢桁拱梁边桁拱的整体竖向温差的 3 种最不利温差模式如下。

第 1 种最不利温差模式 $T_u=8.2℃$，$T_d=1.1℃$，$T_b=0.0℃$；

第 2 种最不利温差模式 $T_u=-5.7℃$，$T_d=-12.8℃$，$T_b=0.0℃$；

第 3 种最不利温差模式 $T_u=8.2℃$，$T_d=13.7℃$，$T_b=0.0℃$。

表 2.4.3　　　　　　　　　8 种温差模式取值　　　　　　　（单位：℃）

温差模式	T_u	T_d	T_b	温差模式	T_u	T_d	T_b
第 1 种	8.2	1.1	0.0	第 5 种	2.1	−5.0	0.0
第 2 种	−5.7	−12.8	0.0	第 6 种	6.1	11.6	0.0
第 3 种	8.2	13.7	0.0	第 7 种	8.2	11.6	0.0
第 4 种	−5.7	−0.2	0.0	第 8 种	−5.7	−5.0	0.0

2.4.3.2　边桁拱关键构件的横截面温差模式

基于钢桁拱梁边桁拱关键构件横截面的温差标准值计算结果，可直接得到：

①上弦杆横截面的两种最不利温差模式为 $T_1-T_2=16.3℃$，$T_1-T_2=-20.6℃$；

②下弦杆横截面的两种最不利温差模式为 $T_5-T_6=15.8℃$，$T_5-T_6=-16.7℃$；

③桥面弦杆横截面的两种最不利温差模式为 $T_9-T_{10}=7.8℃$，$T_9-T_{10}=-2.1℃$；

④斜腹杆横截面的两种最不利温差模式为 $T_3-T_4=10.9℃$，$T_3-T_4=-8.3℃$。

2.5　本　章　小　结

本章通过大胜关长江大桥连续钢拱桁梁的长期温度监测数据，采用极值分析方法和统计分析方法详细考察了钢拱桁梁的温度分布特征和温差分布特征，重点讨论了边桁拱整体竖向温差以及关键构件局部横截面温差的空间分布特征和概率统计特征，在此基础上计算了温差标准值以及最不利温差模式。分析结果表明：

（1）钢桁拱梁整体竖向温差以及各箱型弦杆和工字形斜腹杆的局部横截面温差较为明显，在温度效应分析时应予以考虑；钢桥面板和加劲梁的横桥向温差很小，可以忽略不计。

（2）对于钢桁拱梁整体竖向温差以及各弦杆和斜腹杆的局部横截面温差而言，正负温差样本的概率统计特征均可以采用一个 Weibull 概率密度函数来描述，并给出了各正负温差样本的概率密度参数估计值。

（3）钢桁拱梁温差标准值与实测温差极值具有良好的线性相关特性，并且对比分析了温差标准值与设计值的区别。在此基础上建立了钢桁拱梁整体竖向温差的 3 种最不利温差模式，以及各弦杆和斜腹杆局部横截面温差的 2 种最不利温差模式。

参 考 文 献

[1] 王鹏程，李杰. 钢-混凝土组合结构桥梁横向温度应力分析. 城市建设，2010，(29)：231—233.

[2] Long Peiheng, Zhang Maohua, Chen Weizhen. Analysis of temperature stress for concrete box girders cracking. International Conference on Mechanic Automation and Control Engineering (MACE2010), 2010, 1590—1594.

[3] 邓扬，李爱群，丁幼亮. 大跨悬索桥梁端位移与温度的相关性研究及其应用. 公路交通科技，2009，26 (5)：54—58.

[4] Yu Xianlin, Ye Jianshu, Wu Wenqing. Cracking damage of long span prestressed concrete box girder bridges. Journal of Harbin Institute of Technology, 2011, 43 (6)：101—104.

[5] Sun Limin, Zhou Yi, Li Xuelian. Correlation study on modal frequency and temperature effects of a cable-stayed bridge model. 2nd International Conference on Structures and Building Materials (ICSBM 2012), 2012, 446—449.

[6] Mosavi Amir A, Seracino Rudolf, Rizkalla Sami. Effect of temperature on daily modal variability of a steel-concrete composite bridge. Journal of Bridge Engineering, 2012, 17 (6)：979—983.

[7] 焦志钦，胡利平，韩大建. 温度对桥梁动力特性的影响研究. 科学技术与工程，2010，10 (31)：7685—7689.

[8] Guo T, Li A Q, Li J H. Fatigue life prediction of welded joints in orthotropic steel decks considering temperature effect and increasing traffic flow. Structural Health Monitoring,

2008，7（3）：189—202.

[9] Guo T，Li A Q，Wang H. Influence of ambient temperature on the fatigue damage of welded bridge decks. International Journal of Fatigue，2008，30（6）：1092—1102.

[10] Ding Youliang，Wang Gaoxin. Estimating extreme temperature differences in steel box girder using long-term measurement data. Journal of Central South University，2013，20（9）：2537—2545.

[11] Zhou Guangdong，Ding Youliang，Li Aiqun，Wang Gaoxin. Thermal field characteristic analysis of steel box girder based on long-term field measurement data. International Journal of Steel Structures，2012，45（5）：114—125.

[12] Barsotti R，Froli M. Statistical analysis of thermal actions on a concrete segmental box-girder bridge. Structural Engineering International，2000，10（2）：111—116.

[13] 叶见曙，贾琳，钱培舒. 混凝土箱梁温度分布观测与研究. 东南大学学报（自然科学版），2002，32（15）：69—74.

[14] 叶见曙，雷笑，王毅. 基于统计分析的混凝土箱梁温差标准值研究. 公路交通科技，2009，26（11）：50—54.

[15] 雷笑，叶见曙，王毅. 日照作用下混凝土箱梁的温差代表值. 东南大学学报（自然科学版），2008，38（6）：1105—1109.

[16] 丁幼亮，王高新，周广东，等. 基于现场监测数据的润扬大桥斜拉桥钢箱梁温度场全寿命模拟方法. 土木工程学报，2013，46（5）：129—136.

[17] 王高新，丁幼亮，李爱群，等. 基于长期监测数据的润扬大桥斜拉桥钢箱梁横向温差特性研究. 工程力学，2013，30（1）：163—167.

[18] 周广东，丁幼亮，李爱群，等. 基于长期实测数据的大跨悬索桥扁平钢箱梁温差特性研究. 土木工程学报，2012，45（5），114—125.

[19] TB 10002.1—2005 铁路桥涵设计基本规范. 北京：中国铁道出版社，2005.

第3章 高速铁路桥梁支座纵向位移监测与评估

3.1 高速铁路桥梁支座纵向位移监测概述

3.1.1 问题的提出

大胜关大桥钢主梁首次采用高强度、高韧性与良好焊接性能的新型 Q420qE 级钢材。钢主梁受温度影响较大，温度变化会引起钢主梁产生显著的纵向变形[1—3]。为适应这种纵向变形，大胜关大桥在 4 号墩、5 号墩、6 号墩、8 号墩、9 号墩、10 号墩各安装了纵向活动支座。纵向活动支座正常工作与否关系到整个高速铁路桥梁的安全运营，有必要对支座活动状态进行长期监测和评估，以便准确地发现支座使用性能的退化，并及时地对其进行修复或者进行更换。目前，支座使用性能检测主要采用人工定期检测的方式，但是人工检测的主观性较强并且实时性较差。为此，大胜关大桥结构健康监测系统针对纵向活动支座安装了位移传感器，用以实时监测支座的纵向位移，并且通过捕捉支座纵向位移的异常变化实现支座使用性能退化监控[4—7]。

3.1.2 大胜关大桥支座纵向位移监测简介

大胜关大桥结构健康监测系统在 4 号墩、5 号墩、6 号墩、8 号墩、9 号墩、10 号墩的上下游支座各安装 1 个纵向位移传感器，上游侧对应的传感器编号分别为 $D_{1,u} \sim D_{6,u}$，下游侧对应的传感器编号分别为 $D_{1,d} \sim D_{6,d}$，采样频率为 1Hz，如图 3.1.1 所示。需要指出，7 号墩处支座位于钢桁拱结构的对称位置并且设计为铰接支座，即 7 号墩支座处的主梁纵向位移受到约束，因此 7 号墩支座不设置位移传感器。

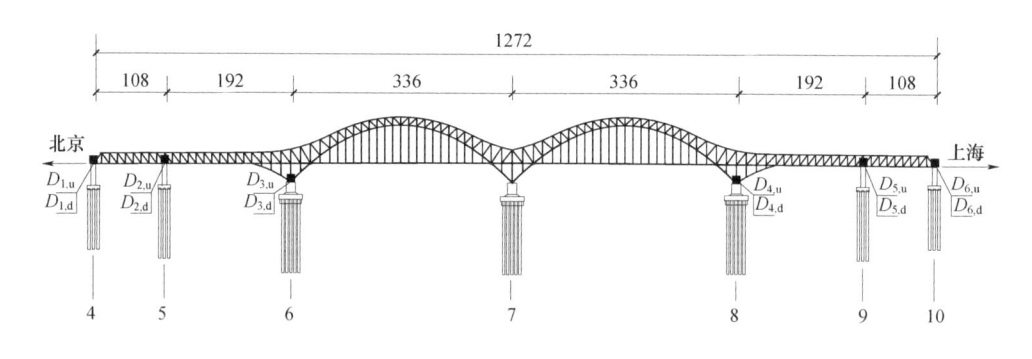

图 3.1.1 支座纵向位移传感器布置图（单位：m）

3.2 大胜关大桥支座纵向位移长期监测结果

3.2.1 支座纵向位移长期监测结果

本节首先介绍作者于 2013 年 3 月至 10 月对大胜关大桥支座纵向位移的长期变化规律的考察情况。以 10min 为计算区间计算每个支座纵向位移的平均值,则每天可得 144 个实测位移值,在此基础上取每个桥墩上下游支座纵向位移的平均值 D_i 作为该桥墩支座纵向位移的代表值,即 $D_i=(D_{i,u}+D_{i,d})/2$。图 3.2.1 分别给出了 4 号墩、5 号墩、6 号墩、8 号墩、9 号墩、10 号墩支座纵向位移的长期监测结果。表 3.2.1 给出了支座纵向位移的极值分析结果。从中可以看出,大胜关大桥支座纵向位移变化曲线呈现出明显的季节变化特征,即总体上表现为"夏季温度高,支座纵向位移大;冬季温度低,支座纵向位移小"。例如,4 号墩支座的纵向位移在 8 月份达到最大值为 177.16mm,在 3 月份达到最小值为 −103.03mm;9 号墩处支座纵向位移在 8 月份达到最大值为 142.78mm,在 3 月份达到最小值为 −63.98mm。图 3.2.2 进一步给出了 4 号墩和 9 号墩支座纵向位移在 2013 年 3 月 30 日的日变化曲线,其中 4 号墩支座纵向位移的日最大值为 −6.64mm,日最小值为 −53.96mm;9 号墩支座纵向位移的日最大值为 −5.42mm,日最小值为 −31.98mm。可以看出,4 号墩和 9 号墩支座纵向位移的日变化曲线在一天内类似单周期正弦曲线,即纵向位移表现为昼夜起伏的变化特征。根据上述分析可知,大胜关大桥支座纵向位移存在明显的季节变化特征和昼夜变化特征,与环境温度变化存在较为明显的相关关系。

表 3.2.1　　　　2013 年 3 月至 10 月支座纵向位移的极值分析　　　（单位：mm）

桥墩	最大值	最小值	变化幅度	桥墩	最大值	最小值	变化幅度
4 号墩	177.16	−103.03	280.19	8 号墩	94.70	−46.76	141.46
5 号墩	138.01	−84.21	222.22	9 号墩	142.78	−63.98	206.76
6 号墩	87.84	−91.03	178.87	10 号墩	176.77	−85.27	262.04

注　变化幅度＝|最大值−最小值|。

(a) 4号墩支座纵向位移

(b) 5号墩支座纵向位移

(c) 6号墩支座纵向位移

(d) 8号墩支座纵向位移

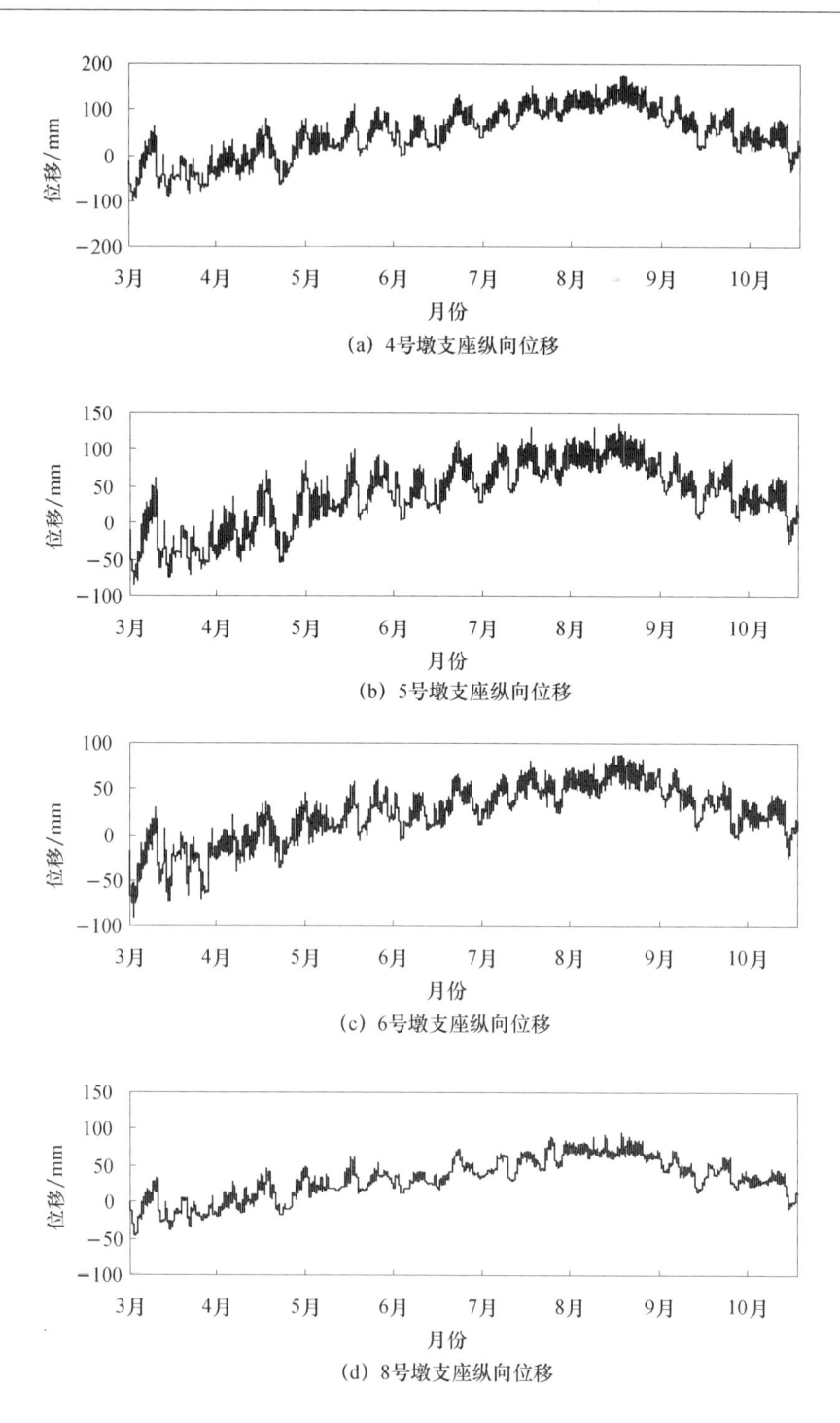

图 3.2.1 2013 年 3 月至 10 月支座纵向位移监测数据（一）

(e) 9号墩支座纵向位移

(f) 10号墩支座纵向位移

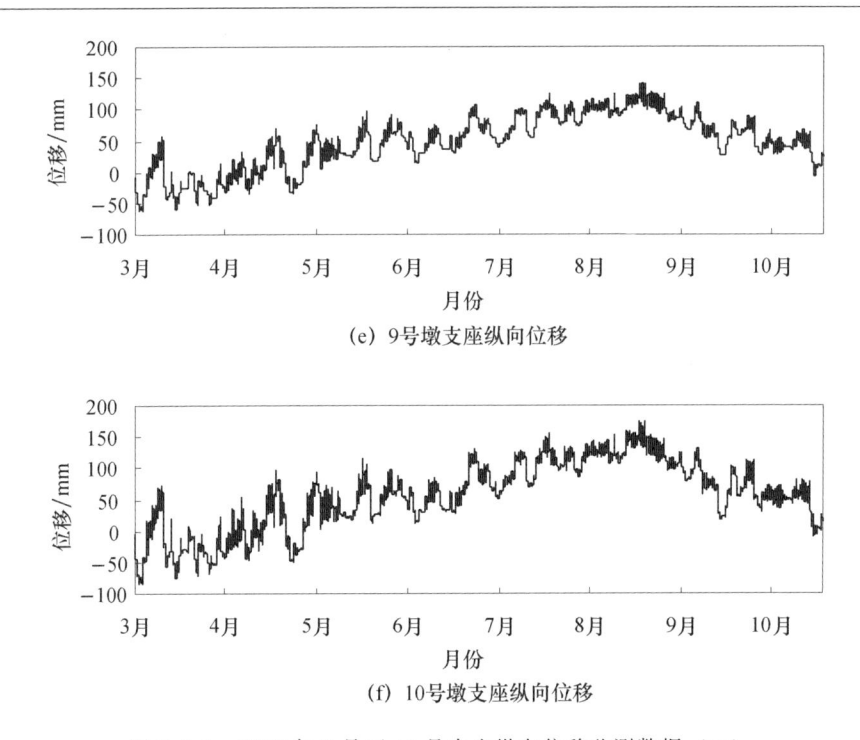

图 3.2.1　2013 年 3 月至 10 月支座纵向位移监测数据（二）

(a) 4号墩支座纵向位移　　　　　　　(b) 9号墩支座纵向位移

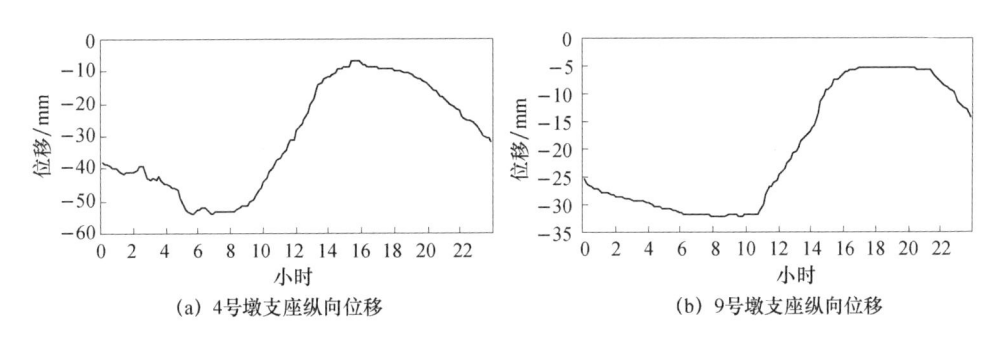

图 3.2.2　2013 年 3 月 30 日支座纵向位移监测数据

3.2.2　支座纵向位移与温度的相关性分析

为进一步考察支座纵向位移与温度的相关性，采用线性模型来研究大胜关大桥结构温度和支座纵向位移数据的相关程度。首先考察结构平均温度与支座纵向位移的相关性。为此，结构平均温度 T_a 取钢桁拱结构 12 个温度传感器数据（$T_1 \sim T_{12}$，详见图 2.2.1）的平均值。图 3.2.3 分别给出了结构平均温度与 4 号墩、5 号墩、6 号墩、8 号墩、9 号墩、10 号墩支座纵向位移的相关性散点图。从图中可以看出，

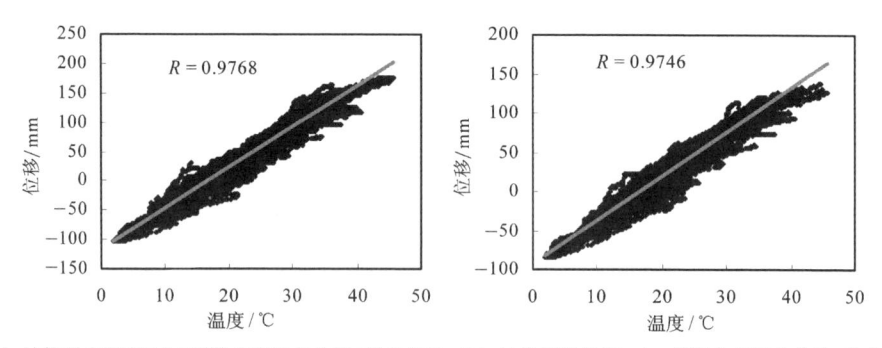

（a）结构平均温度T_a与4号墩支座纵向位移d的相关性　（b）结构平均温度T_a与5号墩支座纵向位移d的相关性

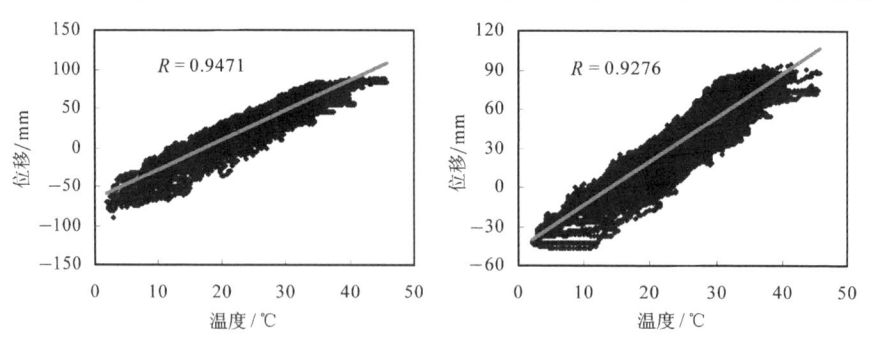

（c）结构平均温度T_a与6号墩支座纵向位移d的相关性　（d）结构平均温度T_a与8号墩支座纵向位移d的相关性

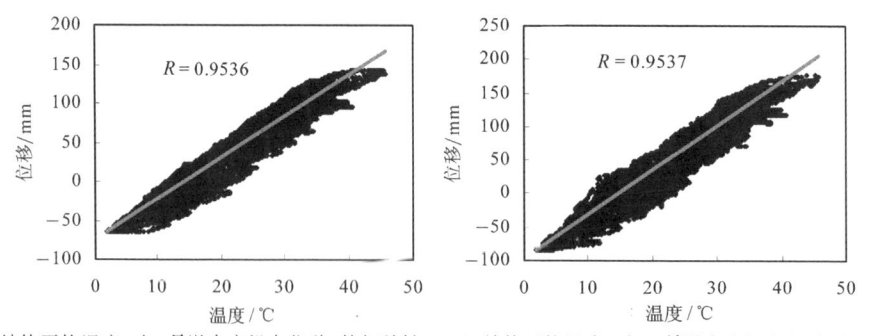

（e）结构平均温度T_a与9号墩支座纵向位移d的相关性　（f）结构平均温度T_a与10号墩支座纵向位移d的相关性

图 3.2.3　结构平均温度监测结果与支座纵向位移 d 的相关性分析

支座纵向位移与结构平均温度之间存在较强的相关性，纵向位移随着结构平均温度的增加而逐渐增大，随着结构平均温度的减小而逐渐减小，表现出"温度高位移大、温度低位移小"的特征。进一步采用相关系数 R 表征结构平均温度与支座纵向位移的相关性，数学表达式为

$$R = \frac{\sum_{i=1}^{N}(X_i - \overline{X})(Y_i - \overline{Y})}{\sqrt{\sum_{i=1}^{N}(X_i - \overline{X})^2}\sqrt{\sum_{i=1}^{N}(Y_i - \overline{Y})^2}} \quad (3.2.1)$$

式中，R 为样本 X 和 Y 的相关系数；X_i 和 Y_i 分别为对应的第 i 个样本值；$\overline{X}$、$\overline{Y}$ 分别为样本 X 和 Y 的一阶原点矩。相关系数 R 愈接近 1，就说明相关性愈好。图 3.2.3 给出了结构平均温度与支座纵向位移的相关系数 R。图中散点分布表明，大胜关大桥结构平均温度与支座纵向位移的相关性模式较为稳定，但仍具有一定的离散性。因此，需要进一步研究大胜关大桥钢桁拱结构温差对支座纵向位移的影响。

在研究结构温差对支座纵向位移的影响之前，需将结构平均温度对纵向位移的影响消除掉。为此，需要采用线性回归分析建立支座纵向位移 d（单位：mm）和结构平均温度 T_a（单位：℃）的相关性模型，模型表达式为

$$d = \beta_0 + \beta_1 T_a \quad (3.2.2)$$

式中，β_0 和 β_1 为回归系数，可通过最小二乘的方法得到

$$\beta_1 = \frac{S_{dT}}{S_{TT}} \quad (3.2.3)$$

$$\beta_0 = \overline{d} - \beta_1 \overline{T} \quad (3.2.4)$$

式中，S_{dT} 为位移与温度的协方差；S_{TT} 为温度的方差；$\overline{d}$ 和 $\overline{T}$ 分别为位移和温度的均值。表 3.2.2 列出了结构平均温度和支座纵向位移的线性回归模型。

表 3.2.2　　　　　结构平均温度和支座纵向位移的线性回归模型

桥　　墩	回归函数	桥　　墩	回归函数
4号墩	$d=-115.24+6.96T_a$	8号墩	$d=-46.58+3.36T_a$
5号墩	$d=-92.53+5.62T_a$	9号墩	$d=-76.05+5.30T_a$
6号墩	$d=-66.28+3.82T_a$	10号墩	$d=-98.50+6.64T_a$

消除结构平均温度影响的方法是根据表 3.2.2 的温度-位移的线性回归模型将实测位移值归一化到某一参考温度上。这里选取参考温度值为 20℃，将参考温度值代入表 3.2.2 中的线性回归模型，得到参考位移 d_r，同样地将实测温度值代入回归模型，得到由结构平均温度影响所产生的位移计算值 d_t，则可以计算得到消除结构平均温度影响的支座纵向位移值 d_n 为

$$d_n = d - (d_t - d_r) \quad (3.2.5)$$

式中，d_n 为消除结构平均温度影响的位移值；d 为支座纵向位移的实测值。例如 4 号墩支座在消除结构平均温度影响的位移值 d_n 如图 3.2.4 所示。

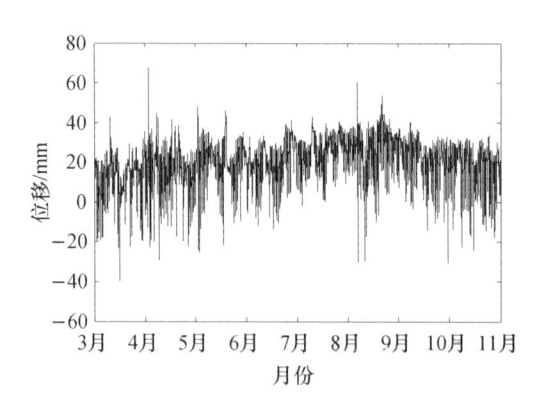

图 3.2.4　4 号墩支座在消除结构平均温度影响的位移值 d_n

下面分析消除结构平均温度影响的位移值和结构温差的相关性。

第 3 章　高速铁路桥梁支座纵向位移监测与评估

取图 2.1.2 中上弦杆截面两侧温度样本 T_1、T_2 的平均值并记为 T_u，取下弦杆截面两侧温度样本 T_5、T_6 的平均值并记为 T_d，取桥面弦杆截面两侧温度样本 T_7、T_8 的平均值并记为 T_b，即 $T_u=(T_1+T_2)/2$，$T_d=(T_5+T_6)/2$，$T_b=(T_7+T_8)/2$。上弦杆与下弦杆之间的竖向温差为 $T_{ud}=T_u-T_d$，下弦杆与桥面弦杆之间的竖向温差为 $T_{db}=T_d-T_b$，上弦杆与桥面弦杆之间的竖向温差为 $T_{ub}=T_u-T_b$。图 3.2.5 给出了消除结构平均温度影响的 4 号墩支座位移值和结构温差 T_{ud}、T_{db} 和 T_{ub} 的相关性散点图；图 3.2.6 给出了消除结构平均温度影响的 9 号墩支座位移值和结构温差 T_{ud}、T_{db} 和 T_{ub} 的相关性散点图。从图中可

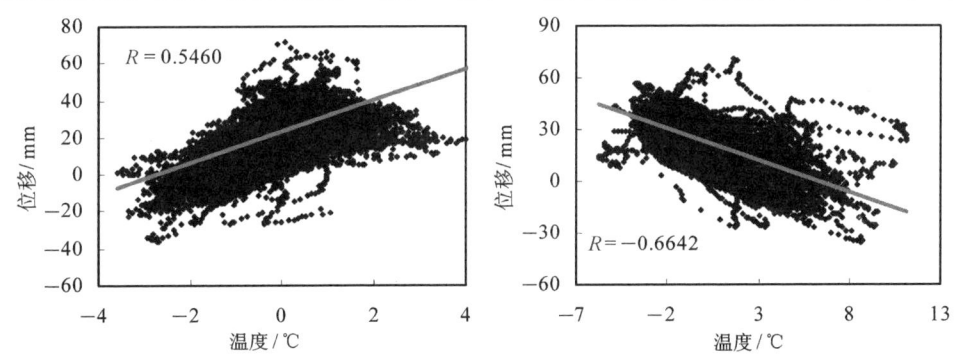

(a) 温差 T_{ud} 与 4 号墩支座纵向位移 d_n 的相关性　(b) 温差 T_{db} 与 4 号墩支座纵向位移 d_n 的相关性

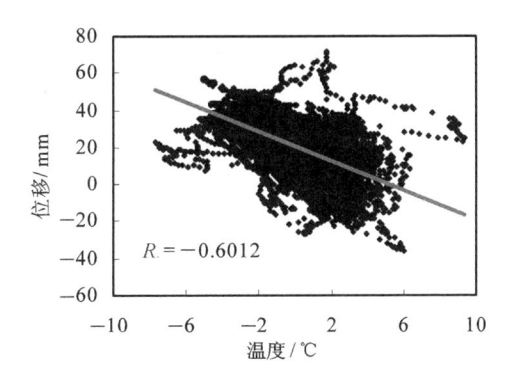

(c) 温差 T_{ub} 与 4 号墩支座纵向位移 d_n 的相关性

图 3.2.5　结构温差监测结果与 4 号墩支座纵向位移 d_n 的相关性分析

以看出数据点的分布较分散，但仍可看出结构温差和位移之间具有明显的相关性。因此，结构温差与支座纵向位移的相关性较弱但仍较明显，结构温差对支座纵向位移的影响不可忽略。根据上述分析，支座纵向位移与钢桁拱结构的温度/温差之间相关性的模式较为稳定，但仍具有一定的变化，这说明进行长期监测是必要的，只有通过长期数据的积累才能建立准确的支座纵向位移与结构温度/温差的相关性模型，在此基础上可以采用统计模式识别的方法对支座纵向位移的异常变化进行识别，从而实现支座使用性能退化监控。

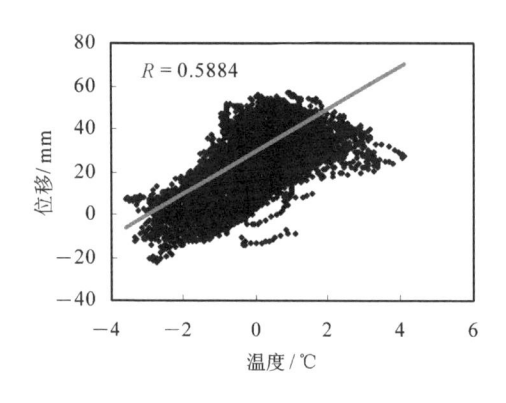

(a) 温差 T_{ud} 与9号墩支座纵向位移 d_n 的相关性 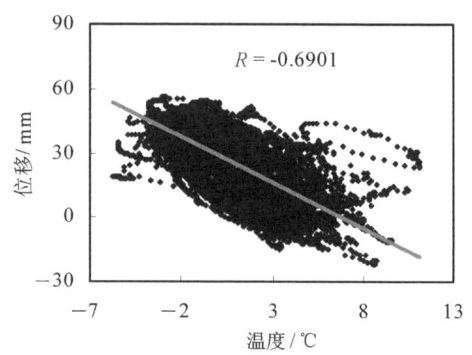   (b) 温差 T_{db} 与9号墩支座纵向位移 d_n 的相关性

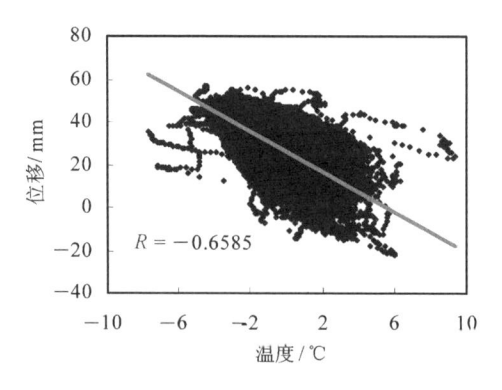

(c) 温差 T_{ub} 与9号墩支座纵向位移 d_n 的相关性

图 3.2.6　结构温差监测结果与 9 号墩支座纵向位移 d_n 的相关性分析

3.2.3 支座纵向位移的空间相关性分析

下面分析大胜关大桥各桥墩支座纵向位移的空间相关性。根据设计图纸，大胜关大桥 4 号墩、5 号墩、6 号墩、7 号墩、8 号墩、9 号墩、10 号墩支座位置分别采用坐标 −636m、−528m、−336m、0m、336m、528m、636m 表示。图 3.2.7 (a) 给出了 2013 年 8 月 14 日 17：20 时各支座纵向位移沿顺桥向分布图；图 3.2.7 (b) 至图 3.2.7 (e) 进

(a) 2013年8月14日17:20时支座纵向位移的相关性

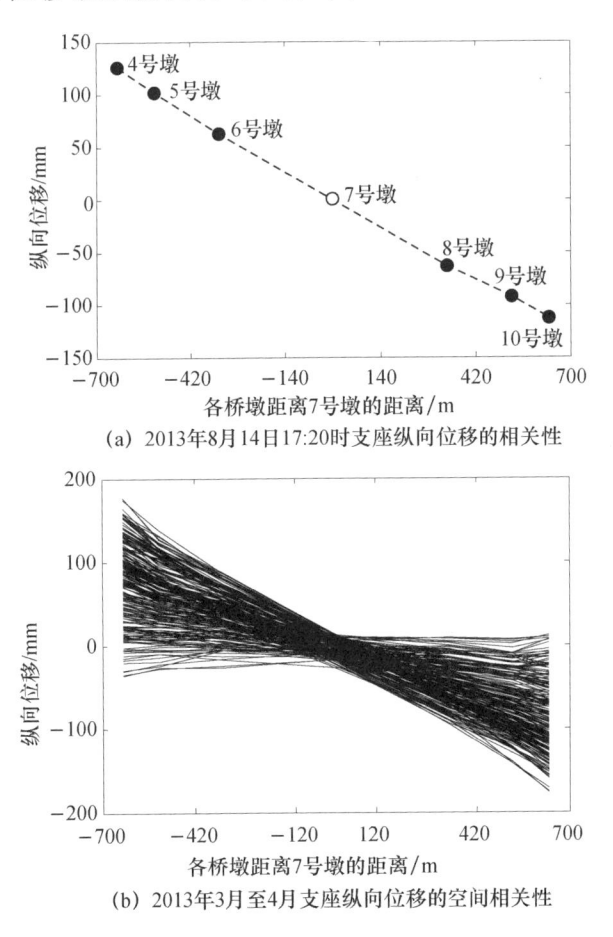

(b) 2013年3月至4月支座纵向位移的空间相关性

图 3.2.7 支座纵向位移 d 的空间相关性分析（一）

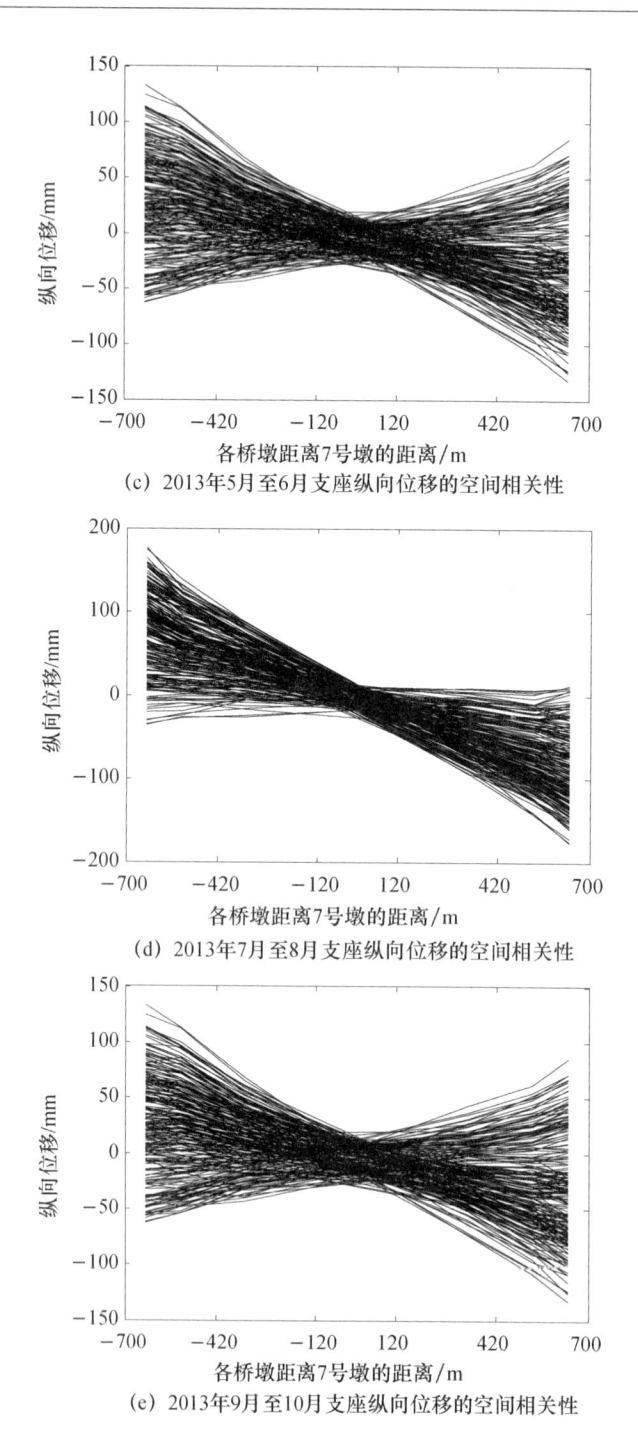

(c) 2013年5月至6月支座纵向位移的空间相关性

(d) 2013年7月至8月支座纵向位移的空间相关性

(e) 2013年9月至10月支座纵向位移的空间相关性

图 3.2.7　支座纵向位移 d 的空间相关性分析（二）

一步给出了2013年3月至10月不同月份各支座纵向位移沿顺桥向分布图。从图中可以看出，温度作用下大胜关大桥钢桁拱结构由于材料的热胀冷缩效应导致各支座纵向位移呈现出明显的线性空间分布特征，即距离7号墩较近的桥墩支座纵向位移较小，而距离7号墩较远的桥墩支座纵向位移则较大。根据上述分析，大胜关大桥各支座纵向位移具有较强的空间相关性，通过长期数据的积累建立支座纵向位移的空间相关性模型可以实现支座使用性能退化监控。

3.3 支座纵向位移的数学模型建立方法

3.3.1 数学模型建立方法

为了研究支座使用性能退化时纵向位移的变化规律，需要建立支座纵向位移与结构温度场以及支座空间位置的相关性数学模型。为此，本节选取2013年3月至6月的支座纵向位移和温度场等监测数据作为训练数据，建立大胜关大桥支座纵向位移在任意时刻t和任意位置x的数学模型，并以此表征支座使用性能的基准状态。根据3.2.2节和3.2.3节的分析结果，针对每个支座纵向位移与温度场之间的相关性规律，以及各支座纵向位移之间的空间相关性规律，采用如下两步骤方法建立支座纵向位移的数学模型。

(1) 针对每个支座纵向位移与温度场之间的相关性规律，通过最小二乘法建立各支座的纵向位移$S_i(t)$和结构温度场[$T_a(t)$、$T_{ud}(t)$、$T_{ub}(t)$和$T_{db}(t)$]之间的多元线性回归方程，其中$S_i(t)$表示第i个支座在t时刻的纵向位移理论值，$T_a(t)$、$T_{ud}(t)$、$T_{ub}(t)$和$T_{db}(t)$分

别表示 T_a、T_{ud}、T_{ub} 和 T_{db} 在第 t 时刻的温度值。

多元线性回归模型用以考察一个因变量与多个自变量之间的线性相关关系[8,9]，即指纵向位移因变量 $S_i(t)$ 与 4 个自变量 [$T_a(t)$、$T_{ud}(t)$、$T_{ub}(t)$ 和 $T_{db}(t)$] 之间的线性关系，建立的多元线性回归模型如下

$$S_i(t) = a_1 T_a(t) + a_2 T_{ud}(t) + a_3 T_{ub}(t) + a_4 T_{db}(t) + c \quad (3.3.1)$$

式中，a_1、a_2、a_3、a_4 和 c 为待估计参数，可通过最小二乘法求得。最小二乘法的基本原理简述如下[10]。

设 f 是 $m+1$ 个节点 $x_j \in [a, b]$ 上给定的离散函数，即给定离散数据（或称实验数据或观测数据）

$$(x_j, f(x_j))(j = 0, 1, \cdots, m) \quad (3.3.2)$$

要在某特定的函数空间 $\boldsymbol{\Phi}$ 中，找出一个函数 $s^*(x_j) \in \boldsymbol{\Phi}$ 作为 f 的近似连续模型，要求在 x_j 处 $s^*(x_j)$ 与 $f(x_j)$ 的误差（工程中也称残差）

$$\delta_j = f(x_j) - s^*(x_j)(j = 0, 1, \cdots, m) \quad (3.3.3)$$

的平方和最小，即 [记 $\boldsymbol{\delta} = (\delta_0, \delta_1, \cdots \delta_m)^T$]

$$\|\boldsymbol{\delta}\|_2^2 = \sum_{j=0}^{m} \delta_j^2 = \sum_{j=0}^{m} [f(x_j) - s^*(x_j)]^2 = \min_{s \in \Phi} \sum_{j=0}^{m} \rho(x_j)[f(x_j) - s(x_j)]^2 \quad (3.3.4)$$

这就是最小二乘拟合问题，$s^*(x_j)$ 称为 f 在 $m+1$ 个节点 $x_j (j = 0, 1, \cdots, m)$ 上的最小二乘解（即拟合曲线或经验公式，或称为回归线）。通常，在简单情形下，取 $\boldsymbol{\Phi}$ 为多项式空间（或其子空间）$\boldsymbol{\Phi} = P_n = \text{Span}\{1, x, \cdots, x^n\}$，这时 $s(x) \in p_n$ 为

$$s(x) = a_0 + a_1 x + \cdots a_n x^n \quad (3.3.5)$$

在一般情形下，取 $\boldsymbol{\Phi}$ 为线性空间 $\boldsymbol{\Phi} = \text{Span}\{\varphi_0(x), \varphi_1(x), \cdots$

$\varphi_n(x)\}$，其中$\varphi_i(x)$是$[a,b]$上已知的线性相关组，这时$s(x) \in \Phi$为

$$s(x) = a_0\varphi_0(x) + a_1\varphi_1(x) + \cdots + a_n\varphi_n(x) \quad (3.3.6)$$

这就是说，式3.3.5相对式3.3.6来说，取$\varphi_0(x)=1, \varphi_1(x)=x, \cdots, \varphi_n(x) = x^n$。由于两式中关于待定参量（也称为回归系数）$a_0, a_1, \cdots, a_n$都是常数，所以$s(x)$是一种线性模型，而上述问题称为线性最小二乘拟合。

根据上述分析方法，各支座纵向位移理论值$S_i(t)$和结构温度场$[T_a(t)、T_{ud}(t)、T_{ub}(t)$和$T_{db}(t)]$之间的多元线性回归方程如下式所示

$$\begin{bmatrix} S_1(t) \\ S_2(t) \\ S_3(t) \\ S_4(t) \\ S_5(t) \\ S_6(t) \end{bmatrix}_{6\times1} = \begin{bmatrix} -7.266 & -1.742 & -2.343 & 4.324 \\ -5.945 & -3.287 & -0.291 & 1.018 \\ -3.971 & 0.342 & -3.344 & 3.920 \\ 3.617 & 1.204 & 2.294 & -4.382 \\ 5.601 & 1.167 & 3.432 & -6.110 \\ 6.962 & 1.241 & 3.882 & -7.492 \end{bmatrix}_{6\times4} \cdot \begin{bmatrix} T_a(t) \\ T_{ud}(t) \\ T_{db}(t) \\ T_{ub}(t) \end{bmatrix}_{4\times1} + \begin{bmatrix} -124.800 \\ -100.943 \\ -72.730 \\ 55.138 \\ 86.322 \\ 109.963 \end{bmatrix}_{6\times1}$$

$$(3.3.7)$$

式中，$S_1(t)、S_2(t)、S_3(t)、S_4(t)、S_5(t)$和$S_6(t)$分别为4号墩、5号墩、6号墩、8号墩、9号墩、10号墩支座在t时刻的纵向位移理论值。

（2）利用各支座纵向位移之间的线性关系，通过拉格朗日插值模型建立主梁在不同位置x、不同时刻t处的纵向位移理论值$S(x,t)$

$$S(x,t) = \sum_{i=1}^{6} L_i(x) S_i(t) \quad (3.3.8)$$

$$L_i(x) = \frac{[x-x_B(1)]\cdots[x-x_B(i-1)][x-x_B(i+1)]\cdots[x-x_B(5)]}{[x_B(i)-x_B(1)]\cdots[x_B(i)-x_B(i-1)][x_B(i)-x_B(i+1)]\cdots[x_B(i)-x_B(5)]}$$

$$(i=1,2,\cdots,5) \quad (3.3.9)$$

$$x_B = [-636, -528, -336, 336, 528, 636] \quad (3.3.10)$$

式中，$L_i(x)$ 是拉格朗日插值函数；x_B 表示 6 个支座的纵向坐标位置。

3.3.2 数学模型验证

利用上述建立的数学模型，可以得到主梁纵向位移在时间区间 [3月，11月] 以及位置区间 [−636m, 636m] 内的理论值，如图 3.3.1 所示。从中可以看出：①在同一位置，主梁纵向位移随时间呈现出明显的季节变化特征，与图 3.2.1 所示的支座纵向位移变化规律类似；②在同一时刻，主梁纵向位移沿纵向坐标呈现出明显的线性特征，与图 3.2.7 所示的支座纵向位移的空间变化规律类似。

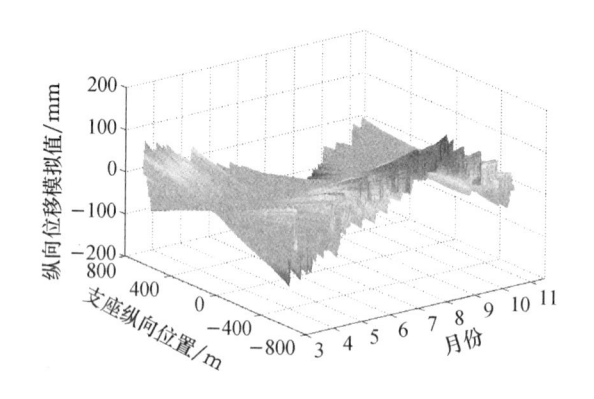

图 3.3.1 主梁纵向位移的数学模型

为进一步验证数学模型的有效性，选取 2013 年 7 月到 10 月的纵向位移和温度场监测数据作为检验数据。首先将温度场数据代入式 3.3.7 的数学模型，计算出此时间段内的纵向位移理论 $S_i(t)$，然后考察纵向位移理论值 $S_i(t)$ 与实测值 $M_i(t)$ 的相关性，如图 3.3.2 所示。需要指出纵向位移实测值 $M_i(t)$ 即纵向位移传感器 D_i 的采集结果。从中可以看出，纵向位移理论值和实测值之间呈现出明显的线性相关特性。进一步建立两者之间的线性相关模型 $S_i(t)=aM_i(t)+b$，并利用最小二乘法计

算出模型参数 a、b 和拟合效果评价指标 r，计算结果如图 3.3.2 所示。从中可以看出，模型参数 a 和 r 的估计值均接近于 1，模型参数 b 的估计值接近于 0，说明建立的数学模型具有较好的模拟效果。

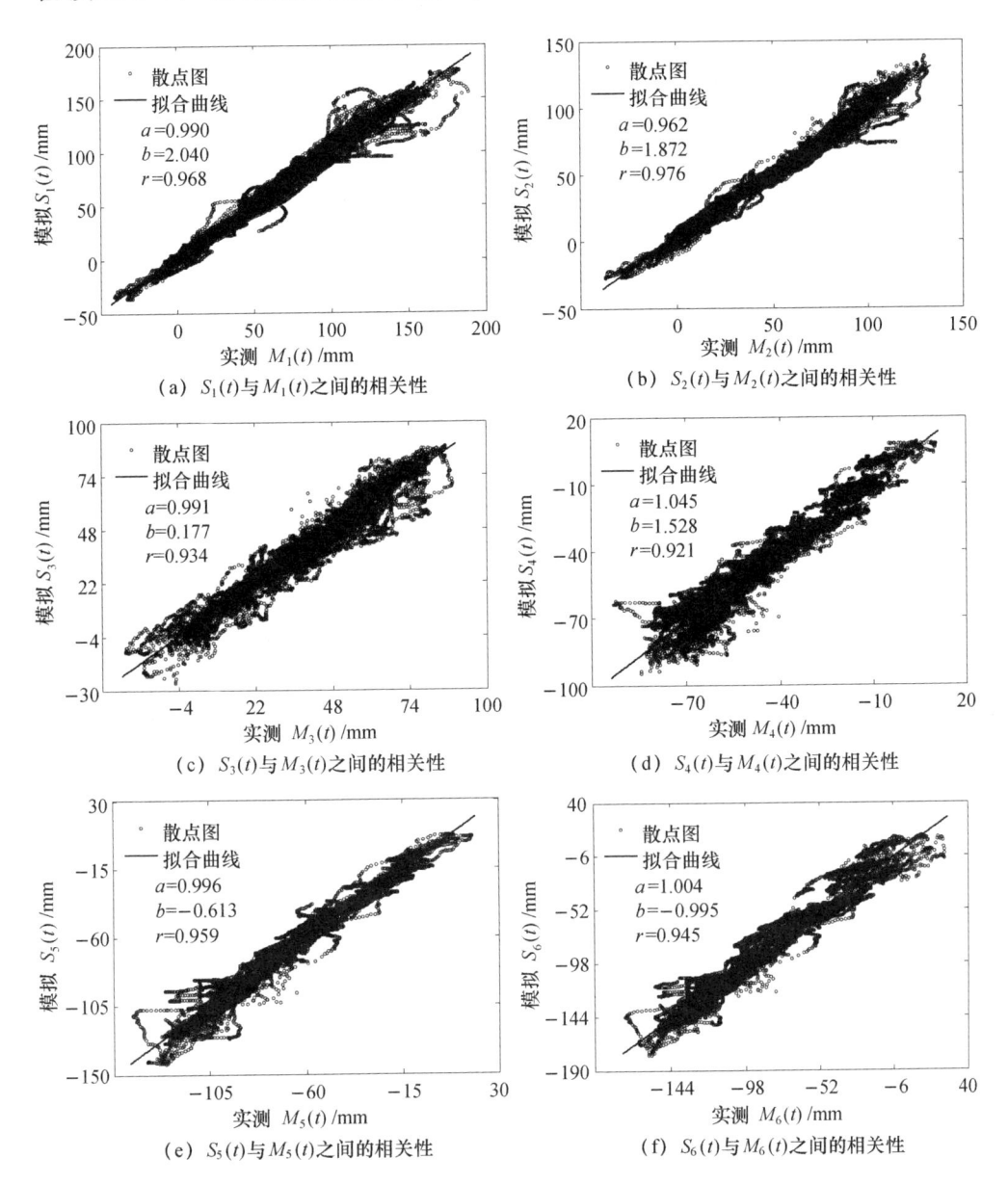

(a) $S_1(t)$ 与 $M_1(t)$ 之间的相关性

(b) $S_2(t)$ 与 $M_2(t)$ 之间的相关性

(c) $S_3(t)$ 与 $M_3(t)$ 之间的相关性

(d) $S_4(t)$ 与 $M_4(t)$ 之间的相关性

(e) $S_5(t)$ 与 $M_5(t)$ 之间的相关性

(f) $S_6(t)$ 与 $M_6(t)$ 之间的相关性

图 3.3.2 理论值 $S_i(t)$ 与实测值 $M_i(t)$ 之间的相关性分析（$i=1, 2, \cdots, 6$）

3.4 基于纵向位移监测的支座使用性能退化监控方法

3.4.1 支座使用性能退化时纵向位移的变化规律

南京大胜关长江大桥支座采用盆式橡胶支座。盆式橡胶支座的聚四氟乙烯板与不锈钢板之间的摩擦系数较低，因此，在大桥运营初期支座处于正常使用状态时，主梁纵向位移可以认为不受支座的约束。随着大桥运营时间的增长，支座使用性能不可避免地会发生退化，导致摩擦系数逐渐增加，从而使得支座产生明显的摩擦力 $\Delta f_i(t)$。如图3.4.1所示，摩擦力 $\Delta f_i(t)$ 会降低因温度作用引起的纵向位移，导致纵向位移减少量为 $\Delta w_i(t)$，支座1、支座2和支座3的纵向位移减少量分别如式3.4.1、式3.4.2和式3.4.3所示。需要指出，由于大胜关长江大桥主梁是以7号桥墩为中心的对称结构，因此只取半结构进行分析。

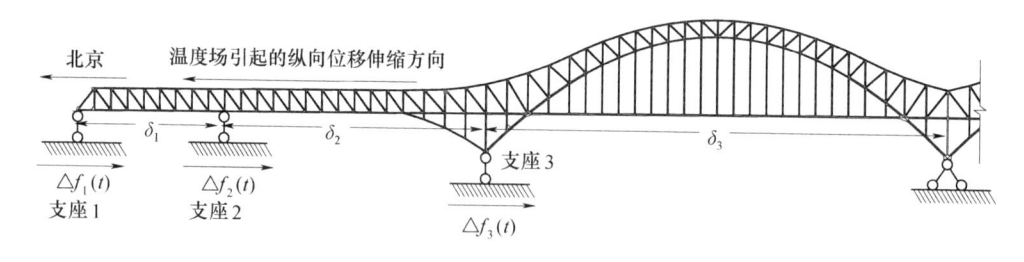

图 3.4.1 由支座性能退化引起的摩擦力 $\Delta f_i(t)$

$$\Delta w_1(t) = \delta_1 \Delta f_1(t) + \delta_2 [\Delta f_1(t) + \Delta f_2(t)] + \delta_3 [\Delta f_1(t) + \Delta f_2(t) + \Delta f_3(t)] \tag{3.4.1}$$

$$\Delta w_2(t)=\delta_2[\Delta f_1(t)+\Delta f_2(t)]+\delta_3[\Delta f_1(t)+\Delta f_2(t)+\Delta f_3(t)] \tag{3.4.2}$$

$$\Delta w_3(t)=\delta_3[\Delta f_1(t)+\Delta f_2(t)+\Delta f_3(t)] \tag{3.4.3}$$

式中，δ_i 表示第 i 跨主梁长度范围的纵向伸缩柔度（$\delta_1=6.05\times10^{-4}$ mm/kN，$\delta_2=8.38\times10^{-4}$ mm/kN，$\delta_3=1.68\times10^{-3}$ mm/kN）。

已有研究表明[11,12]，盆式橡胶支座的摩擦力 $\Delta f_i(t)$ 可以通过图 3.4.2 所示的滞回曲线表示，其中 a—b 段、c—d 段和 e—f 段表征盆式橡胶支座的静摩擦力，b—c 段、d—e 段和 f—g 段表征盆式橡胶支座的滑动摩擦力 $\pm\Delta f_{1,m}$。在摩擦力滞回模型的基础上可以进一步研究支座性能退化时主梁纵向位移的变化特点。例如，桥墩 4 号支座在某天内纵向位移的实测值 $M_1(t)$ 如图 3.4.3 中实线所示，假设该支座产生如图 3.4.2 所示的摩擦力 $\Delta f_1(t)$，并假定支座在初始时刻 a 是静止状态，则考虑支座摩擦力的纵向位移模拟值 $S_{1,f}(t)$ 如图 3.4.3 中虚线所示，将 $S_{1,f}(t)$ 与 $M_1(t)$ 相减便可得到由摩擦力 $\Delta f_1(t)$ 引起的支座纵向位移 $\Delta w_1(t)$，如图 3.4.4 所示。

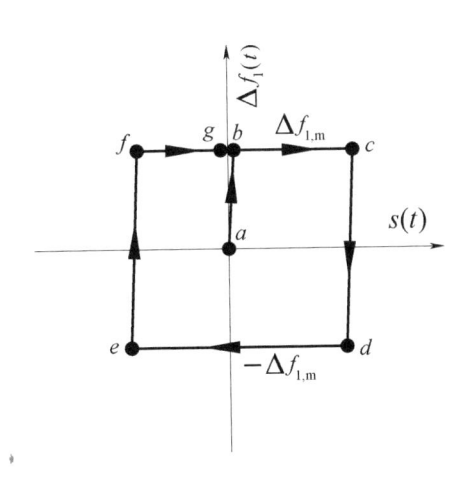

图 3.4.2 支座摩擦力 $\Delta f_1(t)$ 的滞回曲线

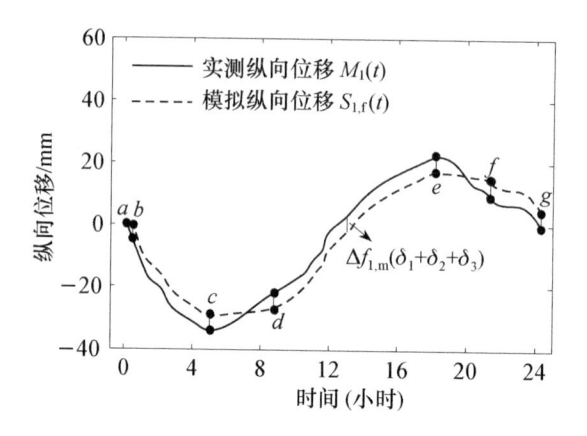

图 3.4.3 实测纵向位移 $M_1(t)$ 和模拟纵向位移 $S_{1,f}(t)$

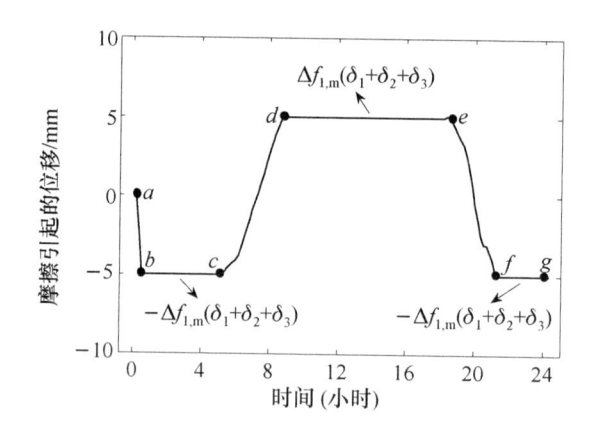

图 3.4.4 支座摩擦力 $\Delta f_1(t)$ 引起的纵向位移 $\Delta w_1(t)$

更进一步分析，桥墩 4 号支座的摩擦力会随着时间逐渐增加，这一增加趋势可以通过包络曲线描述。假设摩擦力 $\Delta f_i(t)$ 的包络曲线为 $\pm \Delta f_{1,s}(t) = \pm 1.275 t^2$（$t$ 表示时间），参照一天内纵向位移的模拟方法，可得到桥墩 4 号支座纵向位移从 3 月至 10 月的模拟值 $S_{1,f}(t)$，如图 3.4.5 所示。将 $S_{1,f}(t)$ 减去 $M_1(t)$ 可以得到由摩擦力引起的纵向位移值 $\Delta w_1(t)$，如图 3.4.6 所示。$\Delta w_1(t)$ 的包络曲线如图 3.4.6 所示，可直接由 $\pm \Delta f_{1,s}(t)(\delta_1 + \delta_2 + \delta_3)$ 计算得到。

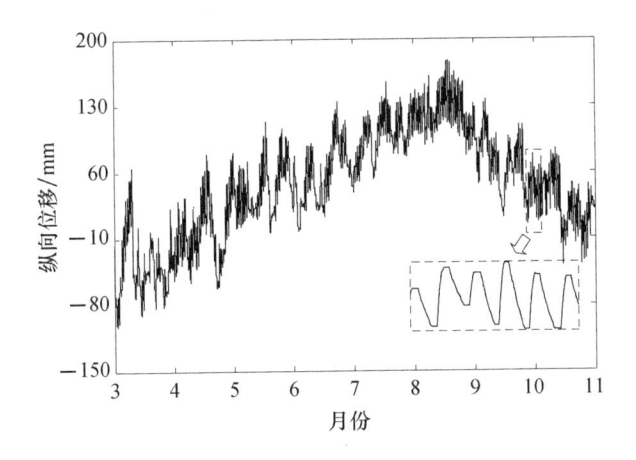

图 3.4.5　3 月至 10 月内考虑支座性能退化的纵向位移模拟值 $S_{1,f}(t)$

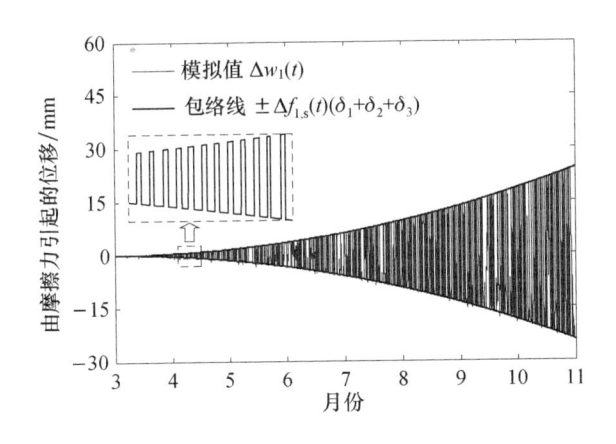

图 3.4.6　由摩擦力引起的纵向位移值 $\Delta w_1(t)$

3.4.2　支座使用性能退化监控方法

大胜关长江大桥支座使用性能监控方法的基本思想是：提取每个支座纵向位移的包络曲线，通过比较不同支座的包络曲线用以识别和定位使用性能退化的支座。具体而言，假定公式 3.3.7 所示的数学模型表征支座使用性能的完好状态，则支座使用性能退化监控方法分为以下五个步骤。

（1）将温度场实测数据代入公式 3.3.7 得到纵向位移理论值 $S_1(t) \sim S_3(t)$，在此基础上将纵向位移实测值 $M_i(t)$ 减去理论值 $S_i(t)$ 得到每个支座的纵向位移残差 $\Delta R_i(t)$，$\Delta R_i(t)$ 是由零均值的平稳序列和 $\Delta w_i(t)$ 组成

$$\Delta R_1(t) = M_1(t) - S_1(t) = e_1(t) - \Delta w_1(t) \quad (3.4.4)$$

$$\Delta R_2(t) = M_2(t) - S_2(t) = e_2(t) - \Delta w_2(t) \quad (3.4.5)$$

$$\Delta R_3(t) = M_3(t) - S_3(t) = e_3(t) - \Delta w_3(t) \quad (3.4.6)$$

式中，$e_i(t)$ 是零均值的平稳随机序列（$i=1,2,3$）。结合式 3.4.1、式 3.4.2 和式 3.4.3，残差 $\Delta R_1(t)$、$\Delta R_2(t)$ 和 $\Delta R_3(t)$ 可以进一步表示为

$$\Delta R_1(t) = e_1(t) - \delta_1 \Delta f_1(t) - \delta_2 [\Delta f_1(t) + \Delta f_2(t)] - \delta_3 [\Delta f_1(t) + \Delta f_2(t) + \Delta f_3(t)] \quad (3.4.7)$$

$$\Delta R_2(t) = e_2(t) - \delta_2 [\Delta f_1(t) + \Delta f_2(t)] - \delta_3 [\Delta f_1(t) + \Delta f_2(t) + \Delta f_3(t)] \quad (3.4.8)$$

$$\Delta R_3(t) = e_3(t) - \delta_3 [\Delta f_1(t) + \Delta f_2(t) + \Delta f_3(t)] \quad (3.4.9)$$

可以发现残差 $\Delta R_1(t)$、$\Delta R_2(t)$ 和 $\Delta R_3(t)$ 是由许多摩擦项 $\delta_i \Delta f_j(t)$ 组成，因此进一步通过相减来减少摩擦项，即

$$\Delta R_{12}(t) = \Delta R_1(t) - \Delta R_2(t) = e_1(t) - e_2(t) - \delta_1 \Delta f_1(t) \quad (3.4.10)$$

$$\Delta R_{23}(t) = \Delta R_2(t) - \Delta R_3(t) = e_2(t) - e_3(t) - \delta_2 [\Delta f_1(t) + \Delta f_2(t)] \quad (3.4.11)$$

（2）提取 $\Delta R_{12}(t)$、$\Delta R_{23}(t)$ 和 $\Delta R_3(t)$ 每天的最大值，并分别采用 $\Delta M_{12}(t)$、$\Delta M_{23}(t)$ 和 $\Delta M_3(t)$ 表示。$\Delta M_{12}(t)$、$\Delta M_{23}(t)$ 和 $\Delta M_3(t)$ 包含摩擦项的上包络线，例如 $\Delta M_{23}(t)$ 包含 $\delta_2 [\Delta f_1(t) + \Delta f_2(t)]$ 的上包络曲线。

（3）利用经验模态分解法（EMD）[13] 将 $\Delta M_{12}(t)$、$\Delta M_{23}(t)$ 和

$\Delta M_3(t)$ 分别分解为多个本身模函数和一条趋势线。其中，经验模态分解法（EMD）是依据数据自身的时间尺度特征来进行信号分解，无须预先设定任何基函数，与建立在先验性的谐波基函数和小波基函数上的傅里叶分解以及小波分解方法具有本质性的差别。正是由于这样的特点，EMD 方法在理论上可以应用于任何类型的信号的分解，因而在处理非平稳及非线性信号序列上，具有非常明显的优势，具有很高的信噪比。经验模态分解法（EMD）是自适应地将原始信号分解为若干个在任意时刻只有单一振荡的本征模函数（Intrinsic Mode Function，简称为 IMF）和一个剩余分量，所分解出来的各 IMF 分量包含了原始信号的不同时间尺度的局部特征信号。

EMD 分解方法是基于以下假设条件：①数据至少有两个极值，一个最大值和一个最小值；②数据的局部时域特性是由极值点间的时间尺度唯一确定；③如果数据没有极值点但有拐点，则可以通过对数据微分一次或多次求得极值，然后再通过积分来获得分解结果。这种方法的本质是通过数据的特征时间尺度来获得本征波动模式，然后分解数据。这种分解过程可以形象地称之为"筛选"过程。

以 $\Delta M_{12}(t)$ 分解过程为例是：找出原数据序列 $\Delta M_{12}(t)$ 所有的极大值点并用三次样条插值函数拟合形成原数据的上包络线；同样，找出所有的极小值点，并将所有的极小值点通过三次样条插值函数拟合形成数据的下包络线，上包络线和下包络线的均值记作 $m_k(t)$，将原数据序列 $\Delta M_{12}(t)$、$\Delta M_{23}(t)$ 和 $\Delta M_3(t)$ 减去该平均包络 $m_k(t)$，得到一个新的数据序列 $h_k(t)$；由原数据减去包络平均后的新数据，若还存在负的局部极大值和正的局部极小值，说明这还不是一个本征模函数，需要继续进行"筛选"，流程图如图 3.4.7 所示。

（4）将每条趋势线进行整体平移，以保证每条趋势线的初始值为 0。平移后的每条趋势线即为摩擦项的上包络线。

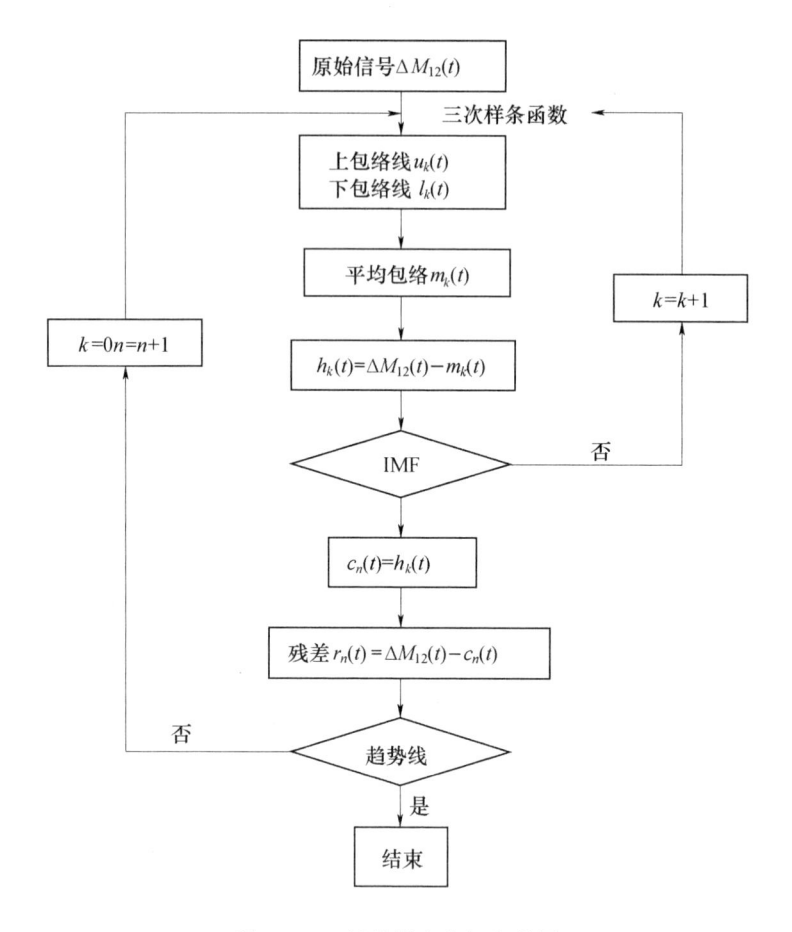

图 3.4.7 经验模态分解流程图

$$D_1(t) = \delta_1 \Delta f_{1,s}(t) \tag{3.4.12}$$

$$D_2(t) = \delta_2 [\Delta f_{1,s}(t) + \Delta f_{2,s}(t)] \tag{3.4.13}$$

$$D_3(t) = \delta_3 [\Delta f_{1,s}(t) + \Delta f_{2,s}(t) + \Delta f_{3,s}(t)] \tag{3.4.14}$$

式中，$D_1(t)$、$D_2(t)$ 和 $D_3(t)$ 分别表示摩擦项 $\delta_1 \Delta f_1(t)$、$\delta_2[\Delta f_{1(t)} + \Delta f_2(t)]$ 和 $\delta_3[\Delta f_1(t) + \Delta f_2(t) + \Delta f_3(t)]$ 的上包络线；$\Delta f_{1,s}(t)$、$\Delta f_{2,s}(t)$ 和 $\Delta f_{3,s}(t)$ 分别表示 $\Delta f_1(t)$、$\Delta f_2(t)$ 和 $\Delta f_3(t)$ 的上包络线，并且 $\Delta f_{1,s}(t)$、$\Delta f_{2,s}(t)$ 和 $\Delta f_{3,s}(t)$ 均大于 0。

摩擦力的包络曲线可表示如下

$$E_1(t) = D_1(t)/\delta_1 = \Delta f_{1,s}(t) \tag{3.4.15}$$

$$E_2(t)=D_2(t)/\delta_2=\Delta f_{1,s}(t)+\Delta f_{2,s}(t) \qquad (3.4.16)$$

$$E_3(t)=D_3(t)/\delta_3=\Delta f_{1,s}(t)+\Delta f_{2,s}(t)+\Delta f_{3,s}(t) \qquad (3.4.17)$$

式中，$E_1(t)$、$E_2(t)$ 和 $E_3(t)$ 分别表示摩擦力 $\Delta f_1(t)$、$[\Delta f_1(t)+\Delta f_2(t)]$ 和 $[\Delta f_1(t)+\Delta f_2(t)+\Delta f_3(t)]$ 的包络曲线。

（5）利用 $E_1(t)$、$E_2(t)$ 和 $E_3(t)$ 实现盆式橡胶支座使用性能监控：①如果 $E_1(t)$ 呈现出增大趋势，可以推断知 $\Delta f_{1,s}(t)$ 会逐渐偏离零均值序列，从而判定支座 1 的使用性能发生退化；否则，支座 1 的使用性能处于良好状态；②如果 $E_2(t)$ 呈现出增大趋势并且 $E_1(t)<E_2(t)$，可以推断 $\Delta f_{2,s}(t)$ 逐渐偏离零均值序列，从而判定支座 2 的使用性能发生退化；否则，支座 2 的使用性能处于良好状态；③如果 $E_3(t)$呈现出增大趋势且 $E_2(t)<E_3(t)$，可以推断 $\Delta f_{3,s}(t)$ 逐渐偏离零均值序列，从而判定支座 3 的使用性能发生退化；否则，盆式橡胶支座 3 的使用性能处于良好状态。

3.4.3 数值算例

支座使用性能的退化过程是一个长期缓慢的过程，短期监测数据很难捕捉到支座使用性能退化的明显特征。为此，本节采用 3.4.2 节所述方法对支座使用性能退化时的纵向位移进行数值分析。假设 $\Delta f1,s(t)$、$\Delta f_{2,s}(t)$ 和 $\Delta f_{3,s}(t)$ 随时间退化的包络曲线为 $\Delta f_{1,s}(t)=1.275t^2$、$\Delta f_{2,s}(t)=0.817t^2$ 和 $\Delta f_{3,s}(t)=0.710t^2$，第 i 个支座在使用性能退化时的纵向位移模拟值采用 $S_{i,f}(t)$ 表示，则支座使用性能监控方法可通过以下步骤进行验证。

（1）将 $S_{i,f}(t)$ 视为实测纵向位移 $M_i(t)$，然后利用式 3.4.9 至式 3.4.11 计算得到 $\Delta R_{12}(t)$、$\Delta R_{23}(t)$ 和 $\Delta R_3(t)$ 的变化趋势，如图 3.4.8 至图 3.4.10 所示，可以看出三条曲线的变化趋势均以零轴为中

心轴，随着时间波动越来越剧烈，这一变化趋势是因为 $\Delta R_{12}(t)$、$\Delta R_{23}(t)$ 和 $\Delta R_3(t)$ 同时包含零均值随机波动项和摩擦项。

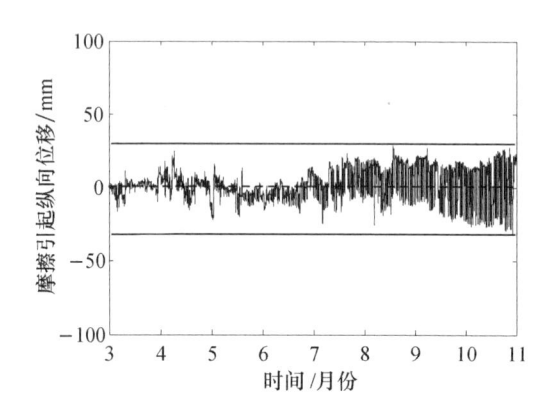

图 3.4.8　$\Delta R_{12}(t)$ 的变化曲线

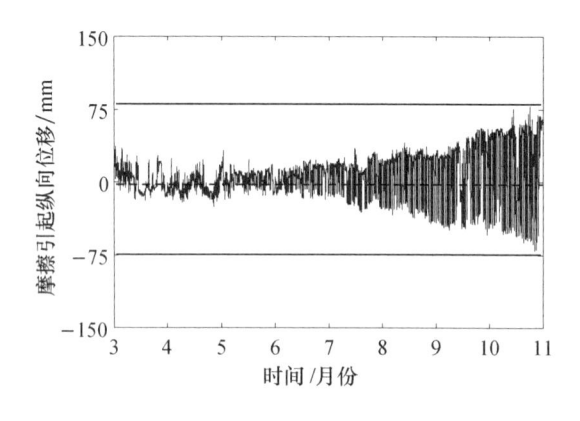

图 3.4.9　$\Delta R_{23}(t)$ 的变化曲线

(2) $\Delta R_{12}(t)$、$\Delta R_{23}(t)$ 和 $\Delta R_3(t)$ 每天的最大值采用 $\Delta M_{12}(t)$、$\Delta M_{23}(t)$ 和 $\Delta M_3(t)$ 表示，其时程变化的散点图分别如图 3.4.11、图 3.4.12 和图 3.4.13 所示，可以看出呈现出一定的上升趋势。进一步利用自适应白噪声经验模态分解法提取出这一上升趋势（图中实线所示），可以看出上升趋势的初始值并不是 0，因此将每条趋势线进行整体平移，以保证每条趋势线的初始值为 0。平移后的每条趋势线即为摩擦项的上包络线 $D_1(t)$、$D_2(t)$ 和 $D_3(t)$，如图 3.4.14 所示。

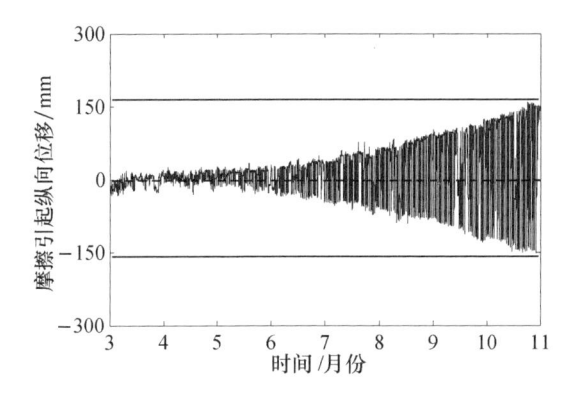

图 3.4.10　$\Delta R_3(t)$ 的变化曲线

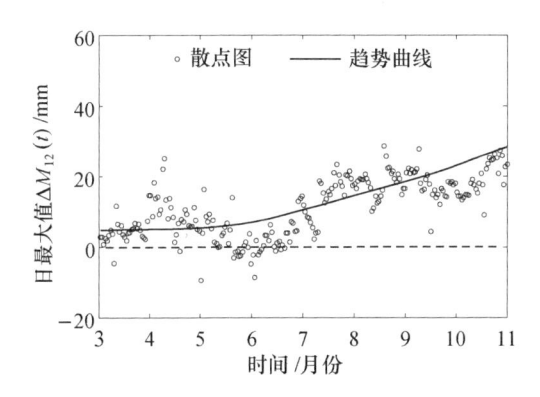

图 3.4.11　$\Delta M_{12}(t)$ 的散点图及趋势线

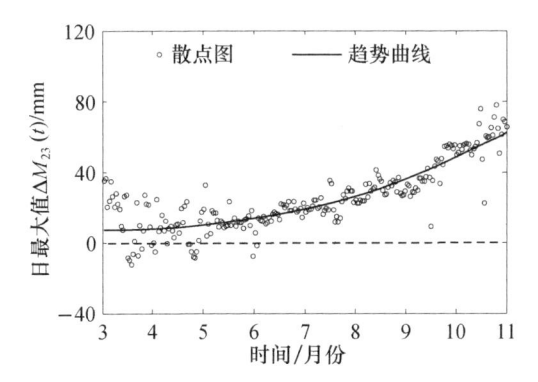

图 3.4.12　$\Delta M_{23}(t)$ 的散点图及趋势线

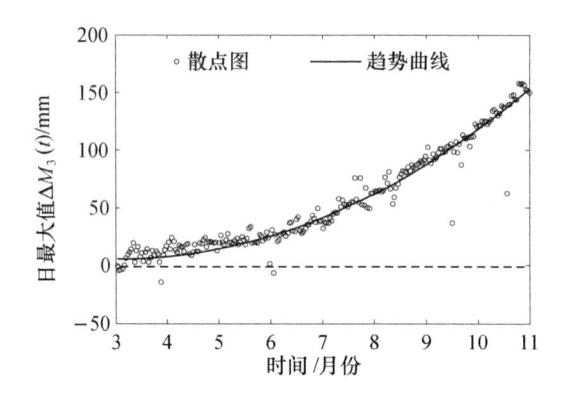

图 3.4.13 $\Delta M_3(t)$ 的散点图及趋势线

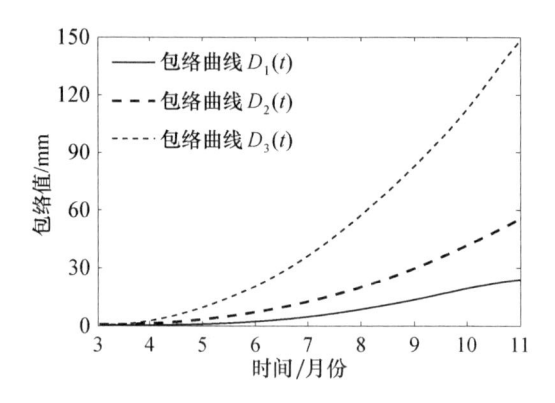

图 3.4.14 $D_1(t)$、$D_2(t)$ 和 $D_3(t)$ 的包络曲线

(3) 进一步利用式 3.4.15、式 3.4.16 和式 3.4.17 计算出摩擦力的包络曲线 $E_1(t)$、$E_2(t)$ 和 $E_3(t)$，其变化趋势如图 3.4.15 所示。由图可知，$E_1(t)$ 变化曲线表现出明显增大趋势，所以判定盆式橡胶支座 1 的使用性能发生退化；$E_2(t)$ 变化曲线同样表现出明显的增大趋势且 $E_1(t) < E_2(t)$，所以判定盆式橡胶支座 2 的使用性能发生退化；$E_3(t)$ 变化曲线同样表现出明显的增大趋势且 $E_2(t) < E_3(t)$，所以判定盆式橡胶支座 3 的使用性能发生退化。而且 $E_1(t)$、$E_2(t)$ 和 $E_3(t)$ 的变化曲线非常接近假定的 $\Delta f_{1,s}(t)$、$\Delta f_{1,s}(t) + \Delta f_{2,s}(t)$ 和 $\Delta f_{1,s}(t) + \Delta f_{2,s}(t) + \Delta f_{3,s}(t)$，验证了支座使用性能退化监控方法的有效性。

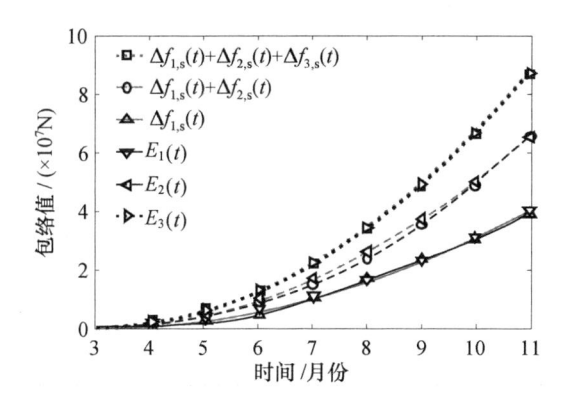

图 3.4.15 包络曲线 $E_1(t)$、$E_2(t)$ 和 $E_3(t)$

3.5 本章小结

本章以京沪高铁南京大胜关大桥在 2013 年 3 月至 10 月期间的支座纵向位移为对象,研究了高速铁路桥梁支座使用性能监控与评估方法。首先通过长期监测数据揭示了支座纵向位移与结构温度场的相关性规律以及支座纵向位移的空间相关性规律,进而建立了支座纵向位移与结构温度场以及支座空间位置的相关性数学模型,在此基础上通过研究支座使用性能退化时纵向位移的变化规律建立了支座使用性能退化预警和定位方法。分析结果表明如下三点。

(1) 大胜关大桥支座纵向位移与结构平均温度之间存在较强的相关性,而支座纵向位移与结构温差之间的相关性较弱但仍较明显,结构温差对支座纵向位移的影响不可忽略。此外,大胜关大桥各支座纵向位移以 7 号桥墩为原点呈现出明显的线性空间分布特征。

(2) 采用多元线性回归方程建立了支座纵向位移与结构温度场之间的相关性数学模型,并利用拉格朗日插值建立了不同支座纵向位移之间的相关性数学模型，所建立的数学模型可用于表征大胜关大桥支座完好状态时的使用性能。

（3）采用支座摩擦力的滞回模型和摩擦力包络线研究了支座使用性能退化时纵向位移的变化规律，并基于数学模型和经验模态分解法提出了支座使用性能退化监控方法，数值算例分析验证了该方法的可行性和有效性。

参 考 文 献

［1］ Li Aiqun, Ding Youliang, Wang Hao, Guo Tong. Analysis and assessment of bridge health monitoring mass data—progress in research/development of "Structural Health Monitoring". Sci China Tech Sci, 2012, 55（8）：2212—2224.

［2］ Xu Y L, Chen B, Ng C L, Wong K Y, Chan W Y. Monitoring temperature effect on a long suspension bridge. Structural Control and Health Monitoring, 2010, 17：632—653.

［3］ Li X F, Liu F, Zhao Y H. Analytical solution for in-plane displacement of multi-span curved bridge. International Conference on Transportation Engineering, 2007：1022—1027.

［4］ Ni Y Q, Hua X G, Wong K Y, Ko J M. Assessment of bridge expansion joints using long-term displacement and temperature measurement. Journal of Performance of Constructed Facilities, 2007, 21（2）：143—151.

［5］ Yi Tinghua, Li Hongnan, Gu ming. Recent research and applications of GPS based technology for bridge health monitoring. Sci China Tech Sci, 2010, 53（10）：2597—2610.

［6］ De Battista Nicky, Westgate Robert, Koo Ki Young, Brownjohn James. Wireless monitoring of the longitudinal displacement of the Tamar Suspension Bridge deck under changing environmental conditions. Proceedings of SPIE - The International Society for Optical Engineering, 2011：7981.

［7］ Webb G T, Vardanega P J, Fidler P R A, Middleton C R. Analysis of structural health monitoring data from Hammersmith Flyover. Journal of Bridge Engineering, 2014, 19（6）.

［8］ 郭增伟，赵林，葛耀君，陆方夏．复杂来流桥梁抖振内力多维线性回归算法．哈尔滨工业大学学报，2014，44（8）：83—90.

［9］ Yan Xiaozhen, Xie Hong, Wang Tong. A multiple linear regression data predicting method using correlation analysis for wireless sensor networks. Journal of Computational Information Systems, 2011, 7（11）：4105—4112.

［10］ Ghosh R, Verma B. Least square method based evolutionary neural learning algorithm. Proceedings of the International Joint Conference on Neural Networks, 2001, 4：2596—

2601.

[11] 李冲,王克海,李悦,李茜. 板式橡胶支座摩擦滑移抗震性能试验研究. 东南大学学报(自然科学版),2013,44(1):162—167.

[12] Steelman J S, Fahnestock Larry A, Filipov E T, et al. Shear and friction response of nonseismic laminated elastomeric bridge bearings subjected to seismic demands. Journal of Bridge Engineering, 2013, 18 (7): 612—623.

[13] Maria E Torres, Marcelo A Colominas, Gaston Schlotthauer, Patrick Flandrin. A complete ensemble empirical mode decomposition with adaptive noise. ICASSP, IEEE International Conference on Acoustics, Speech and Signal Processing - Proceedings, 2011: 4144—4147.

第4章 高速铁路桥梁主梁静应变监测与评估

4.1 高速铁路桥梁主梁静应变监测概述

4.1.1 问题的提出

大跨桥梁结构在日变化温度场和季节变化温度场作用下可以产生显著的温度应力,并且温度应力水平甚至会超过由车辆荷载引起的应力水平[1]。因此,温度作用是影响大跨桥梁结构受力性能的重要因素之一。已有研究表明,桥梁温度作用与温度静应变之间存在着一定的相关性,这种相关性可用于表征大跨桥梁结构的静力承载能力。如果这种相关性发生异常变化,则表征着大跨桥梁结构静力承载能力的退化[2]。已有研究方法利用应变与温度之间的相关性来建立桥梁静力承载能力评估的多元线性回归模型。然而,这些研究方法尚有不足之处,主要体现在:①目前已有研究主要关注于静应变与平均温度之间的相关特性,而不考虑静应变与温差之间的相关特性,因此,目前已有研究仅局限于静应变与单一温度影响因素的相关性分析。而大胜关长江大桥为钢桁拱梁结构形式,跨中存在很大矢高,这一矢高必然存在较大的竖向温差,因此某一测点的静应变应由不同测点温度和温差的共同影响产生；②目前已有研究尚未深入研究当静应变与温度场之间的相关性发生变化时桥梁结构静力承载能力的退化规律。

为此，本章以大胜关长江大桥钢桁拱梁的静应变监测数据为基础，考察弦杆构件（上弦杆、下弦杆、桥面弦杆和斜腹杆）中静应变与温度场（温度和温差）之间的相关特性，引入小波包分解技术剔除由车辆荷载引起的静应变效应并提取出由温度场引起的静应变效应，然后采用数学建模方法建立静应变与温度场之间的多元线性回归模型，并进一步利用主成分分析方法简化多元线性回归模型的分析变量，在此基础上建立了基于静应变监测的主梁承载能力退化监控方法和主梁极限承载能力评估方法。

4.1.2 大胜关大桥主梁静应变监测简介

大胜关长江大桥主桥为连续钢桁拱桥，如图4.1.1所示。连续钢桁拱桥由钢桁架拱和钢桥面板共同组成，如图4.1.2（a）所示。钢桁架拱包括箱型截面弦杆（上弦杆、下弦杆、桥面弦杆）、工字形截面斜腹杆、竖杆以及水平和垂直支撑等，如图4.1.2（a）和4.1.2（b）所示。钢桥面板则由顶板和横向加劲梁组成，如图4.1.2（a）所示。

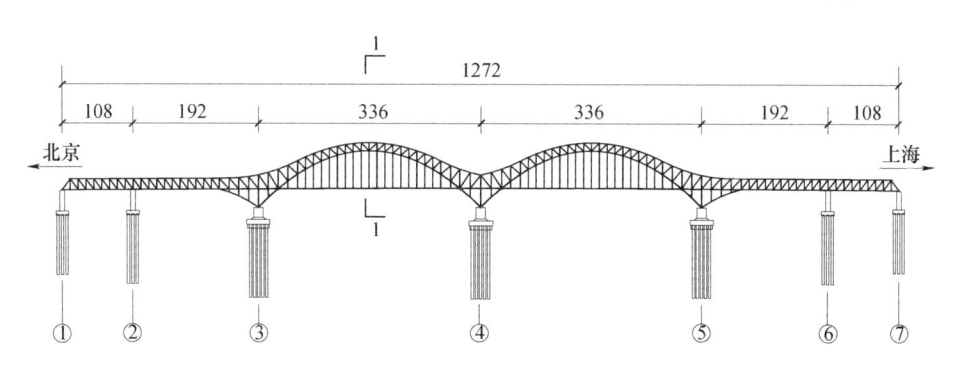

图4.1.1 大胜关长江大桥立面图（单位：m）

(a) 传感器在1-1剖面的布置位置

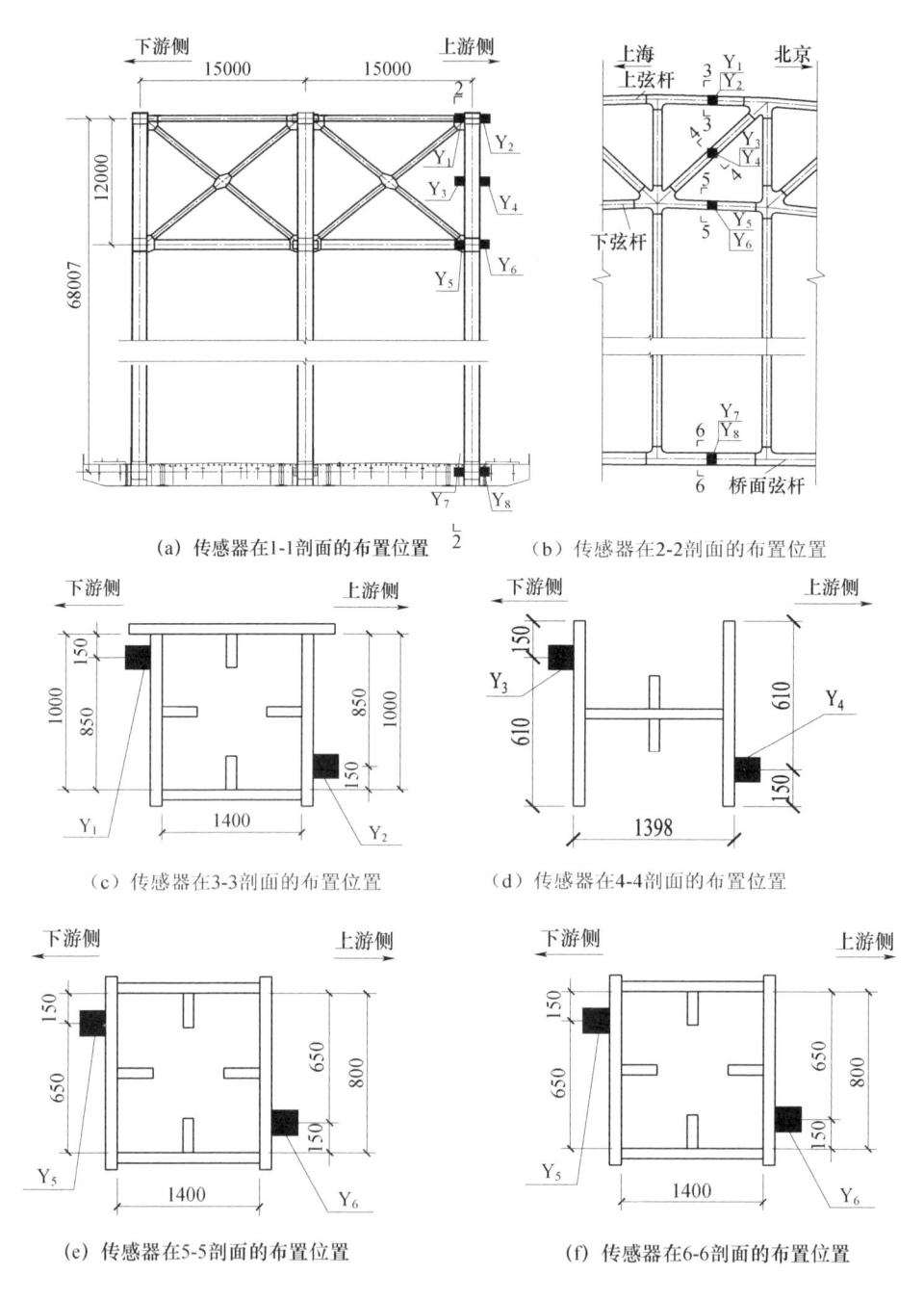

(b) 传感器在2-2剖面的布置位置

(c) 传感器在3-3剖面的布置位置

(d) 传感器在4-4剖面的布置位置

(e) 传感器在5-5剖面的布置位置

(f) 传感器在6-6剖面的布置位置

图 4.1.2 静应变传感器布置图（单位：mm）

为了获得钢桁拱桥结构温度场和关键构件静应变的变化规律，首先将 8 个温度传感器分别安装在关键构件（上弦杆、下弦杆、斜腹杆、桥面弦杆、桥面板和横向加劲梁）用以持续监测其温度场变化，其布置位置如图 4.1.2（c）至 4.1.2（f）所示，然后将 8 个光纤光栅应变传感器分别安装在与温度传感器相同的位置，如图 4.1.2（c）至 4.1.2（f）所示。W_i 表示第 i 个温度传感器，Y_i 表示第 i 个应变传感器，$i=1,2,\cdots,8$。由于温度场和静应变监测数据变化平缓，因此，温度传感器和光纤光栅应变传感器的采样频率均设定为 1Hz。

4.2 大胜关大桥主梁静应变长期监测结果与分析

4.2.1 主梁静应变长期监测结果

将大胜关长江大桥主梁的温度场与静应变监测数据分为 3 类：①选取 2013 年 3 月至 10 月的数据作为训练数据来建立静应变与温度场之间的相关性模型；②选取 2013 年 11 月的数据来验证相关性模型的有效性；③选取 2013 年 3 月 1 日至 19 日数据作为评估数据来评价大胜关长江大桥主梁的静力承载能力。T_i 表示温度传感器 W_i 的温度实测数据，T_{ij} 表示 T_i 与 T_j 之间的温差数据，S_i 表示应变传感器 Y_i 采集的静应变数据。选取温度 T_1 和温差 T_{12}（$T_{12}=T_1-T_2$）来分析其年变化趋势及日变化趋势，如图 4.2.1 和 4.2.2 所示；选取 S_1 和 S_2 来分析静应变的年变化趋势及日变化趋势（负值表示压应变，正值表示拉应变），如图 4.2.3 和图 4.2.4 所示。从图 4.2.1 至图 4.2.4 可以看出：

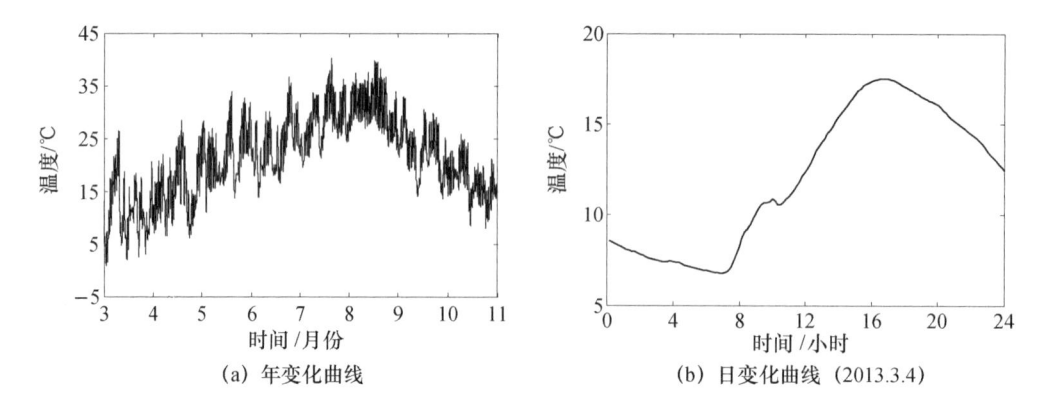

(a) 年变化曲线　　　　　　　(b) 日变化曲线（2013.3.4）

图 4.2.1　温度 T_1 年变化及日变化曲线

（1）静应变 S_1 的年变化趋势和日变化趋势与温差 T_{12} 的变化趋势相似（如图 4.2.2 和图 4.2.3 所示），这一相似特性主要体现在 S_1 与 T_{12} 的年变化趋势均表现出平稳随机特性，S_1 与 T_{12} 的日变化趋势均在晚上改变很小，在白天呈波浪形的明显变化。因此，静应变 S_1 的变化趋势主要受温差影响。

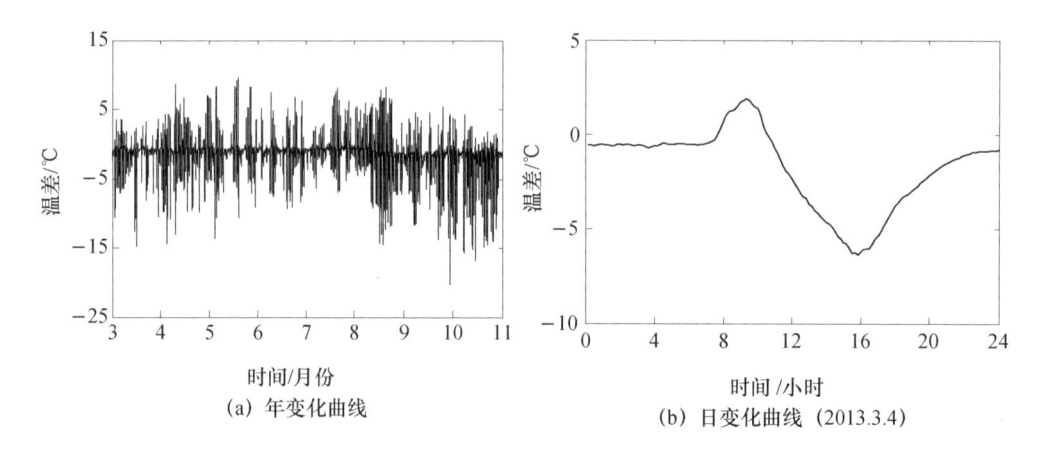

(a) 年变化曲线　　　　　　　(b) 日变化曲线（2013.3.4）

图 4.2.2　温差 T_{12} 年变化及日变化曲线

（2）静应变 S_2 的年变化趋势和日变化趋势与温度 T_1 的变化趋势相似（如图 4.2.1 和图 4.2.4 所示），这一相似特性主要体现在 S_2 与

(a) 年变化曲线

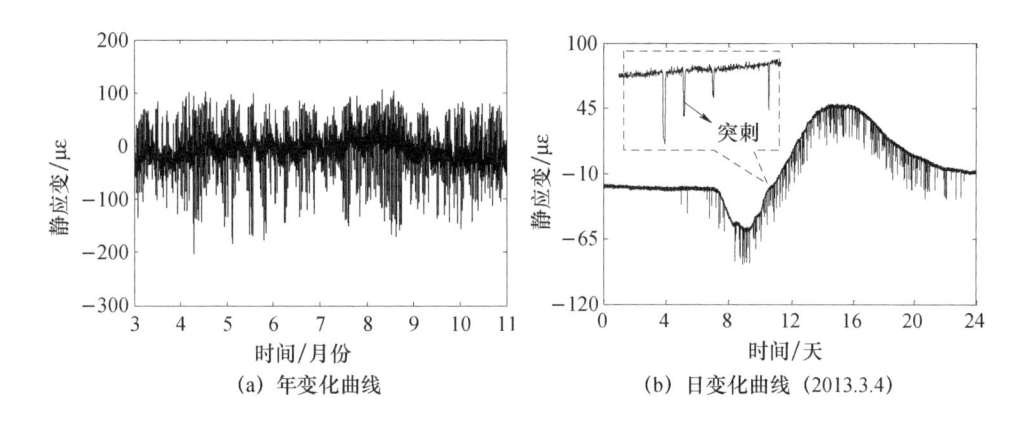

(b) 日变化曲线（2013.3.4）

图 4.2.3　静应变 S_1 年变化及日变化曲线

T_1 的年变化趋势均呈现出季节性特征，S_2 与 T_1 的日变化趋势均为单个周期的正弦形状，表明静应变 S_2 的变化趋势主要受温度影响。

（3）静应变 S_1 与 S_2 的日变化曲线中包含一系列由列车荷载引起的突刺变化，如图 4.2.3（b）和 4.2.4（b）所示，其中每个突刺变化对应的时间即为一列火车经过的时间，并且可以看出列车荷载对静应变产生的影响明显低于温度和温差。

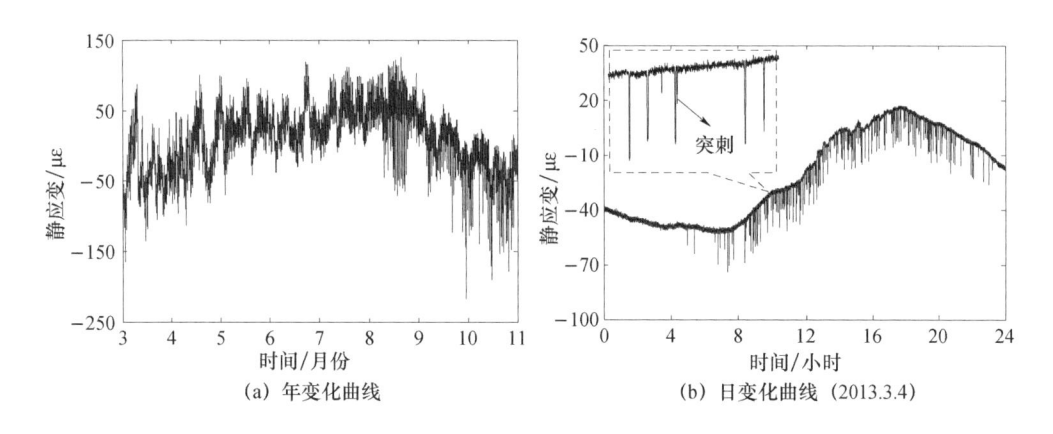

(a) 年变化曲线

(b) 日变化曲线（2013.3.4）

图 4.2.4　静应变 S_2 年变化及日变化曲线

4.2.2 温度场作用下的静应变分析

通过上述分析可知,静应变主要由三部分组成:由温度引起的静应变 S_{I}、由温差引起的静应变 S_{II},以及由列车荷载引起的静应变 S_{III}。为了分析静应变与温度场之间的相关特性,需要首先从静应变数据中提取出静应变 S_{I} 和静应变 S_{II},采用 $S_{\mathrm{I,II}}$ 表示。由于每天温度及温差变化缓慢,而列车荷载出现相对频繁,所以由列车荷载引起的静应变 S_{III} 的频率远高于由温度场引起的静应变 $S_{\mathrm{I,II}}$ 的频率。因此,本节采用小波包分解法提取出由温度场引起的静应变 $S_{\mathrm{I,II}}$。其中小波包分解的原理如下[3,4]。

对于给定的正交尺度函数 $\kappa(t)$ 及其对应的小波函数 $\eta(t)$,存在双尺度方程

$$\kappa(t) = \sqrt{2} \sum_{j \in Z} h(j) \kappa(2t-j) \quad (4.2.1)$$

$$\eta(t) = \sqrt{2} \sum_{j \in Z} g(j) \eta(2t-j) \quad (4.2.2)$$

式中,$\{h(j)\}$ 和 $\{g(j)\}$ 为一组低、高通组合的共轭正交滤波器。记 $u_0(t)=\kappa(t)$,$u_1(t)=\eta(t)$,由递推关系定义 $u_m(t)$ 为

$$\mu_{2m}(t) = \sqrt{2} \sum_{j \in Z} h(j) \mu_m(2t-j) \quad (4.2.3)$$

$$\mu_{2m+1}(t) = \sqrt{2} \sum_{j \in Z} g(j) \mu_m(2t-j) \quad (4.2.4)$$

式中,函数族 $\{u_m(t) | m \in Z_+\}$ 称为相对于正交尺度函数 $\kappa(t)$ 的正交小波包。

利用正交小波包的共轭滤波器 $\{h(j)\}$ 和 $\{g(j)\}$,可将时间序列信号 $x(j)$ 逐尺度分解到不同的频带空间内,得到各尺度下各频带对应的小波包分解系数如下:

$$C_j^{k,2l} = \sum_{m \in Z} C_m^{k+1,l} h(m-2j) \quad (4.2.5)$$

$$C_j^{k,2l+1} = \sum_{m \in Z} C_m^{k+1,l} g(m-2j) \quad (4.2.6)$$

式中，$C_j^{k,2l}$、$C_j^{k,2l+1}$ 分别表示第 $2l$ 尺度、$2l+1$ 尺度下第 k 个频带上的小波包分解系数。各个小波包分解系数之间关系可采用二进结构树描述如图 4.2.5 所示（仅列出前三尺度），图中每个小波包系数均可单独重构出此频带内的时域信号，而且同一尺度内各个小波包系数的重构信号相叠加可还原为最初信号 $x(j)$。

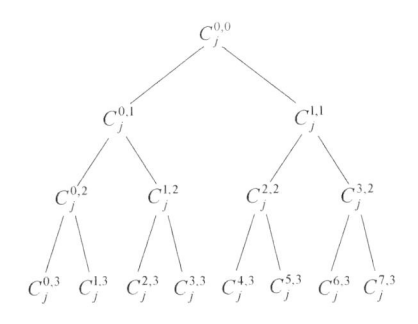

图 4.2.5　三尺度下的正交小波包分解示意图

下面以图 4.2.3（b）所示的静应变日变化曲线为例，说明由温度场引起的静应变 $S_{I,II}$ 的提取过程。对静应变日变化曲线进行 8 层小波包尺度分解，共得到 2^8 个小波包分解系数，选取第一个小波包分解系数 c，认为 $C_j^{0,8}$ 充分包含了由温度场引起的静应变频带并剔除了由列车荷载引起的静应变频带，然后对 $C_j^{0,8}$ 重构成静应变 $S_{I,II}$，如图 4.2.6（a）所示。从中可以看出，采用小波包分解技术可以有效地剔除由列车荷载引起的静应变，并且同时保留由温度场引起静应变的主成分 $S_{I,II}$。通过该方法可以提取每天静应变 $S_{I,II}$ 的数据，在此基础上提取 2013 年 3 月至 10 月的训练数据 $S_{I,II}$，如图 4.2.6（b）所示。图 4.2.7 至图 4.2.13 进一步给出了 $S_2 \sim S_8$ 在采用小波包分解法提取后的日变化曲线和年变化曲线。

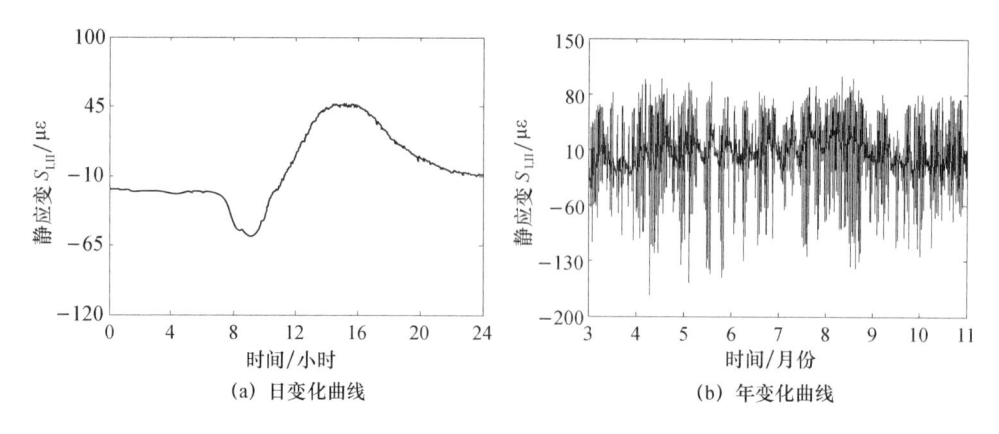

图 4.2.6 静应变 S_1 年变化及日变化曲线

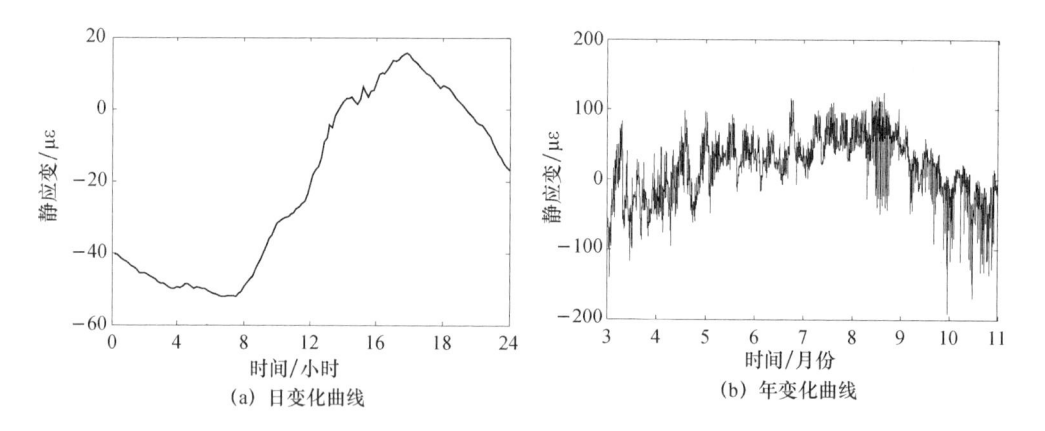

图 4.2.7 静应变 S_2 年变化及日变化曲线

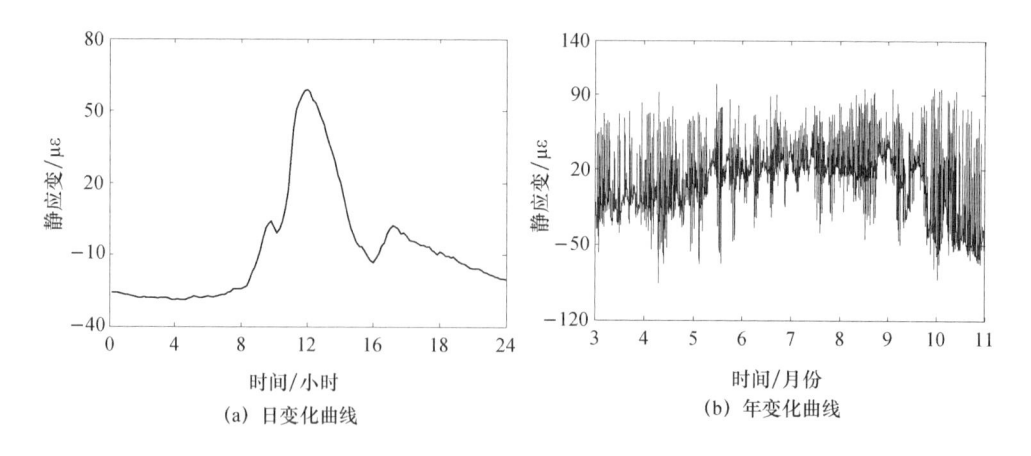

图 4.2.8 静应变 S_3 年变化及日变化曲线

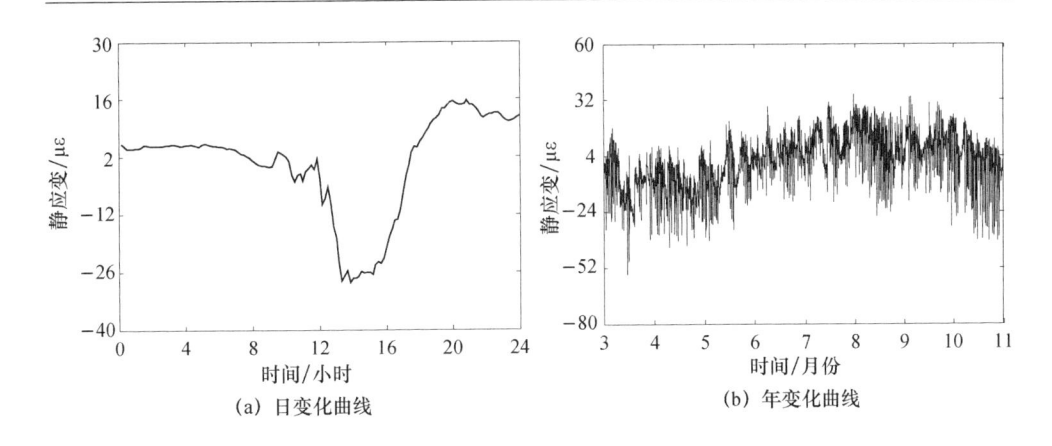

第 4 章 高速铁路桥梁主梁静应变监测与评估

(a) 日变化曲线　(b) 年变化曲线

图 4.2.9　静应变 S_4 年变化及日变化曲线

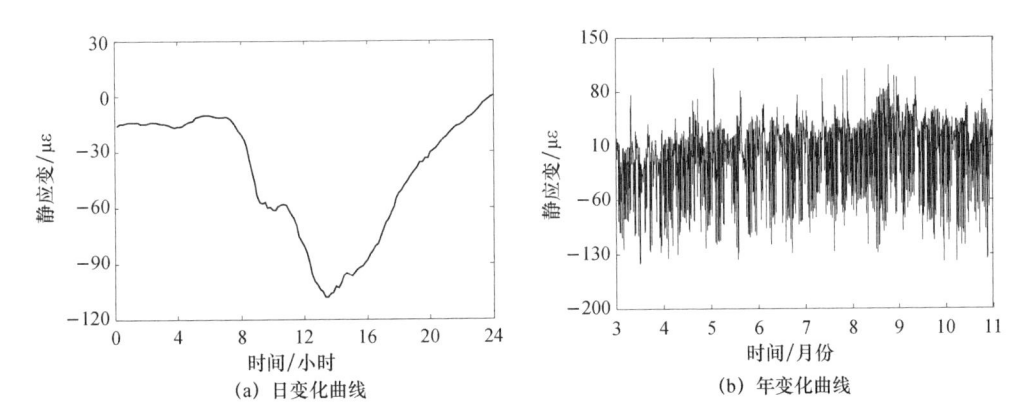

(a) 日变化曲线　(b) 年变化曲线

图 4.2.10　静应变 S_5 年变化及日变化曲线

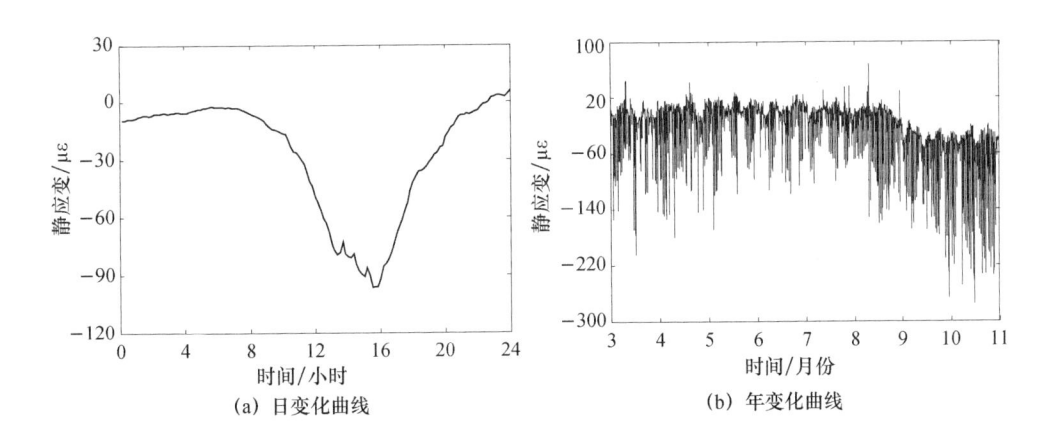

(a) 日变化曲线　(b) 年变化曲线

图 4.2.11　静应变 S_6 年变化及日变化曲线

(a) 日变化曲线　　　　　　　　　(b) 年变化曲线

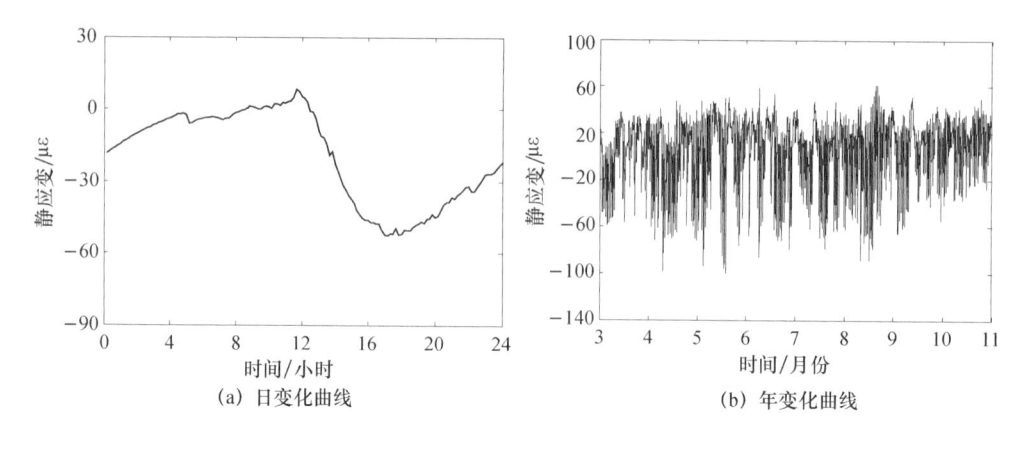

图 4.2.12　静应变 S_7 年变化及日变化曲线

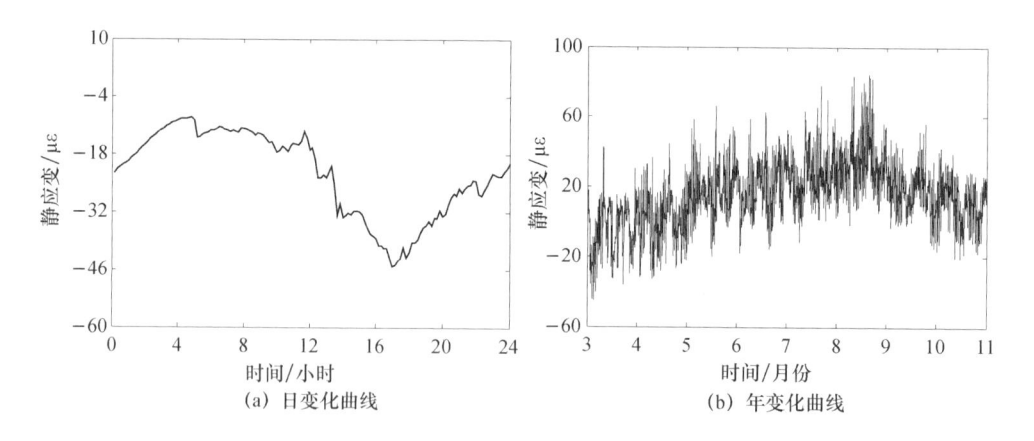

(a) 日变化曲线　　　　　　　　　(b) 年变化曲线

图 4.2.13　静应变 S_8 年变化及日变化曲线

4.3　大胜关大桥主梁静应变的数学建模方法

4.3.1　数学建模方法

大胜关大桥主梁静应变的数学建模方法可分为两个步骤：①利用

多元线性回归方法建立主梁静应变 $S_{I,II}$ 与温度场之间的线性相关特性；②利用主成分分析法进一步简化多元线性回归模型。

(1) 多元线性回归方法。

为了准确描述训练数据中主梁静应变 $S_{I,II}$ 和温度场之间的线性相关特性，通过如下两步骤对训练数据进行预处理：①选取日照充足时的温度及温差数据，其变化趋势类似于光滑正弦曲线[5]，同时选取日照充足时的的静应变数据 $S_{I,II}$；②选取由第一步骤得到的温度场和静应变数据在每天内的最大值和最小值。静应变 S_1 对应的 $S_{I,II}$ 与温差 T_{12} 之间的相关性散点图如图 4.3.1 (a) 所示，静应变 S_2 对应的 $S_{I,II}$ 与温度 T_1 之间的相关性散点图如图 4.3.1 (b) 所示。从中可以看出，两个相关性散点图均表征出很强的线性相关特性。

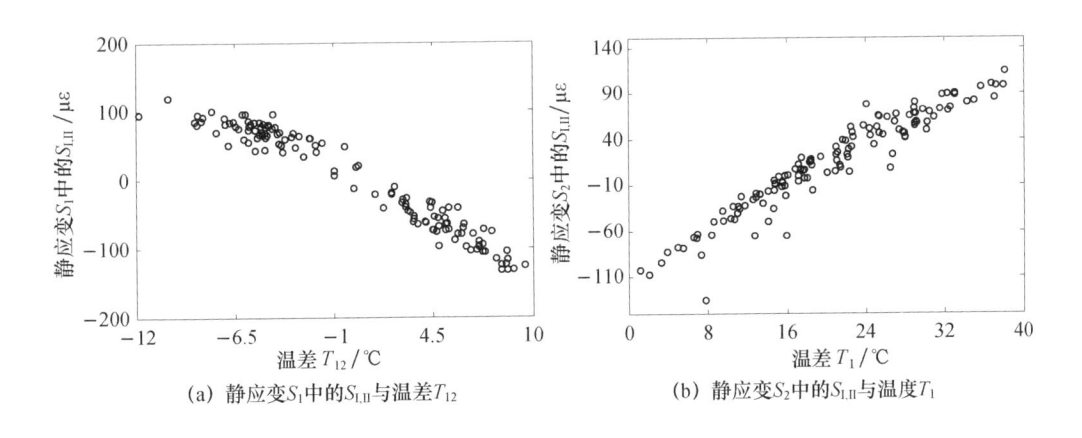

(a) 静应变 S_1 中的 $S_{I,II}$ 与温差 T_{12}

(b) 静应变 S_2 中的 $S_{I,II}$ 与温度 T_1

图 4.3.1 温度场与静应变 $S_{I,II}$ 相关性散点图

考虑到一个测点的静应变 $S_{I,II}$ 是由多个测点的温度及温差共同影响，并且静应变 $S_{I,II}$ 与多个测点的温度及温差之间呈现出线性关系，因此采用多元线性回归方程来描述 $S_{I,II}$ 与温度和温差之间的线性相关特性。多元线性回归模型是考察一个因变量与多个自变量之间的线性相关关系，即指因变量静应变 $S_{I,II}$ 与多个自变量温度及温差之间的线

性关系，建立的多元线性回归方程如下

$$S_{\mathrm{I},\mathrm{II}} = \sum_{i=1}^{8} \alpha_i T_i + \sum_{j=1}^{16} \beta_j D_j + c \qquad (4.3.1)$$

其中，T_i 表示从第 i 个温度传感器所采集的温度数据，T_i 属于 $\{T_1$，T_2，T_3，T_4，T_5，T_6，T_7，$T_8\}$；D_j 表示来自 $\{T_{12}$，T_{34}，T_{56}，T_{78}，T_{13}，T_{15}，T_{17}，T_{35}，T_{37}，T_{57}，T_{24}，T_{26}，T_{28}，T_{46}，T_{48}，$T_{68}\}$ 所表示的温差数据，α_i 表示 T_i 的线性相关系数，β_j 表示 T_{ij} 的线性相关系数，c 表示常数项。

（2）主成分分析法。

考虑到式 4.3.1 中的 24 个线性相关系数和 1 个常数项数量过多，因此进一步通过主成分分析法来简化多元线性回归模型。主成分分析（Principal Component Analysis）是利用降维的思想，将多个变量转化为少数几个综合变量（即主成分），其中每个主成分都是原始变量的线性组合，各主成分之间互不相关，从而这些主成分能够反映始变量的绝大部分信息，且所含的信息互不重叠[6,7]。

假设用 p 个变量来描述研究对象，分别用 X_1，X_2，$\cdots$，X_p 来表示，这 p 个变量构成的 p 维随机向量为 $X=(X_1$，X_2，$\cdots$，$X_p)^T$。设随机向量 X 的均值为 μ，协方差矩阵为 Σ。对 X 进行线性变化，考虑原始变量的线性组合

$$\begin{cases} Z_1 = \mu_{11} X_1 + \mu_{12} X_2 + \cdots \mu_{1p} X_p & (4.3.2\mathrm{a}) \\ Z_2 = \mu_{21} X_1 + \mu_{22} X_2 + \cdots \mu_{2p} X_p & (4.3.2\mathrm{b}) \\ \quad \cdots \\ Z_p = \mu_{p1} X_1 + \mu_{p2} X_2 + \cdots \mu_{pp} X_p & (4.3.2\mathrm{c}) \end{cases}$$

主成分就是不相关的线性组合 Z_1，Z_2，$\cdots$，Z_p，并且 Z_1 是 X_1，X_2，$\cdots$，X_p 的线性组合中方差最大者，Z_2 是与 Z_1 不相关的线性组合中方差最大者，$\cdots$，Z_p 是与 Z_1，Z_2，$\cdots$，Z_{p-1} 都不相关的线性组合中

方差最大者。根据协方差矩阵Σ求出特征值、主成分贡献率和累计方差贡献率，便可确定包含主要贡献率的主成分个数。

基于上述分析方法，首先求解 8 个温度样本集合 $\{T_1, T_2, T_3, T_4, T_5, T_6, T_7, T_8\}$ 的主成分，第 k 个主成分 P_k 表示为 8 个温度样本的线性组合

$$P_k = \sum_{j=1}^{8} u_{jk} T_j \qquad (4.3.3)$$

其中，$\vec{u}_k = (u_{1k}, u_{2k}, \cdots, u_{8k})'$ 是与第 k 个最大特征值相对应协方差矩阵 Σ 的特征向量，通过对协方差矩阵 Σ 特征分解得到 $\vec{u}_k$ 取值如下

$$\begin{bmatrix} \vec{u}_1' \\ \vec{u}_2' \\ \vec{u}_3' \\ \vec{u}_4' \\ \vec{u}_5' \\ \vec{u}_6' \\ \vec{u}_7' \\ \vec{u}_8' \end{bmatrix} = \begin{bmatrix} 0.319 & 0.384 & 0.364 & 0.382 & 0.358 & 0.387 & 0.333 & 0.289 \\ 0.462 & -0.341 & -0.144 & -0.332 & 0.110 & -0.365 & 0.333 & 0.531 \\ -0.486 & 0.177 & -0.459 & -0.363 & 0.110 & 0.461 & 0.238 & 0.330 \\ -0.211 & -0.628 & 0.262 & -0.060 & 0.641 & 0.213 & -0.167 & -0.068 \\ 0.491 & 0.301 & -0.335 & -0.367 & 0.420 & 0.103 & -0.229 & 0.427 \\ -0.138 & -0.094 & -0.209 & 0.205 & 0.174 & -0.212 & 0.739 & -0.514 \\ 0.267 & -0.367 & -0.580 & 0.551 & -0.125 & 0.336 & -0.142 & 0.065 \\ -0.269 & 0.275 & -0.274 & 0.358 & 0.463 & -0.539 & -0.271 & 0.264 \end{bmatrix}$$

每个主成分 P_k 解释方差贡献率的直方图如图 4.3.2 所示，可以看出第一个主成分 P_1 的解释方差贡献率达到 96.7%，明显高于其他主成分的解释方差贡献率，因此可以选取 P_1 来代表温度样本的主成分，其计算公式如下

$$P_1 = \vec{u}_1' T \qquad (4.3.4)$$

式中，$T = [T_1, T_2, T_3, T_4, T_5, T_6, T_7, T_8]'$。

按照同样方法，求解 16 个温差样本集合 $\{T_{12}, T_{34}, T_{56}, T_{78},$

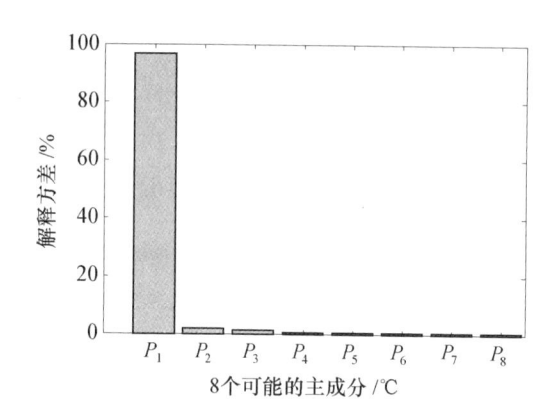

图 4.3.2 温度样本的主成分及解释方差直方图

T_{13}，T_{15}，T_{17}，T_{35}，T_{37}，T_{57}，T_{24}，T_{26}，T_{28}，T_{46}，T_{48}，T_{68} } 的主成分 $R_m(m=1,2,\cdots,16)$ 及其解释方差贡献率直方图如图 4.3.3 所示，可以看出 R_1、R_2 和 R_3 的解释方差贡献率之和达到 98.8%。

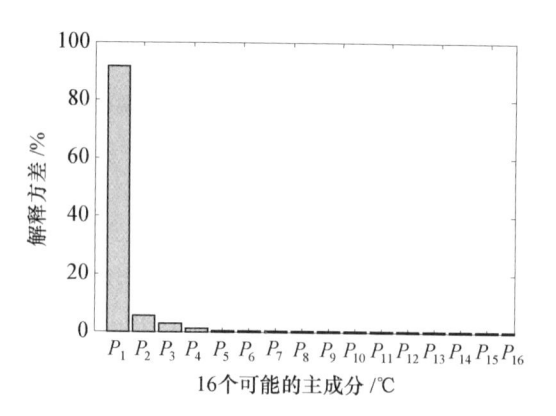

图 4.3.3 温差样本的主成分及解释方差直方图

因此选取 R_1、R_2 和 R_3 来代表温差样本的主成分

$$\begin{bmatrix} R_1 \\ R_2 \\ R_3 \end{bmatrix} = \begin{bmatrix} \vec{v}_1' \\ \vec{v}_2' \\ \vec{v}_3' \end{bmatrix} D \quad (4.3.5)$$

式中，$D=[T_{12}, T_{34}, T_{56}, T_{78}, T_{13}, T_{15}, T_{17}, T_{35}, T_{37}, T_{57}, T_{24}, T_{26}, T_{28},$ $T_{46}, T_{48}, T_{68}]'$，$\vec{v}_n'=(v_{1n}, v_{2n}, \cdots, v_{16n})$ （$n=1, 2, 3$）是协方差矩阵 Σ 的特征向量，通过对协方差矩阵 Σ 特征分解得到 $\vec{v}_n'$ 取值如下

$$\begin{bmatrix}\vec{v}_1'\\ \vec{v}_2'\\ \vec{v}_3'\end{bmatrix} = \begin{bmatrix} 0.403 & 0.209 & 0.234 & -0.108 & -0.248 & 0.245 & 0.289 & 0.177 \\ 0.369 & 0.119 & 0.239 & 0.088 & 0.385 & 0.299 & 0.311 & 0.019 \\ 0.386 & 0.272 & 0.310 & -0.144 & -0.055 & -0.140 & -0.167 & -0.341 \end{bmatrix}$$

$$\begin{matrix} 0.308 & 0.208 & -0.188 & -0.077 & 0.288 & 0.148 & 0.341 & 0.302 \\ 0.019 & 0.019 & -0.019 & 0.167 & -0.347 & 0.184 & -0.232 & -0.461 \\ -0.275 & 0.159 & 0.076 & -0.317 & -0.078 & -0.395 & -0.302 & 0.180 \end{matrix}$$

因此 $S_{\mathrm{I,II}}$ 的计算公式可以简化如下

$$S_{\mathrm{I,II}} = \lambda_1 P_1 + \vec{\gamma}_{1\times 3} \vec{R}_{3\times 1} + c \tag{4.3.6}$$

其中，λ_1 表示解释方差 P_1 的性能参数；$\vec{\gamma}_{1\times 3}$ 表示 $\vec{R}_{3\times 1}$ 的三个性能参数的列矩阵（$\vec{\gamma}_{1\times 3}=[\gamma_1, \gamma_2, \gamma_3]$ 和 $\vec{R}_{3\times 1}=[R_1, R_2, R_3]'$）；性能参数 λ_1、$\vec{\gamma}_{1\times 3}$ 以及 c 可以通过多元线性回归方法估计求得[8]，所以 $S_{\mathrm{I,II}}$ 与温度场之间的相关模型可以通过下式表示

$$S_{\mathrm{I,II}} = \lambda_1 (\vec{u}_1' T) + \vec{\gamma}_{1\times 3} \begin{pmatrix}\begin{bmatrix}\vec{v}_1'\\ \vec{v}_2'\\ \vec{v}_3'\end{bmatrix} D\end{pmatrix} + c \tag{4.3.7}$$

4.3.2 数学模型验证

通过上述方法，训练数据中每个应变传感器的 $S_{\mathrm{I,II}}$ 与温度场之间的相关特性通过公式 4.3.7 进行建模，性能参数 λ_1、γ_1、γ_2、γ_3 及常数项 c 的估计结果如表 4.3.1 所示。为验证数学模型的有效性，选取

测试数据中的温度和温差，代入公式 4.3.7 计算得到静应变估计值 $S_{I,II}$，实测静应变与估计静应变的相关散点图如图 4.3.4（a）至 4.3.4（f）所示。从中可以看出，实测静应变与估计静应变均表现出很强的线性相关性。进一步利用最小二乘法拟合实测静应变与估计静应变之间的线性相关特性

$$S_s = kS_m + b \quad (4.3.8)$$

式中，S_s 表示估计静应变 $S_{I,II}$；S_m 表示实测静应变 $S_{I,II}$；k 和 b 表示参数拟合值，拟合效果如图 4.3.4（a）至 4.3.4（f）所示。从中可以看出，拟合曲线均能较好地描述实测静应变与估计静应变之间的线性相关特性，而且 k 接近 1，b 接近 0，验证了数学建模方法的有效性。

表 4.3.1　　数学模型的性能参数 λ_1，γ_1，γ_2，γ_3 和常数项 c

静　应　变	数学模型的性能参数				
	λ_1	γ_1	γ_2	γ_3	c
S_1 中的 $S_{I,II}$	0.454	−4.711	−2.597	−4.944	−46.806
S_2 中的 $S_{I,II}$	1.585	0.013	4.104	−1.247	−70.238
S_3 中的 $S_{I,II}$	0.301	3.416	−2.098	2.968	−6.884
S_4 中的 $S_{I,II}$	0.350	−0.734	0.351	0.948	−23.597
S_5 中的 $S_{I,II}$	0.179	−4.219	1.827	3.165	−22.049
S_6 中的 $S_{I,II}$	0.062	−3.245	8.242	−5.398	−22.862
S_7 中的 $S_{I,II}$	−0.367	2.411	−0.598	5.531	17.075
S_8 中的 $S_{I,II}$	0.611	2.188	−1.130	2.018	−32.799

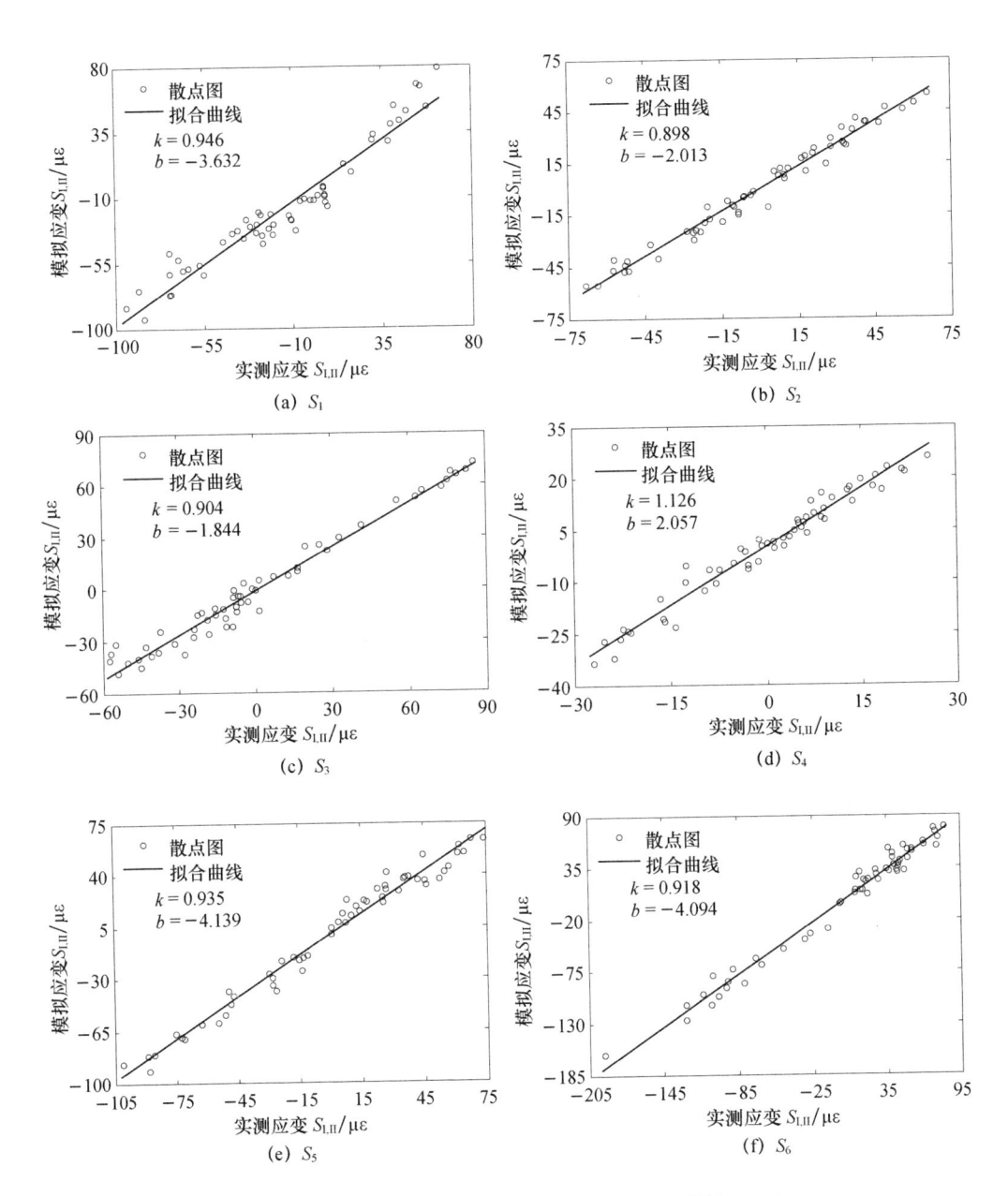

图 4.3.4 模拟静应变与实测静应变之间的相关性（一）

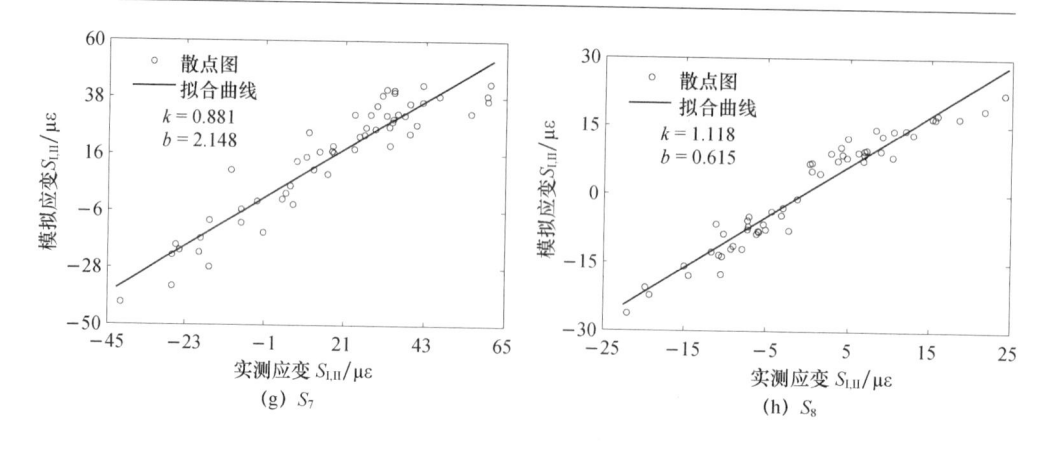

图 4.3.4 模拟静应变与实测静应变之间的相关性（二）

4.4 基于静应变监测的主梁承载能力退化监控方法

4.4.1 主梁承载能力退化监控原理

本节研究基于静应变监测数据的主梁承载能力退化监控方法，其基本思想是从训练数据中选取每天温度及温差的最大值和最小值，并代入公式 4.3.7 得到静应变估计值 $S_{I,II}$，然后将静应变估计值减去静应变实测值，从而得到静应变残差，在 5% 的置信区间 ADF 检验下，静应变残差是一个零均值的平稳随机过程［例如 S_1 的静应变残差如图 4.4.1（a）所示］，其上下置信区间为 $[-50\mu\varepsilon, 50\mu\varepsilon]$。从图中可以看出，通过静应变残差的监测可以表征大胜关长江大桥主梁的承载能力。

为了把握主梁承载能力退化时的静应变残差变化规律，假设公式 4.3.7 中的性能参数 λ_1 和 $\bar{\gamma}_{1\times3}$ 每月增加 20%（需要指出，20% 的参数取值能够比较明显地反映出静应变残差的变化规律），共有 3 种可能的组合如下：①仅 λ_1 参数每月增加 20%；②仅 $\bar{\gamma}_{1\times3}$ 参数每月增加 20%；③λ_1 和 $\bar{\gamma}_{1\times3}$ 参数每月都增加 20%。静应变 S_1 在这 3 种性能参数组合下的静应变残差变化规律如图 4.4.1 (b) 至 4.4.1 (d) 所示。从图中可以看出：①在第一类性能退化组合时，S_1 的静应变残差随时间逐渐偏离均值线并最后超过预警上限；②在第二类性能退化组合时，S_1 的静应变残差在均值线附近随时间波动越来越剧烈，并且最后超过预警上下限；③在第三类性能退化组合时，S_1 静应变残差的变化规律可以认为是第一类和第二类变化规律的叠加。因此，主梁承载能力退化规

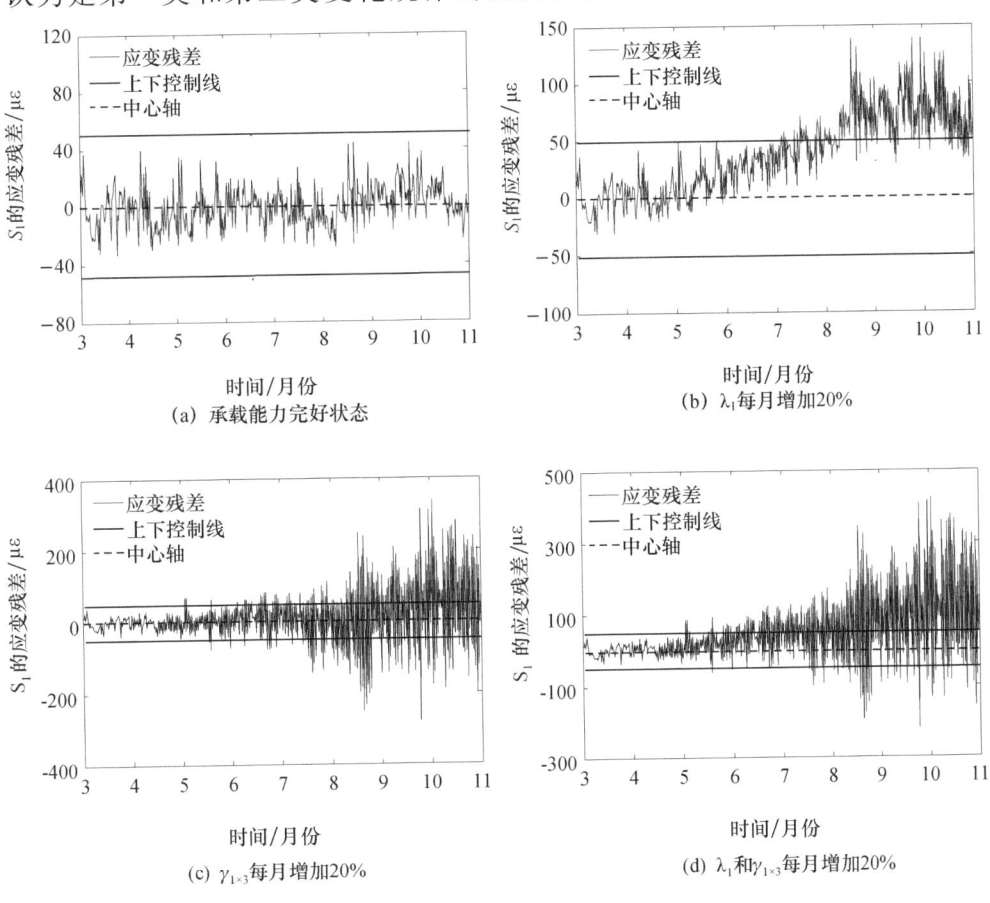

图 4.4.1 承载能力完好状态及退化状态

律可以从静应变残差的时间历程曲线中得到确认。

4.4.2 主梁承载能力退化监控结果

利用4.4.1节所述方法，从评估数据中选取每天温度及温差的最大值和最小值，并且代入公式4.3.7得到静应变估计值$S_{Ⅰ,Ⅱ}$，然后将静应变估计值减去静应变实测值得到静应变残差，如图4.4.2（a）至4.4.2（h）所示。通过分析静应变残差的变化趋势可知，所有的静应变残差没有表现出任何类别的性能退化特征，大胜关长江大桥主梁处于良好的承载能力状态。

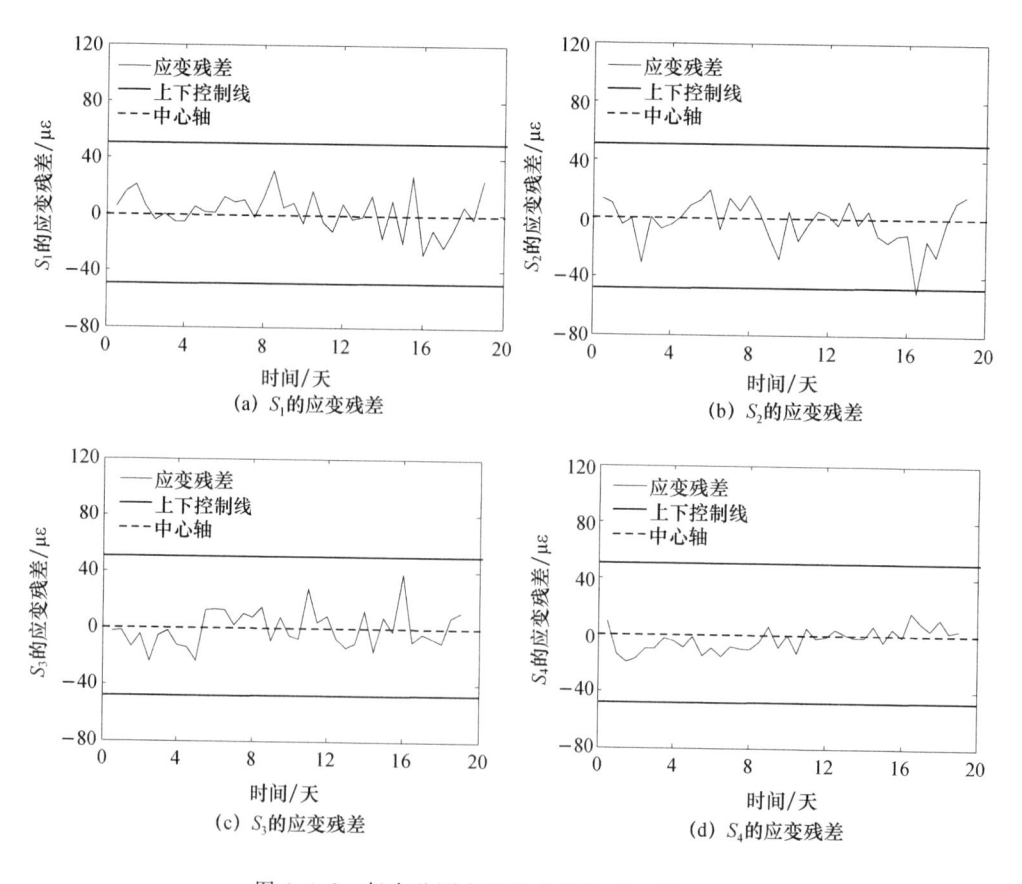

图4.4.2 每个监测点的应变残差时间历程（一）

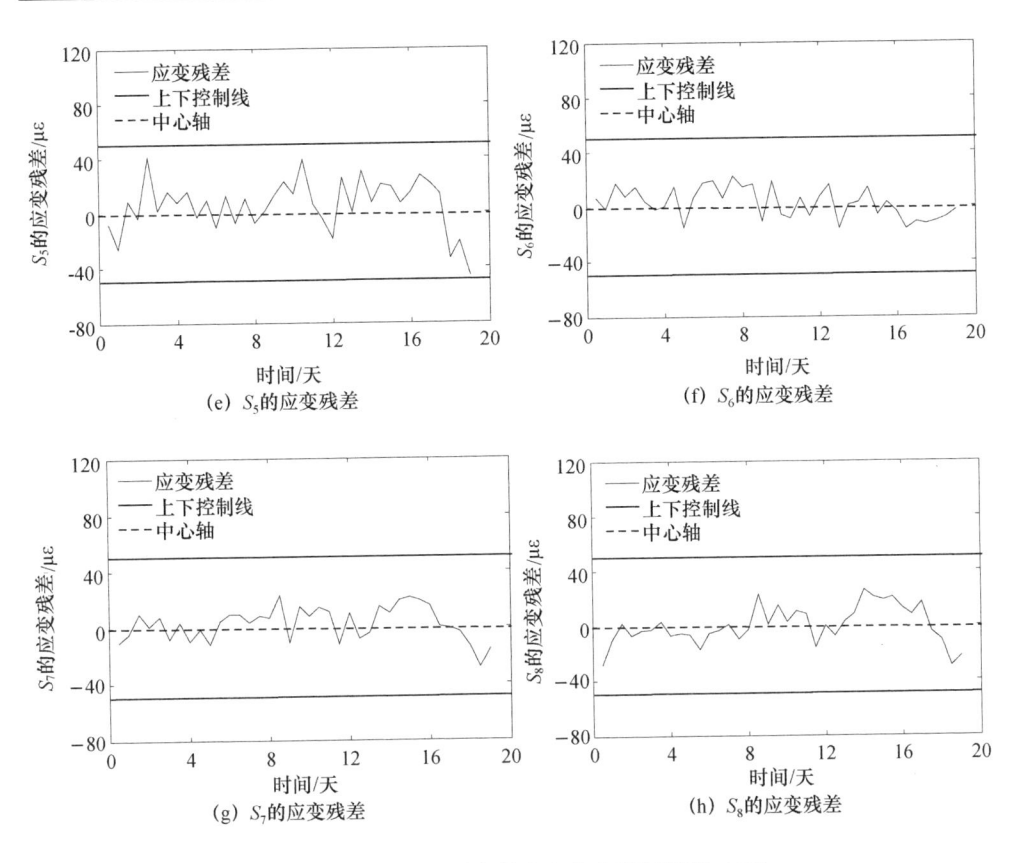

图 4.4.2　每个监测点的应变残差时间历程（二）

4.5　基于静应变监测的主梁极限承载能力评估方法

4.5.1　主梁极限承载能力评估原理

铁路钢桥的承载能力直接关系到铁路列车的运营安全，若在环境荷载作用下铁路钢桥关键构件的荷载效应超过最大允许值而未能及时发现和诊治，会十分危险，甚至发生灾难性事件，因此开展铁路钢桥的极限承载能力评估工作具有重要意义。目前，已有研究工作针对铁路钢桥关键构件的应变状态进行重点监测，并选取监测数据的应变极值与理论设计值进行比较，从而判断在役铁路钢桥的承载能力。然而这一方法存在一个缺点，即有限监测数据的应变极值不能代表铁路钢桥在整个运营期内的应变极值，因此无法实现对铁路桥梁在整个服役期内的极限承载能力评估。为此，部分研究工作者尝试利用监测数据应变极值的概率统计特性对铁路桥梁在整个服役期内的承载能力进行评估，但此方法存在两个问题有待解决：①所采用的应变极值是一天内应变曲线的最大值和最小值，但一天内应变曲线的最大值和最小值并不一定是极值，即有可能是应变曲线的端点值，因此提取的应变极值数据不够准确；②应变极值的概率统计特性采用概率密度函数来描述，然而概率密度函数与应变极值概率密度柱状图的柱条宽度有关，导致概率密度函数失去唯一性。为此，本节提出了一种基于静应变极值预测的铁路钢桥极限承载能力评估方法。该方法包括以下步骤。

步骤1：对铁路钢桥关键构件的最不利位置进行应变数据采集。

将光纤光栅应变传感器配接到数据采集系统中，以光纤光栅的温度传感器作为温度补偿，对铁路桥梁关键构件的最不利位置进行数据采集，采样频率为 f Hz，采集时间长度为 L 天，采集到的第 i 个应变值采用 $S(i)$ 表示，$i=1,\cdots,M$，M 为应变值总个数。

步骤2：利用小波包方法提取应变数据中的静应变成分。

将采集到的所有应变值 $S(i)$ 按照采集先后顺序构成应变序列后，将应变序列进行第 c 个尺度上的小波包分解，得到 2^c 个小波包系数，提取出第一个小波包系数并对其重构，得到应变序列中的静应变成分。

步骤3：利用一阶差分获取静应变成分中的日变化极值。

以天为单位对静应变成分进行划分，静应变成分在第 m 天内的第 j 个静应变值采用 $S_m(j)$ 表示，$m=1,2,\cdots,L$；$j=1,2,\cdots,$

N_m；N_m 为静应变值在第 m 天内的总个数。

对每天内的所有静应变值按照采集先后顺序做一阶差分处理，得到静应变值在每天内的差分序列，其中差分序列在第 m 天内中的第 k 个值采用 $D_m(k)$ 表示，$k=1,2,\cdots,N_m-1$。

将第 m 天内的差分序列 $\{D_m(1),D_m(2),\cdots,D_m(N_m-1)\}$ 分割为三份，第一份差分序列为 $\{D_m(1),D_m(2),\cdots,D_m(p_{1,m})\}$，第二份差分序列为 $\{D_m(p_{1,m}+1),D_m(p_{1,m}+2),\cdots,D_m(p_{1,m}+p_{2,m})\}$，第三份差分序列为 $\{D_m(p_{2,m}+1),D_m(p_{2,m}+2),\cdots,D_m(N_m-1)\}$，$p_{1,m}$、$p_{2,m}$ 分别为第 m 天内差分序列的两个分割位置，$1<p_{1,m}<p_{2,m}<N_m-1$。

对每份差分序列中的所有值求和，其中 $Z_{m,l}(p_{1,m},p_{2,m})$ 表示第 m 天内取值为 $p_{1,m}$，$p_{2,m}$ 时第 l 份差分序列之和（$l=1,2,3$），然后按下式求得 $Z_{m,1}(p_{1,m},p_{2,m})$、$Z_{m,2}(p_{1,m},p_{2,m})$ 和 $Z_{m,3}(p_{1,m},p_{2,m})$ 三者之和

$$Q_m(p_{1,m},p_{2,m})=|Z_{m,1}(p_{1,m},p_{2,m})|+|Z_{m,2}(p_{1,m},p_{2,m})|$$
$$+|Z_{m,3}(p_{1,m},p_{2,m})| \qquad (4.5.1)$$

式中，$Q_m(p_{1,m},p_{2,m})$ 的计算结果与 $p_{1,m}$，$p_{2,m}$ 取值有关，对 $p_{1,m}$，$p_{2,m}$ 选取在约束条件 $1<p_{1,m}<p_{2,m}<N_m-1$ 下所有可能的取值，代入式（4.5.1）中计算出相应的 $Q_m(p_{1,m},p_{2,m})$ 值，所有 $Q_m(p_{1,m},p_{2,m})$ 值中必然存在一个最大值，假设此最大值是由 $p_{1,m}=a_{1,m}$、$p_{2,m}=a_{2,m}$ 得到的，则第 m 天内静应变成分中的日变化极大值为 $D_m(a_{2,m})$ 和 $D_m(a_{1,m})$ 两者中的较大值，日变化极小值为 $D_m(a_{2,m})$ 和 $D_m(a_{1,m})$ 两者中的较小值，所有天数 L 内的日变化极大值采用 $D_{\max}$ 表示，所有天数 L 的日变化极小值采用 $D_{\min}$ 表示。

步骤 4：利用广义极值分布函数拟合日变化极值的累加分布特性。

计算日变化极大值 $D_{\max}$ 的累加概率值，并利用广义极值分布函数

对其拟合

$$G(D_{\max}) = \exp\left\{-\left[1+r\left(\frac{D_{\max}-d}{b}\right)\right]^{-\frac{1}{r}}\right\} \quad (4.5.2)$$

式中，$G(D_{\max})$ 表示 $D_{\max}$ 的广义极值分布函数，b、d 和 r 分别表示 $G(D_{\max})$ 的尺度参数、位置参数和形状参数，将日变化极大值、累加概率值分别代入式（4.5.2）中的 $D_{\max}$、$G(D_{\max})$，利用最小二乘法确定 b、d 和 r 的最佳参数取值。

此外，计算日变化极小值 $D_{\min}$ 的累加概率值，并利用广义极值分布函数对其拟合

$$F(D_{\min}) = \exp\left[-\left[1+\lambda\left(\frac{D_{\min}-h}{g}\right)\right]^{-\frac{1}{\lambda}}\right] \quad (4.5.3)$$

式中，$F(D_{\min})$ 表示 $D_{\min}$ 的广义极值分布函数，g、h 和 λ 分别表示 $F(D_{\min})$ 的尺度参数、位置参数和形状参数，将日变化极小值、累加概率值分别代入式（4.5.3）中的 $D_{\min}$、$F(D_{\min})$，利用最小二乘法确定 g、h 和 λ 的最佳参数取值。

步骤 5：对关键构件的最不利位置进行极限承载能力评估。

利用牛顿迭代法对方程（4.5.4）和方程（4.5.5）求解，确定具有超越概率为 P 的静应变标准值 $\hat{D}_{\max}$ 和 $\hat{D}_{\min}$

$$G(\hat{D}_{\max}) = 1-P \quad (4.5.4)$$

$$F(\hat{D}_{\min}) = P \quad (4.5.5)$$

选取 $\hat{D}_{\max}$ 和 $\hat{D}_{\min}$ 中的最大绝对值，即 $\hat{D} = \max\{|\hat{D}_{\max}|,|\hat{D}_{\min}|\}$，将 $\hat{D}$ 与设计允许值 $[\hat{D}]$ 比较判断铁路桥梁的极限承载能力，如果 $\hat{D}<[\hat{D}]$，则关键构件最不利位置的承载能力处于安全状态；反之，则关键构件最不利位置的承载能力处于非安全状态。

4.5.2 主梁极限承载能力评估结果

本节以大胜关长江大桥主梁的上弦杆上游侧静应变 S_2 为例，对该部位的极限承载能力进行分析和评估。

(1) 将光纤光栅应变计安装在大胜关长江大桥跨中边桁上弦杆的轴向位置，并配接到数据采集系统中，以光纤光栅的温度传感器作为温度补偿，对上弦杆上游侧轴向应变进行数据采集，其中大胜关长江大桥的立面图和1-1截面光纤光栅应变计具体位置分别如图 4.1.1 和图 4.1.2 所示，采样频率为 1Hz，采集时间长度为 232 天，采集到的第 i 个应变值采用 $S(i)$ 表示，$i=1, 2, \cdots, 33408$。

(2) 将采集到的所有应变值 $S(i)$ 按照采集先后顺序构成应变序列如图 4.2.4 (a) 所示，后将应变序列进行第 8 个尺度上的小波包分解，得到 2^8 个小波包系数，提取出第一个小波包系数并对其重构，得到应变序列中的静应变成分如图 4.2.7 所示。

(3) 以天为单位对静应变成分进行划分，静应变成分在第 m 天内的第 j 个静应变值采用 $S_m(j)$ 表示，$m=1, 2, \cdots, 232$；$j=1, 2, \cdots, 144$。

(4) 对每天内的所有静应变值按照采集先后顺序做一阶差分处理，得到静应变值在每天内的差分序列，其中差分序列在第 m 天内的第 k 个值采用 $D_m(k)$ 表示，$k=1, 2, \cdots, 143$。

(5) 将第 m 天内的差分序列 $\{D_m(1), D_m(2), \cdots, D_m(N_m-1)\}$ 分割为三份，第一份差分序列为 $\{D_m(1), D_m(2), \cdots, D_m(p_{1,m})\}$，第二份差分序列为 $\{D_m(p_{1,m}+1), D_m(p_{1,m}+2), \cdots, D_m(p_{1,m}+p_{2,m})\}$，第三份差分序列为 $\{D_m(p_{2,m}+1), D_m(p_{2,m}+2), \cdots, D_m(N_m-1)\}$，$p_{1,m}$、$p_{2,m}$ 分别为第 m 天内差分序列的两个分割位置，$1<p_{1,m}<p_{2,m}<$

N_m-1。

(6) 对每份差分序列中的所有值求和,其中 $Z_{m,l}(p_{1,m}, p_{2,m})$ 表示第 m 天内取值为 $p_{1,m}$、$p_{2,m}$ 时第 l 份差分序列之和($l=1, 2, 3$),然后按下式求得 $Z_{m,1}(p_{1,m}, p_{2,m})$、$Z_{m,2}(p_{1,m}, p_{2,m})$ 和 $Z_{m,3}(p_{1,m}, p_{2,m})$ 三者之和

$$Q_m(p_{1,m},p_{2,m})=|Z_{m,1}(p_{1,m},p_{2,m})|+|Z_{m,2}(p_{1,m},p_{2,m})|+|Z_{m,3}(p_{1,m},p_{2,m})| \quad (4.5.6)$$

式中,$Q_m(p_{1,m}, p_{2,m})$ 的计算结果与 $p_{1,m}$、$p_{2,m}$ 取值有关,对 $p_{1,m}$、$p_{2,m}$ 选取在约束条件 $1<p_1<p_2<N_m-1$ 下所有可能的取值,代入式 (4.5.6) 中计算出相应的 $Q_m(p_{1,m}, p_{2,m})$ 值,所有 $Q_m(p_{1,m}, p_{2,m})$ 值中必然存在一个最大值,假设此最大值是由 $p_{1,m}=a_{1,m}$、$p_{2,m}=a_{2,m}$ 得到的,则第 m 天内静应变成分中的日变化极大值为 $D_m(a_{2,m})$ 和 $D_m(a_{1,m})$ 两者中的较大值,日变化极小值为 $D_m(a_{2,m})$ 和 $D_m(a_{1,m})$ 两者中的较小值,所有天数 L 内的日变化极大值采用 $D_{\max}$ 表示(如图 4.5.1 所示),所有天数 L 的日变化极小值采用 $D_{\min}$ 表示(如图 4.5.2 所示)。

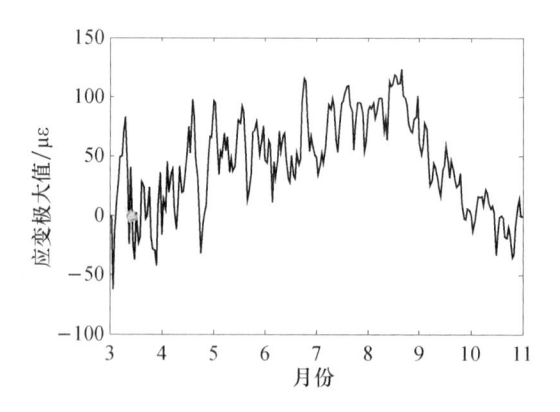

图 4.5.1 日变化极大值的变化曲线

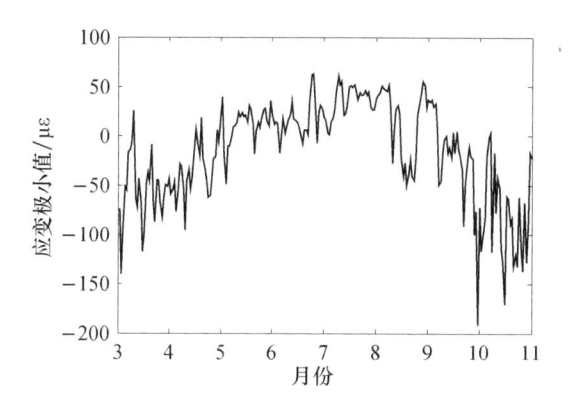

图 4.5.2 日变化极小值的变化曲线

（7）计算日变化极大值 $D_{\max}$ 的累加概率值（在概率与数理统计理论中，累加概率值定义为统计变量不超过某一数值的发生概率），并利用广义极值分布函数对其拟合

$$G(D_{\max})=\exp\left\{-\left[1+r\left(\frac{D_{\max}-d}{b}\right)\right]^{-\frac{1}{r}}\right\} \quad (4.5.7)$$

式中，$G(D_{\max})$ 表示 $D_{\max}$ 的广义极值分布函数，b、d 和 r 分别表示 $G(D_{\max})$ 的尺度参数、位置参数和形状参数，将日变化极大值、累加概率值分别代入式（4.5.7）中的 $D_{\max}$、$G(D_{\max})$，利用最小二乘法确定 b、d 和 r 的最佳参数取值（$b=41.3228$、$d=33.0127$ 和 $r=-0.4071$），广义极值分布的拟合结果如图 4.5.3 所示。

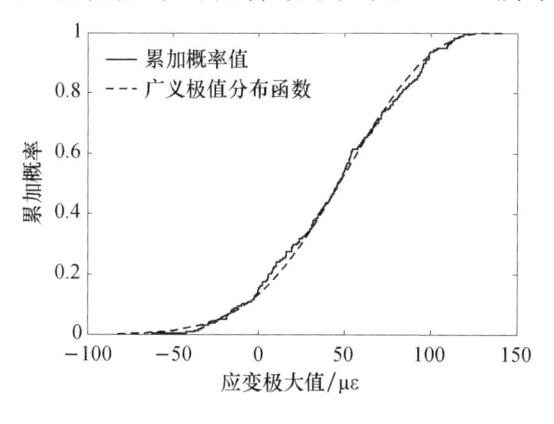

图 4.5.3 日变化极大值广义极值分布的拟合结果

（8）计算日变化极小值 $D_{\min}$ 的累加概率值，并利用广义极值分布函数对其拟合

$$F(D_{\min}) = \exp\left\{-\left[1+\lambda\left(\frac{D_{\min}-h}{g}\right)\right]^{-\frac{1}{\lambda}}\right\} \quad (4.5.8)$$

式中，$F(D_{\min})$ 表示 $D_{\min}$ 的广义极值分布函数，g、h 和 λ 分别表示 $F(D_{\min})$ 的尺度参数、位置参数和形状参数，将日变化极小值、累加概率值分别代入式（4.4.8）中的 $D_{\min}$、$F(D_{\min})$，利用最小二乘法确定 g、h 和 λ 的最佳参数取值（$g = 54.4519$、$h = -24.6663$ 和 $\lambda = -0.612298$），广义极值分布的拟合结果如图 4.5.4 所示。

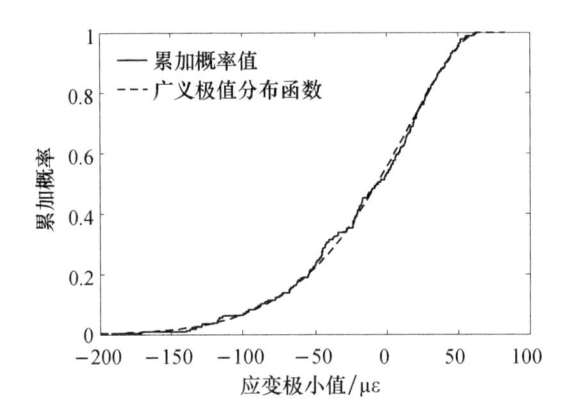

图 4.5.4　日变化极小值广义极值分布的拟合结果

（9）利用牛顿迭代法对方程（4.5.9）和方程（4.5.10）求解，确定具有超越概率为 0.01 的静应变标准值 $\hat{D}_{\max}$ 和 $\hat{D}_{\min}$

$$G(\hat{D}_{\max}) = 1 - P \quad (4.5.9)$$

$$F(\hat{D}_{\min}) = P \quad (4.5.10)$$

计算结果为：$\hat{D}_{\max} = 133\mathrm{u}\varepsilon$，$\hat{D}_{\min} = -311\mathrm{u}\varepsilon$。

（10）选取 $\hat{D}_{\max}$ 和 $\hat{D}_{\min}$ 中的最大绝对值，即 $\hat{D} = \max\{|\hat{D}_{\max}|, |\hat{D}_{\min}|\} = 311\mathrm{u}\varepsilon$，将 $\hat{D}$ 与设计允许值 $[\hat{D}]$ 比较判断铁路桥梁的承载能力：已

知大胜关铁路桥梁钢材选用 Q420，则 $[\dot{D}]=420/(2.06\times10^5)\times10^6\mu\varepsilon=2039\mu\varepsilon$，可知 $\dot{D}<[\dot{D}]$，则可知上弦杆的承载能力处于安全状态。

4.6 本 章 小 结

本章以京沪高铁南京大胜关大桥 2013 年 3 月至 11 月的主梁温度场和静应变为对象，研究了高速铁路桥梁主梁承载能力监控与评估方法。首先通过长期监测数据揭示了主梁静应变与结构温度场的相关性规律，进而建立了主梁静应变与结构温度场之间的相关性数学模型，在此基础上建立了基于静应变监测的主梁承载能力退化监控方法和主梁极限承载能力评估方法。分析结果表明：

（1）大胜关长江大桥主梁静应变主要由三部分组成：由平均温度引起的静应变 S_{I}、由温差引起的静应变 S_{II}，以及由列车荷载引起的静应变 S_{III}，并且由列车荷载引起的静应变水平显著低于温度和温差引起的静应变。

（2）采用小波包分解技术可以有效地剔除由列车荷载引起的静应变 S_{III} 同时保留由温度场引起的静应变 S_{I}，S_{II}，在此基础上利用主成分分析法可有效简化静应变 S_{I}，S_{II} 与温度场之间的多元线性回归模型。

（3）建立了基于静应变残差的主梁承载能力退化监控指标，在此基础上通过 3 种承载能力参数组合方法进一步揭示了静应变残差的 3 种退化规律。2013 年的监测数据的分析表明，大胜关长江大桥主梁处于良好的承载能力状态。

（4）建立了基于静应变极值预测的主梁极限承载能力评估方法，

分析结果表明，利用广义极值分布函数可以较好地反映实测静应变极值的累加分布特性，并且大胜关长江大桥主梁的静力承载能力处于安全状态。

需要指出，本章研究结果是基于大胜关长江大桥 2013 年的监测数据分析得到的，而实际桥梁结构承载能力的退化是长期缓慢的过程，因此大胜关长江大桥主梁的承载能力评估还有待于今后通过积累更多的监测数据来分析和完善。

参 考 文 献

[1] Duan Y F，Li Y，Hu Y D，Xiang Y Q. Strain-temperature correlation analysis of a tied arch bridge using monitoring data. International Conference on Multimedia Technology (ICMT 2011)，2011：6025—6028.

[2] Li S L，Li H，Ou J P，Li H W. Integrity strain response analysis of a long span cable-stayed bridge. Key Engineering Materials，2009，413—414：775—783.

[3] Figlus T，Liscak S，Wilk A，Lazarz B. Condition monitoring of engine timing system by using wavelet packet decomposition of a acoustic signal. Journal of Mechanical Science and Technology，2014，28 (5)：1663—1671.

[4] Wald R，Khoshgoftaar T M，Sloan J C. Feature selection for optimization of wavelet packet decomposition in reliability analysis of systems. International Journal on Artificial Intelligence Tools，2013，22 (5).

[5] Ding Y L，Wang G X. Estimating extreme temperature differences in steel box girder using long-term measurement data. Journal of Central South University，2013，20 (9)：2537—2545.

[6] Wang H W，Guan R，Wu J J. Complete-information-based principal component analysis for interval-valued data. Neurocomputing，2012，86：158—169.

[7] Singh A，Datta S，Mahapatra S S. Principal component analysis and fuzzy embedded Taguchi approach for multi-response optimization in machining of GFRP polyester composites：A case study. International Journal of Industrial and Systems Engineering，2013，14 (2)：175—206.

[8] Amiri A，Saghaei A，Mohseni M，Zerehsaz Y. Diagnosis aids in multivariate multiple linear regression profiles monitoring. Communications in Statistics-Theory and Methods，2014，43 (14)：3057—3079.

第5章 高速铁路桥梁钢桥面板动应变监测与评估

5.1 高速铁路桥梁钢桥面板的动应变监测概述

5.1.1 问题的提出

大胜关大桥高速行车要求轨道具有较高的稳定性、平顺性和可靠性，因此要求桥梁主体结构和桥面系都具有较大的刚度。为此，大胜关大桥首次采用整体钢桥面的板桁组合结构，即由纵、横肋组成的正交异性钢桥面板和主桁的下弦杆焊接在一起，使桥面板直接参与弦杆的受力，均匀地传递下弦平面的内力。这样既改善了桥面系的受力状况，又保持了桥面结构的连续完整。正交异性板整体桥面由纵肋（梁）、横肋（梁）及其加劲的钢桥面板组成（如图5.1.1所示）。

正交异性钢桥面板既作为桥面系直接承受高速列车荷载，又参与构成主梁的一部分，其结构受力复杂，桥面板较易发生疲劳开裂，对其进行修复将十分困难，而更换似乎更难实现。目前，正交异性钢桥面板疲劳开裂的事故在国内外的大跨公路钢桥中均已出现[1,2]。德国和英国在20世纪60年代建造的钢桥面板，在80年代就出现了不同程度

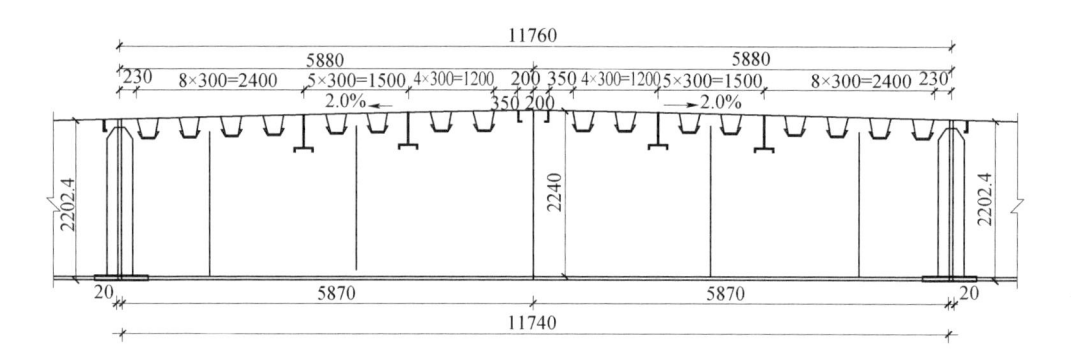

图 5.1.1　整体钢桥面结构（单位：mm）

的疲劳开裂，如著名的英国 Severn 桥，在 1971 年和 1977 年就在钢桥面板焊缝处发现了疲劳裂纹[3,4]。国内 1997 年建成通车的广东虎门大桥从 2003 年开始钢桥面板就出现了疲劳裂纹，更引发了研究者对于正交异性钢桥面板疲劳破坏问题的关注。因此，针对大胜关大桥钢桥面板的构造特点安装动应变传感器并且开展长期疲劳性能监测，对于保障大胜关大桥运营安全具有重要的应用价值。

5.1.2　大胜关大桥钢桥面板的动应变监测简介

大胜关大桥结构健康监测系统安装了钢桥面板动应变传感器，用以监测钢桥面板焊接细节在高速列车作用下的长期疲劳效应及其疲劳性能。大胜关大桥结构健康监测系统在图 5.1.2（a）所示的主梁 1-1 断面处安装了动应变传感器，其详细布置位置如图 5.1.2（b）所示。从图中可以看出，动应变传感器 DYB-11-23 和 DYB-11-24 重点监测钢桥面板顶板-纵肋焊接细节在高速列车作用下的长期疲劳效应。动应变传感器 DYB-11-23 和 DYB-11-24 的采样频率为 50Hz。

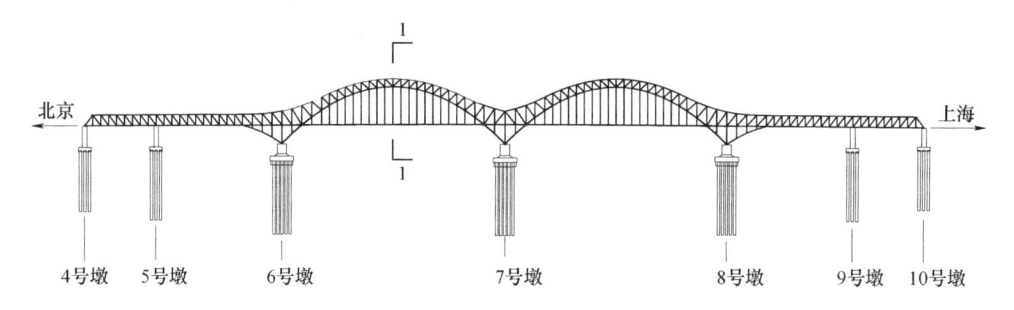

第5章 高速铁路桥梁钢桥面板动应变监测与评估

(a) 大胜关长江大桥主桥立面图

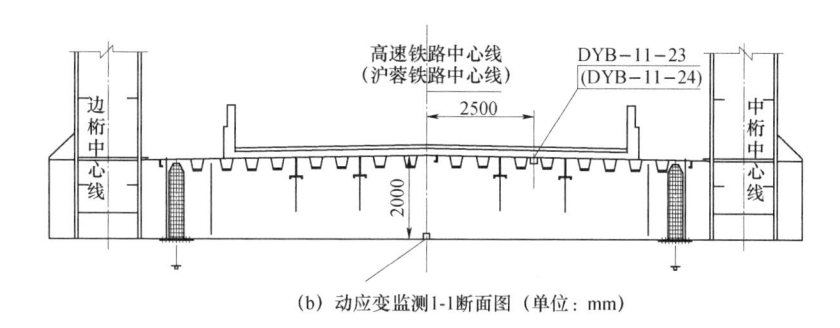

(b) 动应变监测1-1断面图（单位：mm）

图 5.1.2　钢桥面板动应变传感器布置图

5.2　大胜关大桥钢桥面板动应变的长期监测结果分析

5.2.1　动应变监测数据处理方法

5.2.1.1　雨流计数法

在进行疲劳损伤累积计算和疲劳寿命评估之前，需要将监测系统的原始应力时程转化为一系列的应力循环。将应力-时间历程转化为一系列全循环和半循环的方法称为"计数法"，其中雨流计数法是目前应用最为广泛的一种计数法。雨流计数法是由 Matsuishi 和 Endo 等考虑到材料应力-应变行为而提出的一种计数法,该方法认为塑性存在是疲劳损伤的必要条件,而且其塑性性质表现为应力-应变的迟滞回线。一般情况下,虽然名义应力处于弹性范围内,但从局部的、微观的角度考虑,塑性变形仍然存在。雨流计数的特点是依据应力循环与应力-时间历程在材料中产生的应力-应变迟滞回线相一致,因此认为两者引起的疲劳累积损伤是等价的。图5.2.1给出了雨流计数法的原理示意图,图5.2.1(a)为应力时间历程,对应的应力-应变曲线如图5.2.1(c)所示,从图中的应力-应变中可以提取出1-4-7、2-3-2'和5-6-5'三个应力循环见图5.2.1(b)。若以疲劳损伤为目标,并假定一个大滞回曲线所产生的损伤不受小的滞回曲线的影响,则可依次将每个应力-应变滞回曲线(即应力循环)提取出来,因此,图5.2.1(a)的应力时间历程就可以转化为图5.2.1(b)中的应力循环结果。

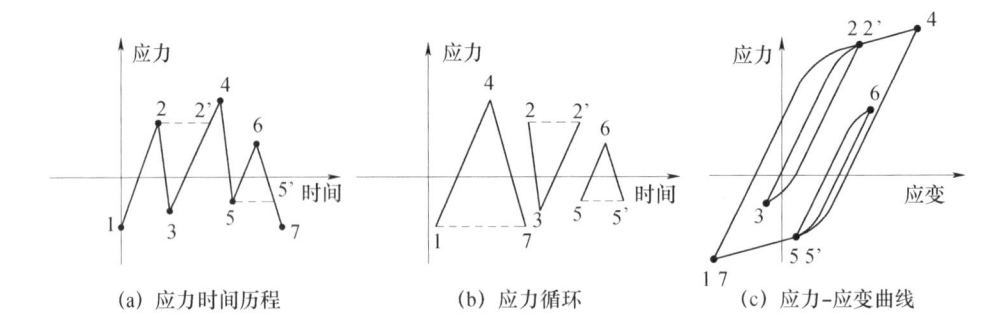

(a) 应力时间历程　　(b) 应力循环　　(c) 应力-应变曲线

图 5.2.1　雨流计数法的基本原理

采用 Downing 和 Socie 提出的简化雨流计数法提取应力循环[5,6],其方法是预先将应变时程的峰谷值进行编号,然后不断将后续应变幅 S_n 与相邻前一应变幅 S_{n-1} 比较,若 S_n 大于 S_{n-1},则提取一个应力循环;若应变幅 S_n 不大于 S_{n-1},则继续比较 S_n 和 S_{n+1}。应变循环提取后应在应变时程中去除该应变循环并重新标记应变峰谷点的号码,继续下一轮应变循环的提取,直至所有循环被提出。以图5.2.2所示应力时程为例，依次共可提取出 B-C、I-J、G-H、K-L、E-F、A-D(D-M) 6 个应变循环。

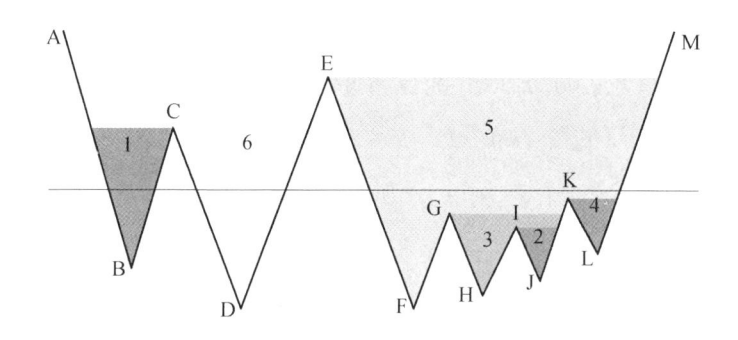

图 5.2.2　简化雨流计数法应力循环提取示意图

5.2.1.2　应力峰谷提取算法

开展疲劳累积计算的基础是应力循环，由上节内容可知，组成应力循环的元素是应力时程曲线的拐点（即峰谷点），而曲线中的非拐点不会对疲劳损伤产生影响，但这些非拐点的数据将会对应力循环的提取进行产生干扰。因此，在采用雨流计数法提取应力循环之前，需要对原始应力时程进行预处理，剔除原始应力时程中的非拐点数据点，获取应力峰谷时程曲线，如图 5.2.3 所示。

(a) 原始应力时程曲线　　　(b) 应力峰谷时程曲线

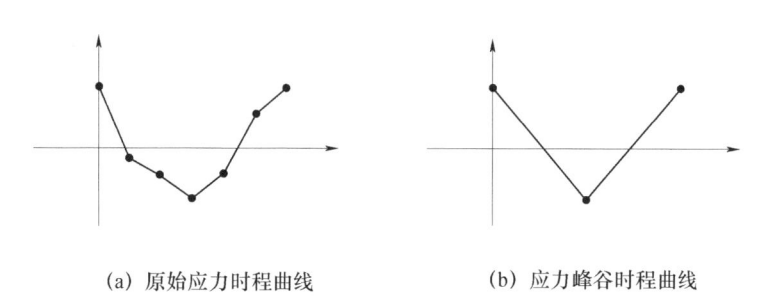

图 5.2.3　应力峰谷提取原理

采用三点比较法提取应力峰谷，三点比较法的具体实施方法为：从原始应力时程中依次读取三点 E_1、E_2 和 E_3，若 $E_1 < E_2 > E_3$，那么 E_2 为峰值点，保留 E_2，从数据中读入下一个点，重新生成 E_1、E_2 和

E_3。如果 $E_1 > E_2 < E_3$，那么 E_2 为谷值点，保留 E_2，从数据中读入下一个点，重新生成 E_1、E_2 和 E_3。如果 $E_1 < E_2 < E_3$ 或者 $E_1 > E_2 > E_3$，那么 E_2 非峰谷点，舍弃 E_2，从数据中读入下一个点，重新生成 E_1、E_2 和 E_3。根据以上的方法，直至读取全部的数据，那么保留下来的点即为整个应力时程的峰谷值点。

下面通过一个简单算例来分析应力峰谷提取所带来的有益效果。图 5.2.4（a）给出了某一段数据长度为 100 的原始应力时程曲线，从中可以看出，原始应力时程曲线中含有大量非拐点数据，这些数据点不能造成实际的疲劳损伤，因此，应予以去除。图 5.2.4（b）给出了应力峰谷提取后的应力曲线，图中数据点均为拐点，从图中可见，数据长度被大幅压缩，处理后的数据长度仅为原始数据的 2/5。

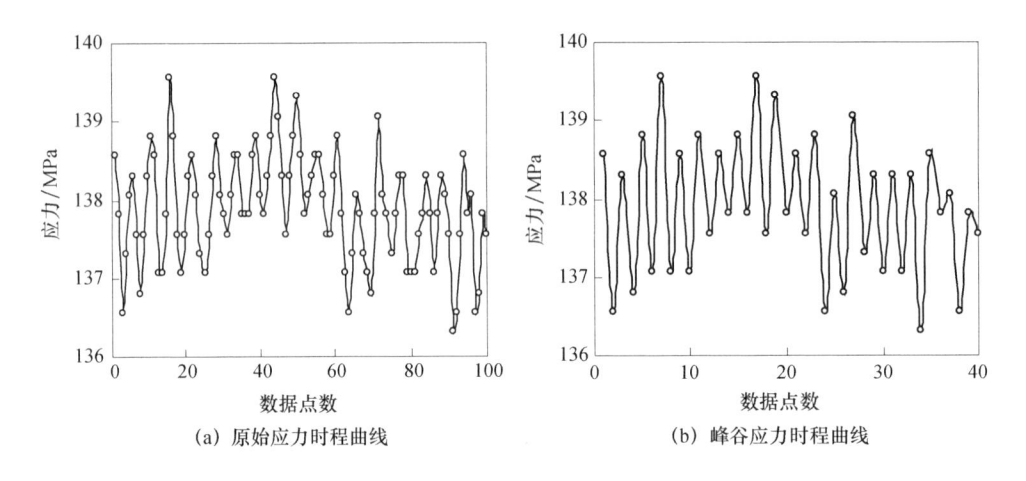

(a) 原始应力时程曲线

(b) 峰谷应力时程曲线

图 5.2.4 应力峰谷提取结果

表 5.2.1 给出了原始应力曲线和峰谷应力曲线经雨流计数后的应力循环结果，从表中可见，若采用原始应力数据时，应力范围几乎都集中在 0~1MPa，计算结果与实际情况相差较大。当采用峰谷应力数据时，应力范围分布正常，计算结果与实际情况良好吻合。

表 5.2.1　　　　　原始应力数据和峰谷应力数据雨流计数结果

应力范围/MPa		0～1	1～2	2～3	3～4	4～5
应力循环次数	原始应力数据	37	3	0	0	0
	峰谷应力数据	3.5	11.5	3.5	1	0

由以上分析可知，应力峰谷提取的预处理可带来两方面的有益效果：①通过峰谷提取使得应力数据长度得到了大幅的压缩，这样可以明显节省后续雨流计数法的计算时间，这将为处理桥梁结构健康监测的海量监测数据提供极大的便利；②桥梁结构健康监测系统中应变传感器的采样频率一般都较高，如大胜关大桥结构健康监测系统中动应变传感器的采样频率为 50Hz，因此，在原始应力监测数据中不可避免地掺杂了大量的非拐点数据，而峰谷提取的预处理可以有效地去除原始应力数据中非拐点数据点对应力循环提取结果的影响，防止应力谱提取结果的失真，保证疲劳损伤计算和疲劳寿命评估的准确性。

以上介绍了监测系统原始应变数据的应力谱提取方法，这是开展钢桥面板焊接细节疲劳损伤计算的基础，根据雨流计数的结果，就可以采用损伤累积理论和细节的疲劳强度曲线计算损伤，下面将介绍目前应用最为广泛的 Palmgren–Miner 线性损伤累积理论。

5.2.2　Palmgren–Miner 线性损伤累积理论

国内外针对钢桥结构疲劳细节的疲劳试验基本都是研究等幅荷载作用下的疲劳问题，并根据试验数据回归得到各种细节分类的疲劳强度曲线。对于实际钢桥而言，其疲劳问题具有变幅、低应力和高循环、长寿命的特点，因此，研究钢桥疲劳的实际意义就是在于研究结构在变幅荷载作用下的疲劳性能，主要工作是建立变幅疲劳强度和常幅疲劳强度之间的关系，在此基础上根据已有的常幅疲劳实验数据来评估钢桥结构的疲劳寿命。

为实现上述目的，需要引入疲劳的累积损伤理论，国内外的学者针对这一问题开展了大量的研究工作[7—9]。其中应用最为广泛的是 Palmgren 和 Miner 的研究成果，1924 年 Palmgren 提出线性疲劳累积损伤理论，1945 年 Miner 提出线性累积损伤准则，Palmgren – Miner 线性损伤累积理论认为，总疲劳损伤是由变幅应力循环 S_i 所造成疲劳损伤的线性叠加，即总损伤 D 为

$$D = \frac{n_1}{N_1} + \frac{n_2}{N_2} + \cdots + \frac{n_n}{N_n} = \sum_{i=1}^{n} \frac{n_i}{N_i} \quad (5.2.1)$$

式中，n_i 为应力循环 S_i 的作用次数，N_i 为常幅 $S-N$ 曲线中应力循环 S_i 的疲劳寿命。Miner 准则所假定的疲劳破坏条件为 $D \geqslant 1$，但大量的试验结果表明，疲劳破坏时，D 不一定为 1，一般在 0.5 到 2.0 之间，可见 Miner 准则对于疲劳细节临界损伤的描述存在一定的误差，但由于其使用起来简单方便，并且大多数焊接细节疲劳试验所得 D 值大于 1.0，这说明采用 Miner 准则用于焊接结构的疲劳寿命评估是偏于安全的。采用 Miner 准则描述疲劳损伤的误差主要来源于两个因素：一是没有考虑不同应力循环作用的先后顺序对细节疲劳损伤的影响，二是认为低于常幅疲劳极限的应力循环不产生疲劳损伤。对处于变幅疲劳的实际钢桥而言，由于少量大于常幅疲劳极限的应力循环的存在，使得大量小于常幅疲劳极限的应力循环也会造成疲劳裂纹的扩展。

5.2.3 基于 Eurocode3 的疲劳损伤计算方法

下面讨论基于 Eurocode3 的疲劳损伤计算方法。Eurocode 规范给出了常见的大部分正交异性板焊接细节的疲劳分类，同时还分别针对封闭、开口加劲肋的焊接细节给出了相应的规定。因此，对于正交异

性桥面板而言，采用 Eurocode 规范提供的 $S-N$ 开展疲劳寿命评估将取得较为合理的结果。Eurocode 规范规定，对于名义应力谱，其对应的疲劳强度曲线为

$$\Delta\sigma_R^m N_R = \Delta\sigma_C^m \cdot 2\times 10^6 \quad (m=3, N\leqslant 5\times 10^6) \quad (5.2.2a)$$

$$\Delta\sigma_R^m N_R = \Delta\sigma_D^m \cdot 5\times 10^6 \quad (m=5, 5\times 10^6\leqslant N\leqslant 10^8) \quad (5.2.2b)$$

式中，$\Delta\sigma_R$ 为细节承受的应力幅，N_R 为对应的疲劳寿命。$\Delta\sigma_C$ 为细节类型（Detail category），其数值等于疲劳寿命为 2×10^6 的 $\Delta\sigma_R$。$\Delta\sigma_D$ 为常幅疲劳极限（Constant Amplitude Fatigue Limit，即 CAFL），当 $\Delta\sigma_R \leqslant \Delta\sigma_D$ 时，常数 m 由 3 变为 5。此外，规范还确定了循环次数为 10^8 时的应力截止限 $\Delta\sigma_L$（Cut-off limit）

$$\Delta\sigma_L = \left(\frac{5}{100}\right)^{\frac{1}{5}} \cdot \Delta\sigma_D = 0.549\Delta\sigma_D \quad (5.2.3)$$

当 $\Delta\sigma_R \leqslant \Delta\sigma_L$ 时，认为细节的疲劳寿命是无限的，也可以认为小于 $\Delta\sigma_L$ 的应力循环不会造成细节的疲劳损伤，因此，也可以将 $\Delta\sigma_L$ 视为变幅疲劳作用的应力门槛。图 5.2.5 给出了 Eurocode 规范各细节的 $S-N$ 曲线。表 5.2.2 给出了 Eurocode 规范疲劳细节 $S-N$ 曲线参数。

表 5.2.2　　　Eurocode 规范疲劳细节 $S-N$ 曲线参数

细节编号 $\Delta\sigma_C$(MPa)	160	140	125	112	100	90	80	71	63	56	50	45	40	36
常幅疲劳极限 $\Delta\sigma_D$(MPa)	118	103	92	83	74	66	59	52	46	41	37	33	29	26
应力截止限 $\Delta\sigma_L$(MPa)	65	57	51	45	40	36	32	29	25	23	20	18	16	15

为表述方便，将 Eurocode 规范给出的疲劳强度曲线改写为

$$\Delta\sigma_R^3 N_R = K_C \quad (K_C = \Delta\sigma_C^3 \cdot 2\times 10^6, \Delta\sigma_R \geqslant \Delta\sigma_D) \quad (5.2.4a)$$

$$\Delta\sigma_R^5 N_R = K_D \quad (K_D = \Delta\sigma_D^5 \cdot 5\times 10^6, \Delta\sigma_L \leqslant \Delta\sigma_R \leqslant \Delta\sigma_D)$$

$$(5.2.4b)$$

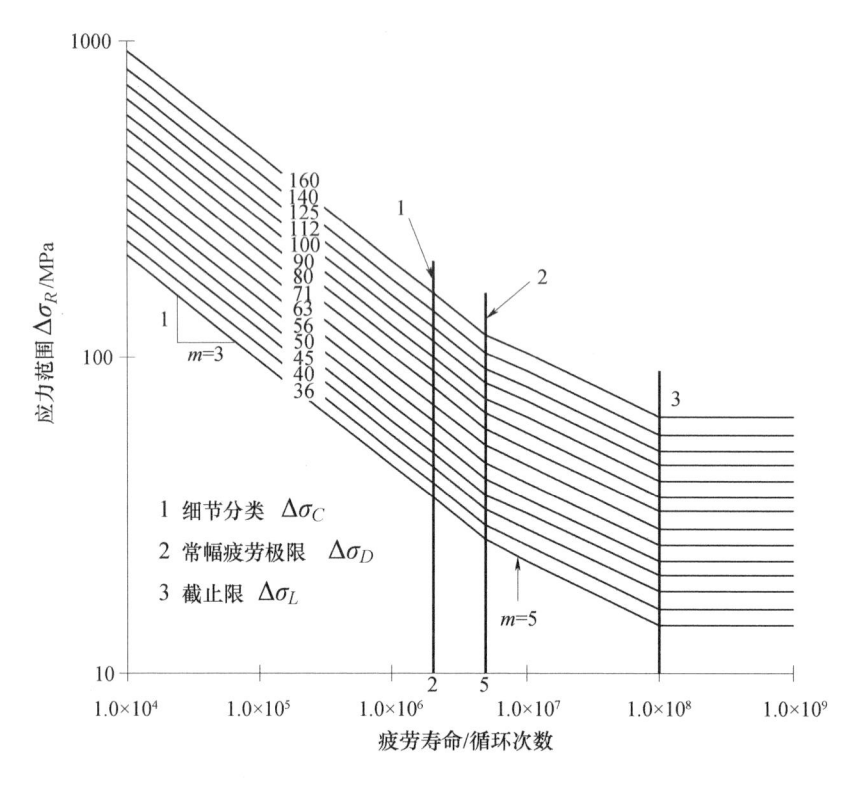

图 5.2.5 Eurocode 规范 $S\text{-}N$ 曲线

式中，当应力幅 $\Delta\sigma_R$ 大于 $\Delta\sigma_D$ 时，疲劳强度系数为 K_C；当应力幅 $\Delta\sigma_R$ 小于 $\Delta\sigma_D$ 时，疲劳强度系数为 K_D。例如，对于细节 71，K_C 和 K_D 分别为 7.16×10^{11} 和 1.90×10^{15}；对于细节 50，K_C 和 K_D 分别为 2.50×10^{11} 和 3.47×10^{14}。

焊缝中裂纹萌生的时刻仅仅是其疲劳寿命的一小部分，而焊接细节的疲劳寿命主要受裂纹扩展进程的控制。考虑到多数焊接均存在微裂纹或类似的缺陷，尽管在开始阶段这些缺陷并不会受到低应力幅的影响，但只要高应力幅存在，这些缺陷最终将扩展，从而仍将受到低应力幅的影响。当高应力幅存在时，所谓的"疲劳门槛"概念并不完全适用，所有的应力循环均应纳入考虑，因此，在采用 Eurocode 规范的疲劳强度曲线时，将低于 $\Delta\sigma_L$ 的应力幅也纳入疲劳损伤的计算过程中。

根据以上分析,应力循环 S 所引起的疲劳损伤为

$$\frac{n}{N} = \frac{nS^3}{K_C} \quad (S \geqslant \Delta\sigma_D) \tag{5.2.5a}$$

$$\frac{n}{N} = \frac{nS^5}{K_D} \quad (S \leqslant \Delta\sigma_D) \tag{5.2.5b}$$

式中,n 为 S 的作用次数,N 为与 S 对应的疲劳寿命。在此基础上,依据 Palmgren–Miner 线性损伤累积理论可得变幅荷载作用下细节的疲劳损伤计算公式为

$$D = \sum_{S_i \geqslant \Delta\sigma_D} \frac{n_i S_i^3}{K_C} + \sum_{S_j \leqslant \Delta\sigma_D} \frac{n_j S_j^5}{K_D} \tag{5.2.6}$$

式中,n_i 和 n_j 分别为大于 $\Delta\sigma_D$ 和小于等于 $\Delta\sigma_D$ 的作用次数。根据疲劳损伤的等价原则,可以将变幅应力循环等效为一常幅应力循环,即等效应力幅 S_{eq}(Equivalent stress range)。对于钢桥来说,疲劳应力谱中小于 $\Delta\sigma_D$ 的应力循环占绝大多数,因此等效应力幅 S_{eq} 的值一般应小于常幅疲劳极限 $\Delta\sigma_D$,则 S_{eq} 可以表示为

$$D = \frac{N_d \cdot S_{eq}^5}{K_D} = \sum_{S_i \geqslant \Delta\sigma_D} \frac{n_i S_i^3}{K_C} + \sum_{S_j \leqslant \Delta\sigma_D} \frac{n_j S_j^5}{K_D} \tag{5.2.7}$$

可得等效应力幅 S_{eq} 的表达式为

$$S_{eq} = \left[\frac{\sum_{S_i \geqslant \Delta\sigma_D} \frac{n_i S_i^3}{K_C} + \sum_{S_j \leqslant \Delta\sigma_D} \frac{n_j S_j^5}{K_D}}{N_d / K_D} \right]^{1/5} \tag{5.2.8}$$

$$N_d = \sum_{S_i \geqslant \Delta\sigma_D} n_i + \sum_{S_j \leqslant \Delta\sigma_D} n_j \tag{5.2.9}$$

式 5.2.8 给出了符合钢桥面板疲劳应力谱特征的等效应力幅计算方法,式 5.2.9 给出了等效应力幅所对应的总循环次数 N_d。

5.2.4 动应变长期监测结果分析

5.2.4.1 单次列车通过时的动应变监测结果分析

首先考察单次高速列车通过时钢桥面板顶板-纵肋焊接细节的疲劳效应。图5.2.6分别给出了动车组8节列车编组和16节列车编组通过时DYB-11-24传感器所记录的横桥向应变历程曲线。从图中可以看出，应变监测数据包含了两方面的内容：①高速列车在桥面通过时所产生的应变幅。图5.2.6（a）和图5.2.6（b）中这部分的应变幅变化范围均在$2\mu\varepsilon \sim 8\mu\varepsilon$，并且从图中应变峰值个数可以推断通过车辆分别

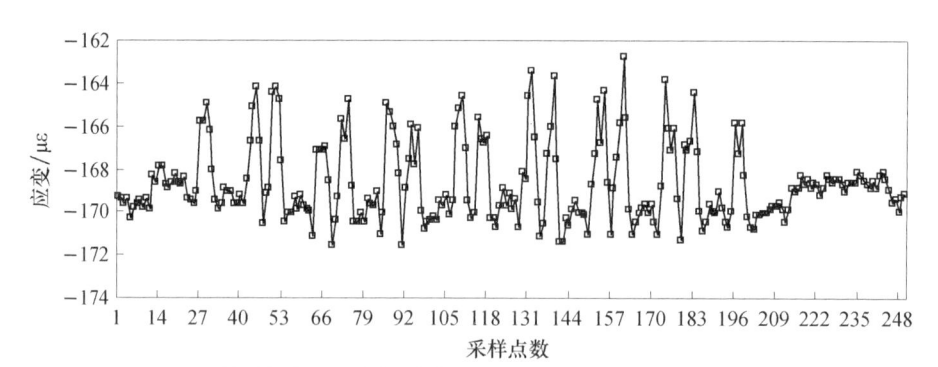

(a) 8节列车编组通过时的应变历程曲线（2013年2月1日10时53分至55分）

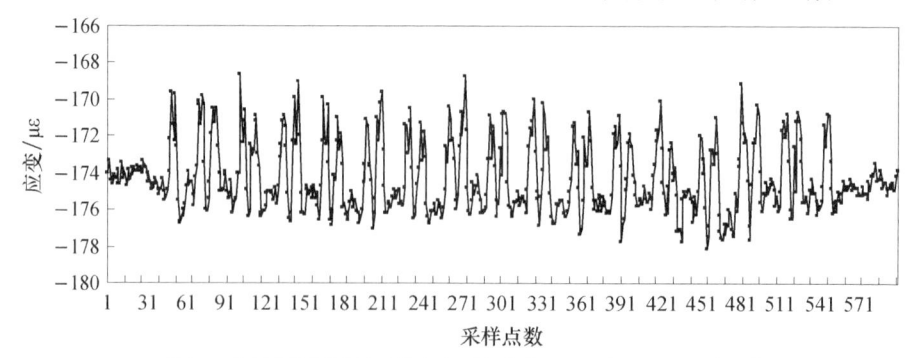

(b) 16节列车编组通过时的应变历程曲线（2013年2月1日7时41分至7时43分）

图5.2.6　高速列车通过时应变传感器DYB-11-24的应变历程曲线

为 16 轴 8 节列车和 32 轴 16 节列车；②各种随机干扰所产生的应变幅，特别是在列车通过前后存在应变幅值较小、但数量众多的随机应变幅，如图 5.2.6（a）和图 5.2.6（b）所示。

对于图 5.2.6 中的应变时程曲线，首先按照弹性状态计算转化为应力时程曲线，然后进行雨流计数，得到如图 5.2.7 所示的应力幅谱，图中应力幅的取值范围为 0~1.0MPa。从图中可以看出，幅值极小的应力循环（小于 0.3MPa）的数量极为众多，主要包含了大量随机干扰的影响。由于焊接细节疲劳损伤主要来自于数量相对较少的中高幅值的应力循环，因此，可以直接剔除应力范围小于 0.3MPa 的应力循环，以减少随机干扰的影响。在此基础上依据 Palmgren-Miner 线性损伤累积理论和 Eurocode3 规范可以进一步计算出单次列车通过时产生的等效应力幅及相应的应力循环次数。根据图 5.2.7（a）和图 5.2.7（b）所示的应力幅谱，8 节列车编组和 16 节列车编组通过时的等效应力幅分别为 0.75MPa 和 0.71MPa，相应的应力循环次数为 22 和 45。可以看出，8 节列车编组和 16 节列车编组产生的等效应力幅基本相同，应力循环次数则大致为 2 倍的关系。由于 8 节编组列车和 16 节编组列车的轴重及轴距分布基本相同，16 节编组列车的轴数

(a) 8 节列车编组

(b) 16 节列车编组

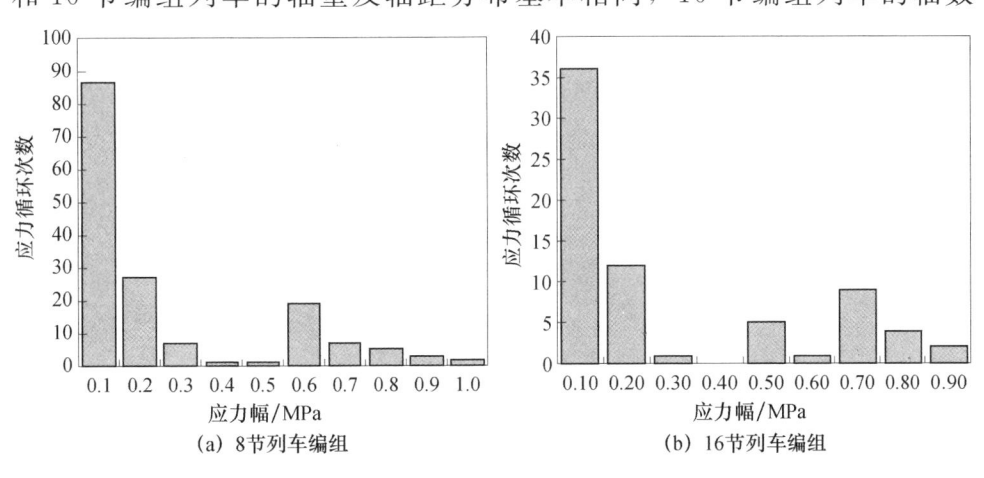

图 5.2.7 高速列车通过时应变传感器 DYB-11-24 的应力幅谱

为 8 节编组列车的 2 倍，因此等效应力幅与列车的编组形式无关，而应力循环次数则随着列车编组数的增加而线性增加。

5.2.4.2 动应变短期监测结果分析

上一节通过处理单次列车经过时的动应变时程数据，得到了 8 节和 16 节编组列车单次通过时的应力幅谱，获取了两类编组列车的等效应力幅和应力循环次数，结果表明等效应力幅与列车编组数的关联性较小，而应力循环次数与列车编组间线性相关。在此基础上本节考察高速列车作用下钢桥面板疲劳效应的日监测结果。根据每次列车通过时的动应变数据计算等效应力幅和应力循环次数。图 5.2.8 和图 5.2.9 分别给出了 2013 年 2 月 1 日、3 月 1 日、4 月 1 日、5 月 1 日、6 月 1 日和 7 月 1 日监测得到的等效应力幅和应力循环次数的日实测曲线。表 5.2.3 给出了上述 6 天等效应力幅和应力循环次数的日平均值。从中可以看出，大胜关长江大桥钢桥面板等效应力幅和应力循环次数与季节温度变化的相关性不明显，除了 2 月 1 日因春运车流量较大使得应力循环次数较大外，其余每天监测得到的疲劳效应基本接近。这与公路钢桥面板的疲劳效应存在较大的差异，公路钢桥面板的疲劳效应监测结果表明，公路钢桥面板的等效应力幅由于沥青铺装层的弹性模量随环境温度变化而产生明显的季节温度变化特征。由于大胜关大桥没有类似铺装层材料，因此，大胜关大桥的等效应力幅与环境温度没有明显的相关性关系。

表 5.2.3　　　　　　　等效应力幅和应力循环次数的日平均值

日　　期	日等效应力幅/MPa	日应力循环次数
2013 年 2 月 1 日	0.75	6142
2013 年 3 月 1 日	0.72	5043
2013 年 4 月 1 日	0.73	5092
2013 年 5 月 1 日	0.70	5042
2013 年 6 月 1 日	0.72	4923
2013 年 7 月 1 日	0.72	5047

5.2.4.3 动应变长期监测结果分析

本节选取了 2013 年 2 月至 7 月 DYB-11-24 传感器采集的动应变数据，计算得到了每天的日等效应力幅和日应力循环次数，图 5.2.10 分别给出了两类疲劳效应参数的长期变化曲线。表 5.2.4 给出了日等效应力幅和日应力循环次数的月平均值。从图 5.2.10 和表 5.2.4 可以看出，高速列车作用下日等效应力幅的分布较为集中，主要变化范围为 [0.67MPa，0.80MPa]；除 2013 年 2 月份上旬外，日应力循环次数的分布相对也较为集中，主要变化范围为 [4800，5500]。这是因为 2013 年 2 月上旬为春运期间，列车通行量较平时相对较大，因此，日应力循环次数相对较多。根据上述分析，通过动应变传感器的长期监测可以较好地反映高速列车通过时钢桥面板的疲劳效应。

表 5.2.4　DYB-11-24 的日等效应力幅和日应力循环次数的月平均值

传感器编号		2月	3月	4月	5月	6月	7月
DYB-11-24	日等效应力幅/MPa	0.74	0.72	0.72	0.71	0.72	0.72
	日应力循环次数	164038	154116	154963	154628	153169	155476

下面对日等效应力幅和日应力循环次数进行概率统计分析。分别采用正态分布、对数正态分布和 t 分布来拟合日等效应力幅和日应力循环次数的概率密度函数。图 5.2.11 分别给出了 DYB-11-24 的日等效应力幅和日应力循环次数的分布直方图和拟合结果。从图中可以看出，对于日等效应力幅，正态分布、对数正态分布和 t 分布均具有较好的拟合效果；对于日应力循环次数，对数正态分布则具有更好的拟合效果。表 5.2.5 给出了日等效应力幅和日应力循环次数的概率模型参数（表中日等效应力幅的单位为 MPa）。其中，日等效应力幅采用正态分布模型，日应力循环次数采用对数正态分布模型。

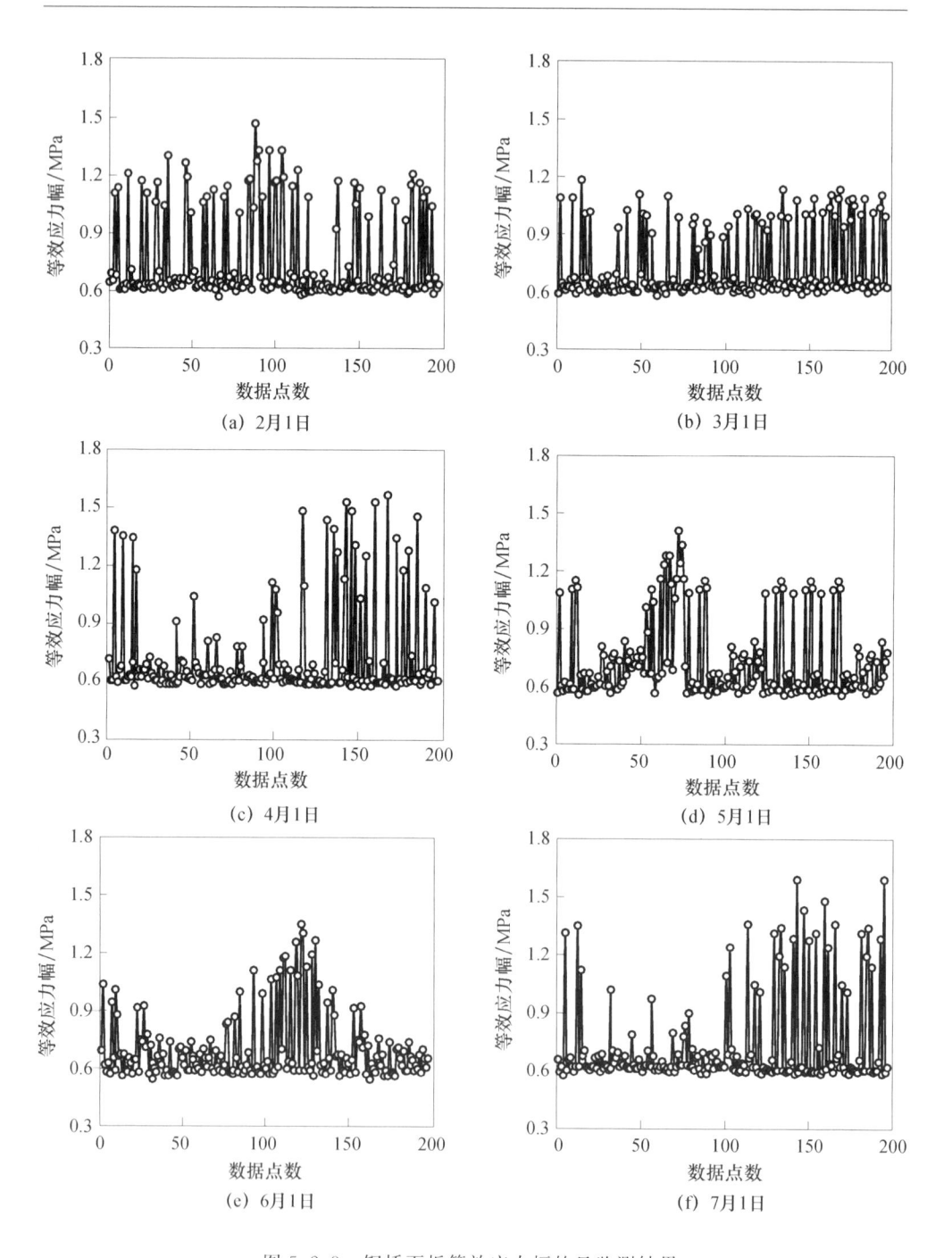

图 5.2.8 钢桥面板等效应力幅的日监测结果

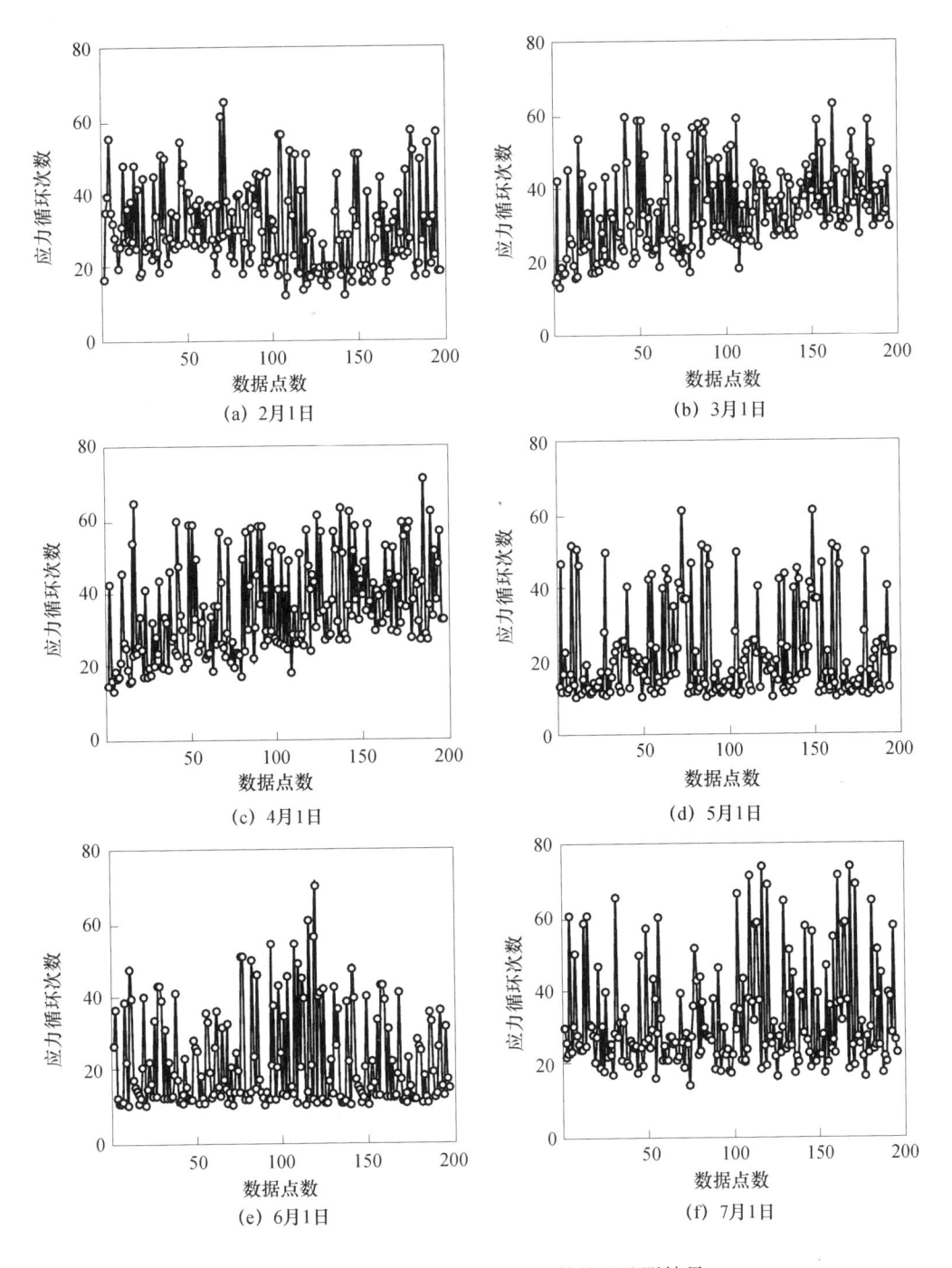

图 5.2.9 钢桥面板应力循环次数的日监测结果

(a) 日等效应力幅

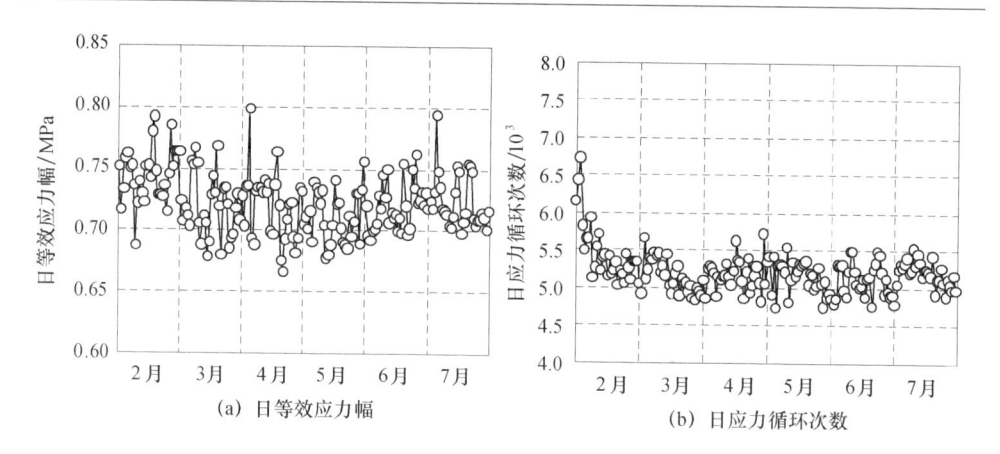

(b) 日应力循环次数

图 5.2.10 应变传感器 DYB-11-24 疲劳效应的长期监测结果（2013 年 2 月至 7 月）

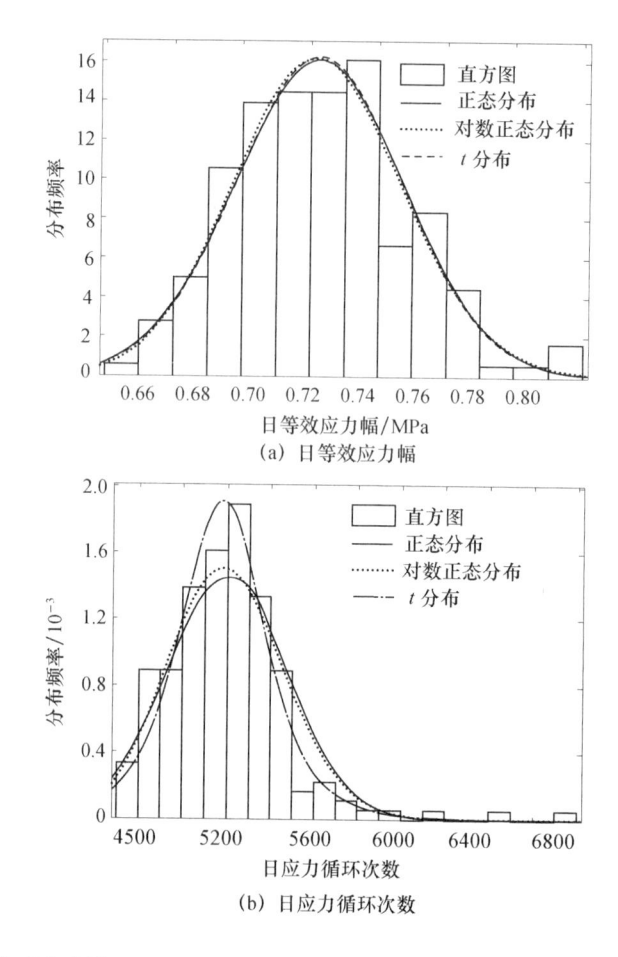

(a) 日等效应力幅

(b) 日应力循环次数

图 5.2.11 应变传感器 DYB-11-24 疲劳效应的概率统计模型（2013 年 2 月至 7 月）

表 5.2.5　两类疲劳效应参数的概率模型

荷载效应参数	分布类型	均值	标准差	变异系数
日等效应力幅	正态分布	0.72	0.025	0.03
日应力循环次数	对数正态分布	5053	303	0.06

5.2.4.4 疲劳效应监测值与车速的相关性分析

上节的分析结果表明，大胜关大桥钢桥面板疲劳效应与环境温度的季节变化没有相关性。本节讨论高速列车通过时动应变时程的等效应力幅和应力循环次数与列车车速的相关性。图 5.2.12 和图 5.2.13 分别给出了每次列车通过时的等效应力幅和应力循环次数与列车车速的相关性散点图。从图中可以看出，无论是冬季或是夏季，等效应力幅和应力循环次数与列车车速的相关性较差。因此，可以忽略列车车速对大胜关大桥钢桥面板疲劳效应的影响。

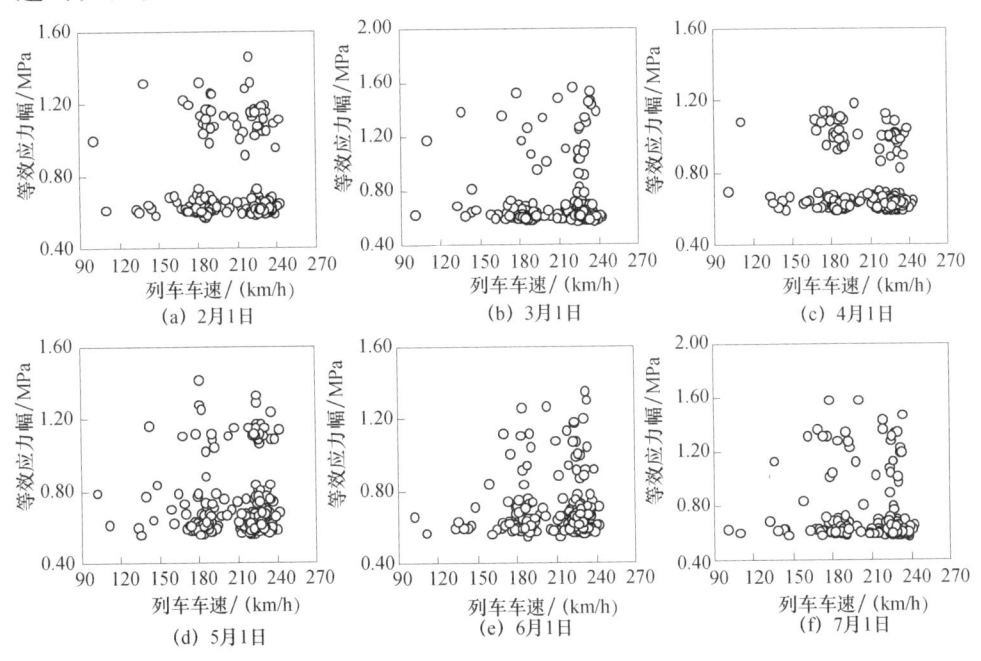

图 5.2.12　钢桥面板等效应力幅与列车车速的相关性

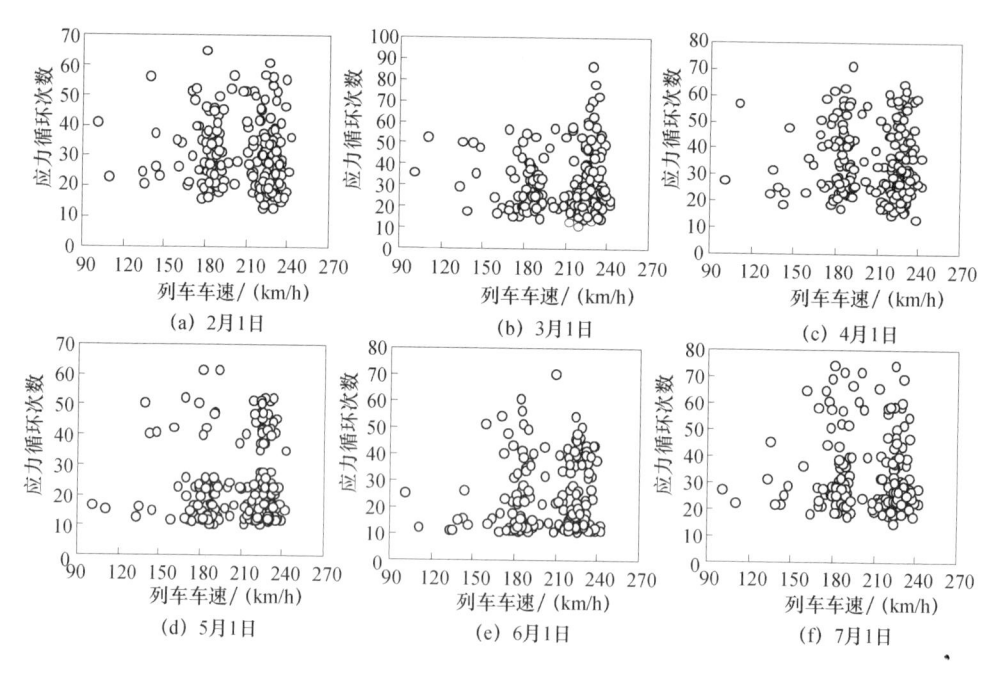

图 5.2.13　钢桥面板应力循环次数与列车车速的相关性

5.3　基于动应变监测的钢桥面板疲劳性能评估

5.3.1　钢桥面板的受力性能分析

大胜关大桥的主梁采用整体钢桥面的板桁组合结构。钢桥面板由顶板、纵肋、横肋三部分组成，具体形式如图 5.3.1 所示。钢桥中采用的钢桥面板一般纵肋布置较密，横肋分布较疏，桥面板纵横方向的刚度不同，即钢桥面板纵横方向的受力特性为各向异性；同时，钢桥面（由顶板和纵肋组成）除了有桥面板和桥面系的作用之外，还作为主梁的一部分发挥作用，尤其是顶板既形成纵肋、横肋的翼缘部分，同时又作为主梁的上翼缘部分共同受力，其结构行为非常复杂。

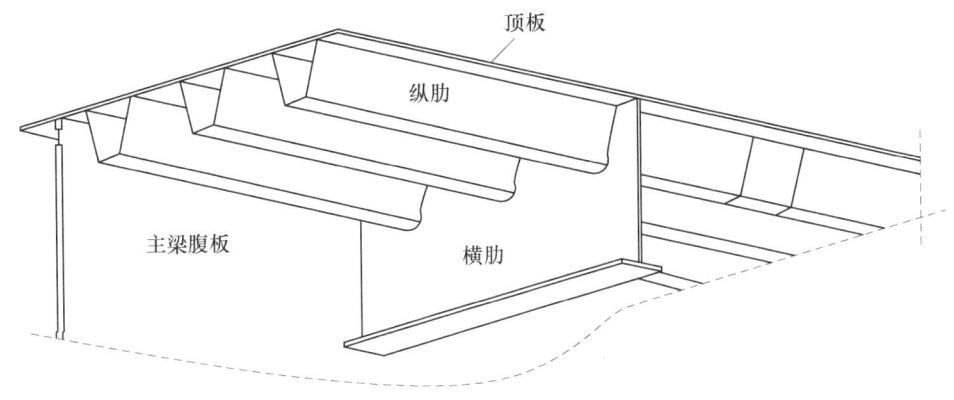

图 5.3.1　正交异性钢桥面板典型构造

正交异性钢桥面板作为承受车辆荷载的局部受力构件时，顶板可视为四周边弹性支承在纵横肋上，纵肋是连续弹性支承在横肋上，横肋则是弹性支承在主梁上。针对钢桥面板这种受力特点，传统的分析方法将其划分为三个结构体系加以研究。

（1）第一体系（主梁体系）：由顶板和纵肋组成主梁的上翼缘，是主梁的一部分。第一体系通常采用杆系方法计算。

（2）第二体系（桥面体系）：由纵肋、横肋和顶板组成桥面系结构，其中顶板被视为纵肋和横肋的共同上翼缘。该体系支承在主梁上，仅承受桥面车轮荷载。研究表明，该结构体系的实际承载能力远大于按小挠度弹性理论所求得的承载力，这是由于它具备相当大的塑性储备能力。第二体系通常按正交异性板进行分析，目前的分析方法可以分为经典的解析法和数值法两种。解析法是一种比较成熟的方法，其中以 Pelikan-Esslinger 法比较常用，该方法被美国钢结构协会所采用。随着计算机技术的发展，正交异性板的求解开发了许多数值解法。发展比较成熟的有有限差分法、有限条带法和有限元法，其中以有限元法发展较快。

(3) 第三体系（盖板体系）：仅指顶板，它被视为支承在纵肋和横肋上的各向同性连续板，直接承受车轮局部荷载，并把荷载传递给纵横肋。第三体系通常采用弹性薄板理论进行分析。对于第三结构体系，当轮轴荷载较大时，顶板的弯曲应力进入薄膜应力状态。

工程设计中将正交异性钢桥面板分为三个基本体系分别计算并进行叠加。为了简化计算，通常对三个计算体系均按最不利加载，并进行叠加。由于三个计算体系往往不是同一加载工况，计算结果偏大，同时难以考虑顶板膜效应的影响，因此，在一些国家（例如美国和日本）的公路设计规范中，采用提高材料容许应力的方法近似考虑加载的影响。我国钢箱梁正交异性桥面板的分析计算中由于顶板的膜效应难以考虑，一般仅对第一、二体系进行叠加，第三体系效应一般不进行叠加，仅作设计参考。

5.3.2 钢桥面板存在的疲劳问题

正交异性钢桥面板在公路钢桥中得到了广泛应用。随着公路钢桥服役时间的增长，车辆荷载的持续作用造成许多公路钢桥的钢桥面板均出现不同程度的疲劳开裂问题[10]。英国的布里斯托尔港公路桥建成于1966年，位于英国塞文河，其中包括988m跨的悬索桥Severn桥、贝奇丽半岛高架桥和235m跨的斜拉桥Wye桥，这三座桥都采用了正交异性钢桥面板构造。正交异性钢桥面板的板厚为11.5mm，下设U形闭口加劲肋，加劲肋板厚6mm，纵向每4.6m设置一道横隔板，横隔板腹板厚8mm，U形加劲肋在横隔板处断开并采用单面角焊缝连接在横隔板上。通车5年之后Severn桥的钢桥面板中出现了三种不同类型的疲劳裂纹，分别位于纵肋与桥面板的连接焊缝（裂纹Ⅰ）、横隔板与纵肋的连接焊缝（裂纹Ⅱ）以及横隔板与纵肋的连接焊缝（裂纹

Ⅲ）。图 5.3.2 分别给出了三种典型疲劳裂纹的具体形态。

建于 1990 年的丹麦 Second Van Brienenoord 桥，在通车 7 年后发现钢桥面板出现了数量众多的疲劳裂纹，导致该桥难以维修而重建[11]。图 5.3.3 给出了该桥钢桥面板出现的两类疲劳裂纹的具体形态，分别位于桥面板与加劲肋连接焊缝以及桥面板与加劲肋连接位置的加劲肋内侧处。建于 1990 年的荷兰 Van Brienenoord 开启桥和 Caland 桥，通车仅 7 年即在桥面板发现疲劳裂纹，裂纹主要集中在重车道，具体位于横隔板、纵肋和顶板的交叉节点处。建于 1974 年的巴西 Rio-Niteroi 桥在通车 15 年后发现桥面板疲劳裂纹滋生严重，裂纹

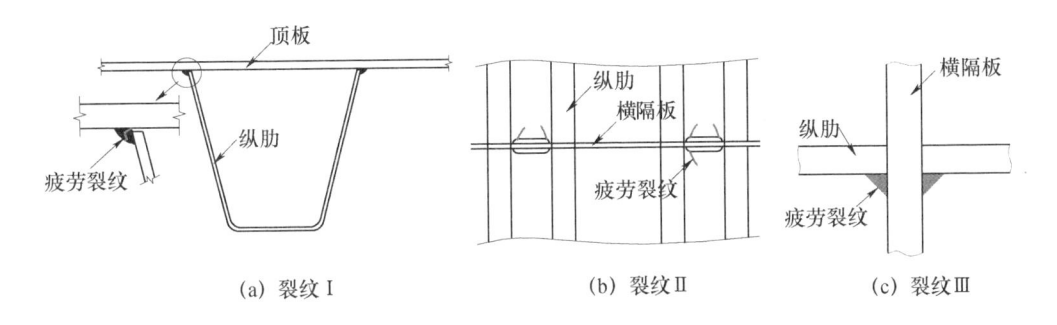

图 5.3.2　英国塞文河的布里斯托尔港公路桥桥面板疲劳裂纹形态

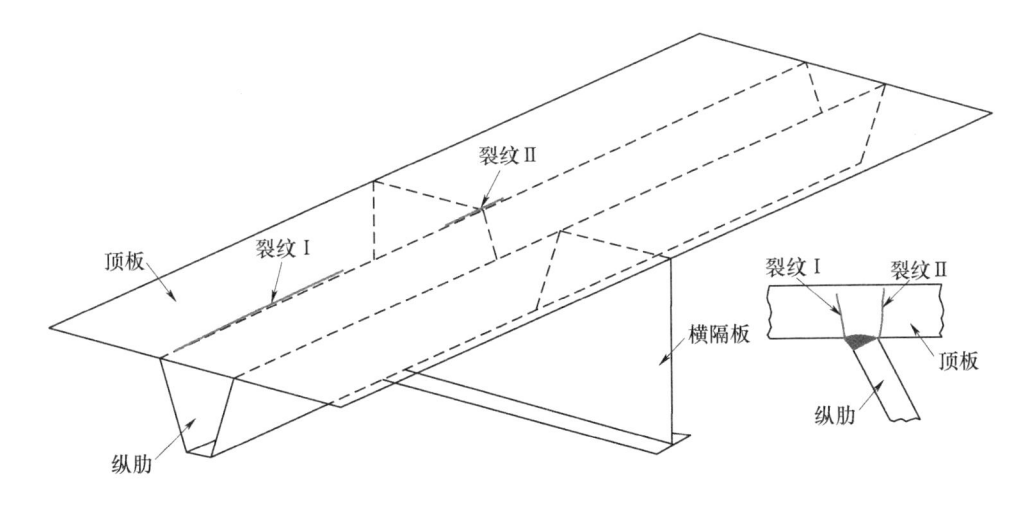

图 5.3.3　丹麦 Second Van Brienenoord 桥的桥面板疲劳裂纹形态

主要位置分布在顶板-纵肋焊缝位置。

在钢桥建设力度较大的国家日本，正交异性钢桥面板的疲劳破坏现象也屡见不鲜[12,13]。其中较有代表性的是建成于 1978 年的 Kinuura 桥，该桥是连接 Takahama 和 Handa 两座城市的一座连续梁桥。该桥纵肋的连接形式是目前大多数中国公路桥梁中所采用的，即板厚为 8mm 的 U 形加劲肋采用金属垫板加单面坡口焊缝，如图 5.3.4 所示。2003 年 6 月，检测人员在纵向加劲肋的连接中发现许多疲劳裂缝。根据研究得出这种疲劳裂纹产生的原因是由于坡口焊缝的未完全熔透以及桥上行驶的高交通量。此外，日本的 Maihama 桥也因每日高达 8 万辆的交通量使得该桥的正交异性钢桥面板出现了疲劳裂纹，具体位置分别为纵肋与桥梁板焊缝、纵肋对接焊缝、横隔板过焊孔边缘处等 3 处，如图 5.3.5 所示。

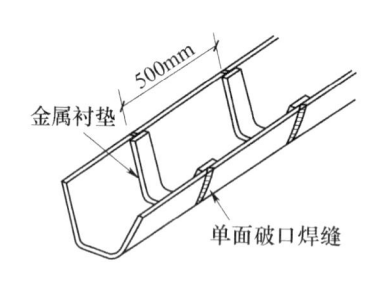

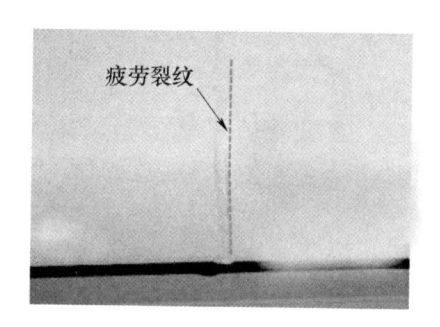

图 5.3.4 Kinuura 桥顶板-纵肋的疲劳裂纹形态

作为我国第一座采用钢桥面板的大跨悬索桥，建于 1998 年的虎门大桥开启了我国大跨公路桥梁建设的一个全新时期。然而，由于交通荷载水平增加、设计经验不足等原因，在建成通车 5 年后，虎门大桥钢桥面板出现了较为显著的疲劳裂纹，导致铺装层破坏严重，先后开展了数次铺装层加固和更换[14—17]。其疲劳裂纹形态表现为：①U 肋与面板焊接连接部位裂纹，其中部分裂纹已贯穿面板和焊缝，致使桥面

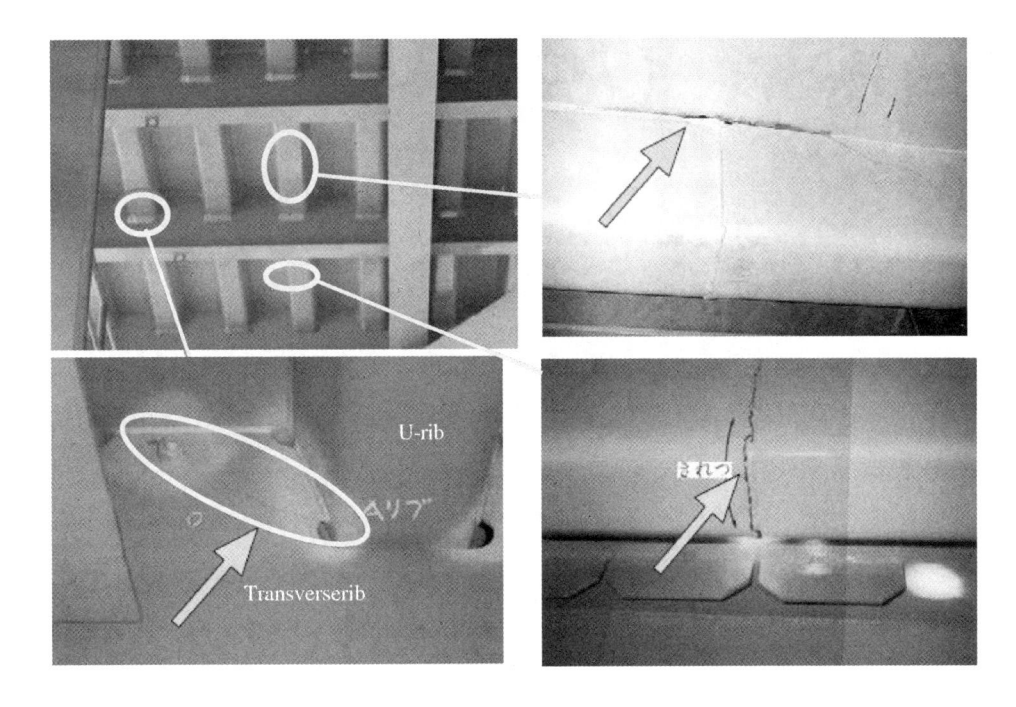

图 5.3.5 Maihama 桥疲劳破坏裂纹形态

铺装出现纵向开裂的现象，钢箱梁桥面板裂纹自 2003 年 10 月至 2009 年 1 月，东行主、重车道共处理裂纹 1211 处，其中有 201 处裂纹裂穿面板；②横隔板过焊孔处和横隔板-纵肋-顶板交错节点处，其中横隔板过焊孔处疲劳裂纹表现出裂纹长度大、发展速度较快等特点，如图 5.3.6 所示。

综上所述，正交异性钢桥面板较为典型的疲劳病害，可以归纳为如图 5.3.7 所示的 5 种类型[18]：①顶板与纵肋焊缝处的顶板纵向裂缝 H；②纵肋与顶板焊缝的纵向裂缝 D；③纵肋下缘对接焊缝的裂缝 F；④纵肋上端过焊孔处纵肋的裂缝 A、E；⑤纵肋下端过焊孔处横隔板裂缝 B、C；⑥腹板竖向加劲肋与顶板焊接处的顶板裂缝 G。其中，顶板与纵肋焊缝处的顶板纵向裂缝 H 和 D 最为常见，特别是对于公路钢桥铺装层及车辆运营的影响最大。

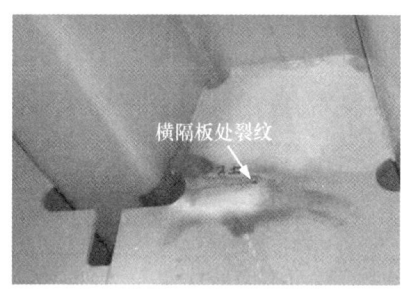

图 5.3.6 虎门大桥钢桥面板疲劳裂纹形态

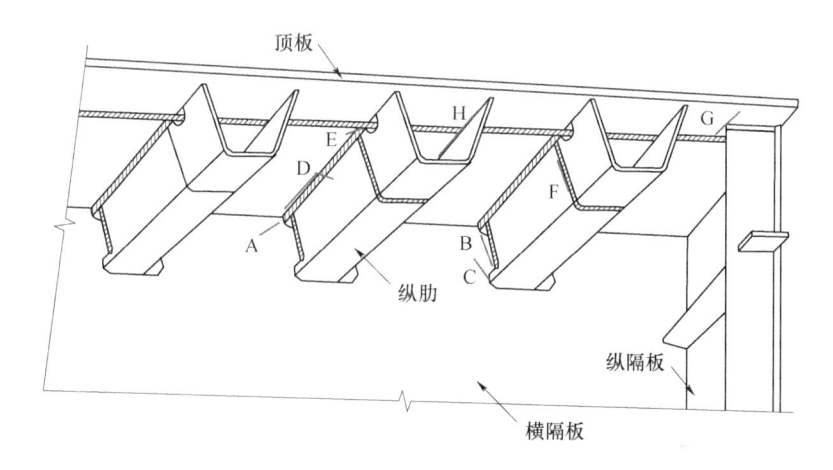

图 5.3.7 钢桥面板典型疲劳裂纹位置及形态汇总

5.3.3 大胜关大桥钢桥面板疲劳性能评估

5.3.3.1 钢桥面板应力集中效应的试验研究

（1）构件设计及制作。

首先开展了顶板-纵肋细节的钢桥面板局部节段模型的静载试验，研究了该焊缝焊趾附近的应力分布规律，获取了焊趾Ⅰ和焊趾Ⅱ位置（分别对应于顶板和纵肋腹板处）的应力集中系数 SCF（Stress Concentration Factor）。

本试验设计了12个正交异性钢桥面板局部足尺构件，构件材料均采用Q345B牌号低合金结构钢，钢材的物理和力学性能如表5.3.1所示。12个构件的几何参数和板材厚度如图5.3.8和表5.3.2所示。从图5.3.8和表5.3.2中可以看出，除顶板厚度外，各编组试验构件的

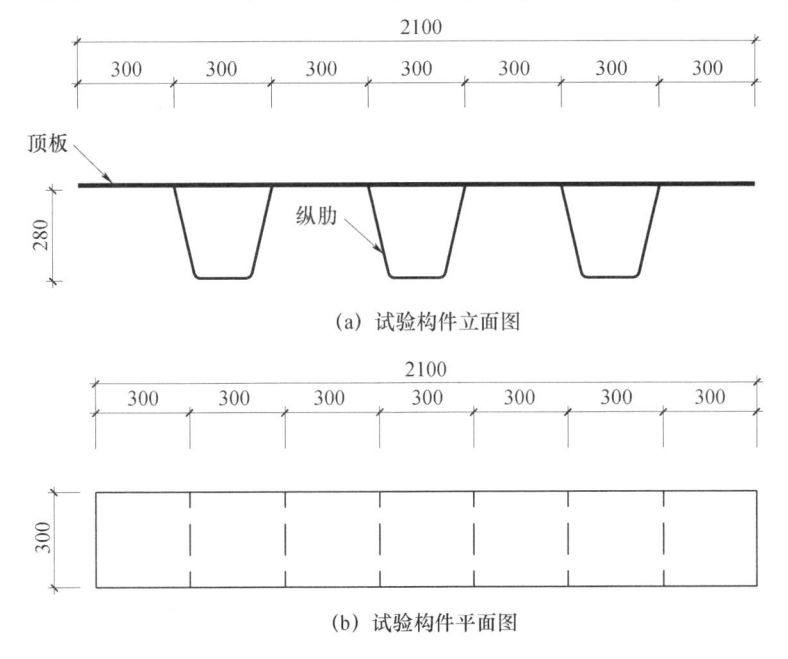

(a) 试验构件立面图

(b) 试验构件平面图

图5.3.8 试验构件设计几何尺寸（单位：mm）

几何尺寸相同。图 5.3.9 给出了顶板-纵肋焊接细节的焊缝设计尺寸及焊接要求。从图中可以看出，设计对顶板与纵肋间的空隙和焊缝熔透深度分别为 6mm 和 2mm，符合钢桥面板相关施工规程和标准要求。

表 5.3.1　　　　　　试验构件钢材物理和力学性能参数表

产品编号	拉　伸　试　验			冲　击　试　验		
	屈服强度/MPa	极限强度/MPa	拉伸率/%	温度/℃	V形冲击功/J	
12020174	369	524	27	20	132　140	148
12030607	366	521	28.5	20	120　114	105
1261495	357	509	29	20	115　126	132
平均值	364	518	28.2	/	122　127	128

表 5.3.2　　　　　　　试验构件几何尺寸设计参数表　　　　　（单位：mm）

编组号	构件编号	顶　板			U　肋			
		长度	宽度	厚度	开口宽度	翼缘宽度	高度	厚度	间距
1	OSD1－OSD4	2100	300	14	300	160	280	8	600
2	OSD5－OSD8			16					
3	OSD9－OSD12			18					

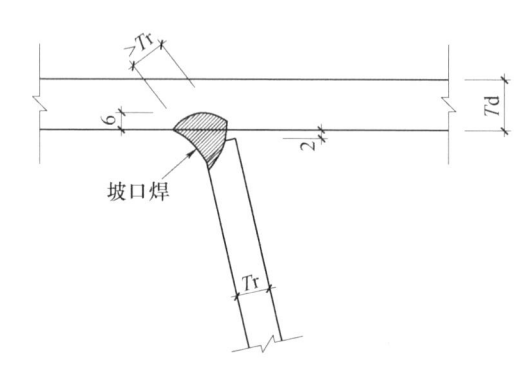

图 5.3.9　顶板-纵肋焊接细节缝设计尺寸及焊接要求（单位：mm）

构件加工步骤依次为：钢板下料；U 肋折弯；构件组装和焊接。其中，钢板下料采用乙炔-氧气切割，U 肋采用折边机折弯，具体如图

5.3.10 所示。焊接前，将 U 形肋开口腹板边缘开如图 5.3.2 和图 5.3.4 所示的坡口，以利于接口充分焊透。限于试验构件尺寸，通过如图 5.3.11 所示的方法控制焊接产生的热变形。具体为：①单个构件装配：如图 5.3.11（a）将每个构件的三个 U 肋点焊固定至顶板上；②完成单个构件装配后，将同一编组的 4 个构件如图 5.3.11（b）所示点焊固定成一个方筒型结构，增加构件刚度以控制焊接时产生的热塑性变形。

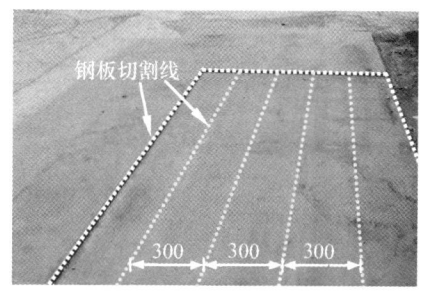

(a) 钢板下料

(b) U 肋折弯

图 5.3.10 钢板下料和 U 肋折弯加工

焊接采用 CO_2 气体保护焊。CO_2 气体纯度为 99.99%。焊丝采用 E501T-1 型号 $\phi1.2mm$ 药芯焊丝，焊接电流为 (320±10)A，电弧电压为 (29±1)V。构件焊接施工工序为自一端至另一端（U 肋 A-C），单条焊缝采用单向连续施焊，如图 5.3.12 所示。焊缝采用二次成形焊接工艺，首先通过初焊将 U 肋-顶板三角缝隙区内焊实，然后采用焊

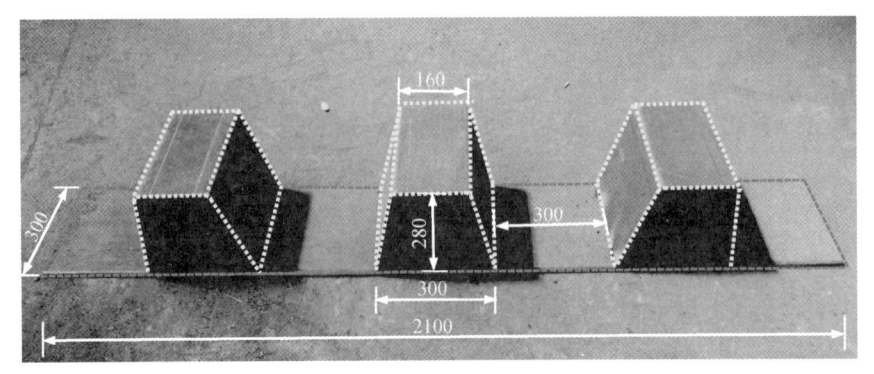

(a) U肋与顶板点焊固定

(b) 各编组构件点焊固定

图 5.3.11 焊接过程构件的热变形控制措施

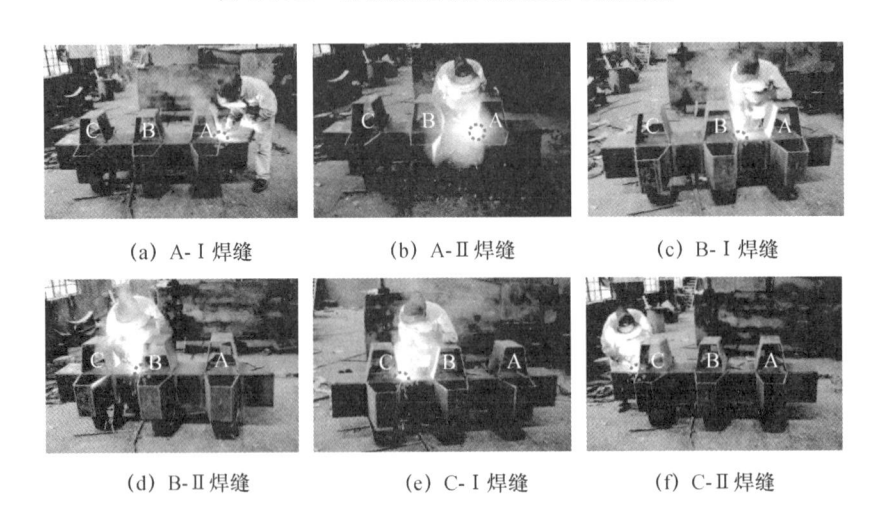

(a) A-Ⅰ焊缝 (b) A-Ⅱ焊缝 (c) B-Ⅰ焊缝

(d) B-Ⅱ焊缝 (e) C-Ⅰ焊缝 (f) C-Ⅱ焊缝

图 5.3.12 构件焊接施工工序

钩和毛刷清除焊渣和焊皮，最后通过二次复焊完成焊缝成形，如图 5.3.13 所示。

(a) 初焊填充三角区　　(b) 复焊成形

图 5.3.13　单根焊缝施工工序

（2）应变片布置方案。

为获取静力加载时的构件应变分布和热点应变场，在顶板和 U 肋板面沿垂直于焊缝方向布置了应变片。应变片采用单轴应变片，敏感栅尺寸为 10mm×3mm，电阻值为 120Ω，灵敏系数为 2.06。应变片黏贴方法如下：用左手掐住应变片引线，右手在应变片黏贴面上薄薄的涂上一层黏接剂，同时在试件贴片位置上涂上一层黏接剂，然后迅速将应变片准确地放在黏贴位置上，将一小片塑料薄膜盖在应变片上面，用手指顺着应变片依次压多余的胶水，按住应变片 1~2 分钟后把塑料薄膜轻轻揭开。当确定无气泡、翘曲、脱胶等影响测量的现象后，贴上连接片，焊出引线，作好引线编号。应变片黏贴完毕后，采用万用电表测量应变片电阻，当电阻值在 120±2Ω 范围内时，表示应变片黏贴完好。由于本项目试验在室内进行，且持续时间较短，故未采取应变片表面保护处理措施。

应变片布置方案有 2 种，方案 I 仅在构件的对称轴一侧布置，分布在顶板顶、底面，U 肋腹板和翼缘的顶、底面；方案 II 沿构件的全场布置，分布在顶板顶、底面，U 肋腹板靠近焊趾的顶、底面。其中，方案Ⅰ对应的试验构件分别为 OSD1、OSD5 和 OSD9，方案Ⅱ则对应于其余 9 个构件。图 5.3.14 分别给出了方案Ⅰ和方案Ⅱ的应变片布置图，其中 WJ-x 号代表焊缝编号。从图中可以看出，OSD1，OSD5 和 OSD9 构件的应变片的密度较其余构件的大，同时在 U 肋处也布置了应变片以获取 U 肋处焊趾处附近的应变场分布。对于 OSD1，OSD5 和 OSD9 这 3 个构件，DB4 和 DB10 分别对应于 2 号和 3 号焊缝的顶板焊趾附近位置，RB5 和 RB10 则分别对应于 U 肋焊趾附近位置；对于其余 9 个构件，DB2、DB4、DB8 和 DB10 分别对应于 2 号、3 号、4 号和 5 号焊缝的顶板焊趾附近位置，RB1、RB2、RB3 和 RB4 则分别对应于 U 肋焊趾附近位置。

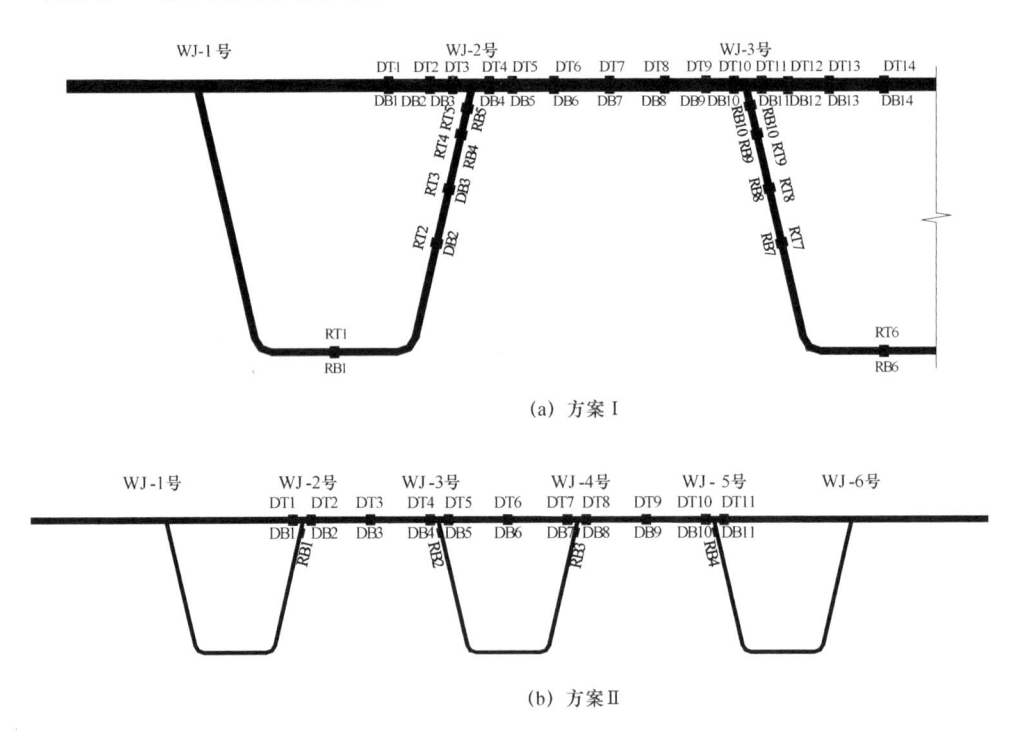

(a) 方案Ⅰ

(b) 方案Ⅱ

图 5.3.14 试验构件应变片布置方案

(3) 静力加载方案。

为得到顶板-纵肋焊接细节附近的疲劳应力场分布，获取焊缝热点区域的应力梯度特征，进而掌握焊趾处的热点应力状态和几何尺寸的相关性规律，首先对正交异性钢桥面板开展了多级静载试验，获取了顶板厚度对构件整体抗弯刚度的影响规律，掌握了顶板和 U 肋腹板处等热点区域的应力场及应力集中系数。

为通过实验直接获取顶板-纵肋焊接细节两个焊趾处的应力集中系数 SCF，通过对构件施加两点等值集中力以控制集中力点之间区域内构件为纯弯曲受力状态。当施加荷载时，应力集中系数 SCF

$$SCF = S_{hot}/S_{nomi} \tag{5.3.1}$$

式中，S_{nomi} 为名义应力（非 U 肋处顶板跨中板底应力），S_{hot} 为热点应力（顶板焊趾处应力）。

静载试验在交通运输部公路科学研究所试验室进行，图 5.3.15 给出了静载试验加载装置。从图中可以看出，静载试验荷载传递路径为：通过反力刚横梁将千斤顶输出荷载施加至加载分配梁上翼缘跨中，通过加载分配梁将集中力等分至两侧 U 肋上部的顶板跨中位置。分别对 12 个构件进行多级静力加载，各构件的静力加载方案如表 5.3.3 所示。从表中可以发现，为防止静载时焊缝产生过大的塑性变形，控制最大荷载级下的各构件的最大名义应力均不大于 300MPa。

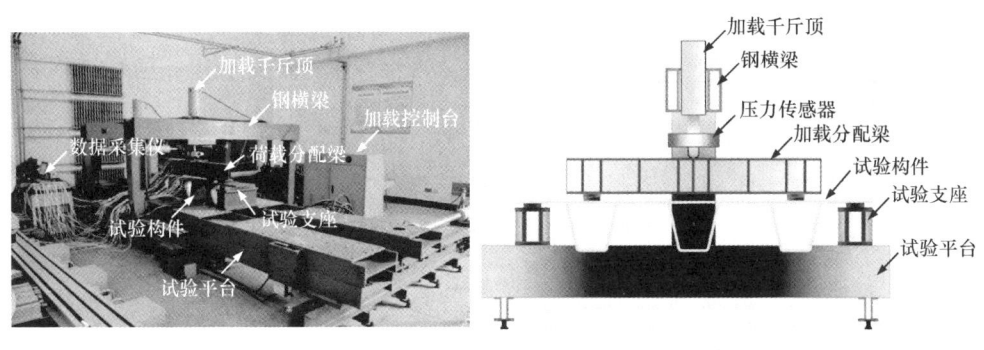

(a) 静载试验装置　　　　　(b) 加载试验简图

图 5.3.15　静载试验装置及试验简图

表 5.3.3　　　　　　　　静载试验各构件加载方案

编组号	构件编号	最小荷载/kN	最大荷载/kN	荷载级/kN	最大名义应力/MPa
1	OSD1－OSD4	1	15	1	199
2	OSD5－OSD8	2	18	2	224
3	OSD9－OSD12	2	30	2	257

（4）静力加载试验结果分析。

获取正交异性钢桥面板的应力分布是研究焊趾位置热点应力场特征的研究基础。由前文可知，顶板-纵肋焊接细节焊缝存在两个焊趾，分别在顶板和纵肋上。因此，有必要分别研究顶板和纵肋处应力分布规律。

试验结果表明，各构件的顶板和纵肋应力分布的总体规律相同，仅在焊缝附近区域的应力集中效应表现有所差异。限于篇幅，本书仅以 OSD5 构件为例分别给出了 WJ-2 号和 WJ-3 号两个焊缝附近顶板和 U 肋腹板的应力分布，以分析顶板和 U 肋腹板应力分布的总体规律，各构件的应力集中效应将在下一节中具体讨论。图 5.3.16 给出了 OSD5 构件在 6kN、12kN 和 18kN 三个荷载水平下，WJ-2 号和 WJ-3 号两个焊缝附近顶板板顶和板底的应力分布。从图中可以看出，①板顶应力为压应力，板底应力为拉应力，且同一荷载水平下，板顶应力的绝对值普遍大于板底；②U 肋部位的顶板应力水平比 U 肋区域外的较低，即 U 肋对顶板表现为一定的加强作用；③焊接细节间的顶板区域应力分布，非热点区域的板底和板顶的应力均基本相等，表现为显著的纯弯曲段应力特征；④对于 U 肋腔外部分的顶板，当其平面位置逐渐靠近焊缝，板顶和板底的应力显著增大，表现为较强的应力集中效应，而对于腔内部分的顶板，其应力变化规律恰恰相反，表现为一定的应力扩散效应；⑤板顶部位的应力集中效应较板底部位更为显著，可见 U 肋对于板顶应力的影响显著高于板底。

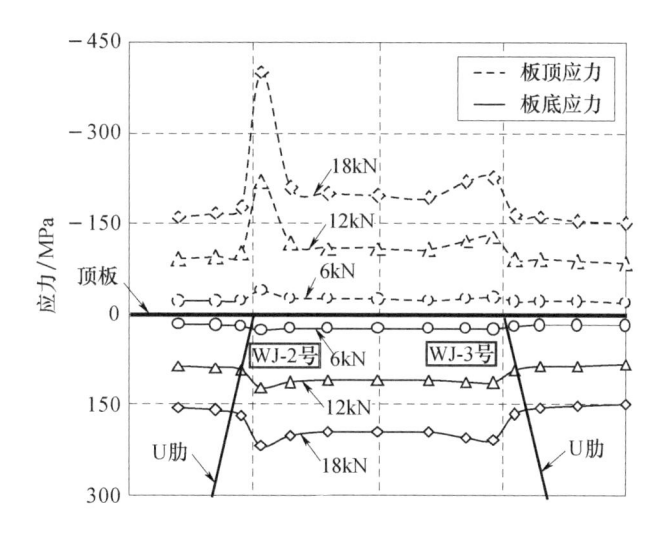

图 5.3.16　OSD5 顶板应力分布

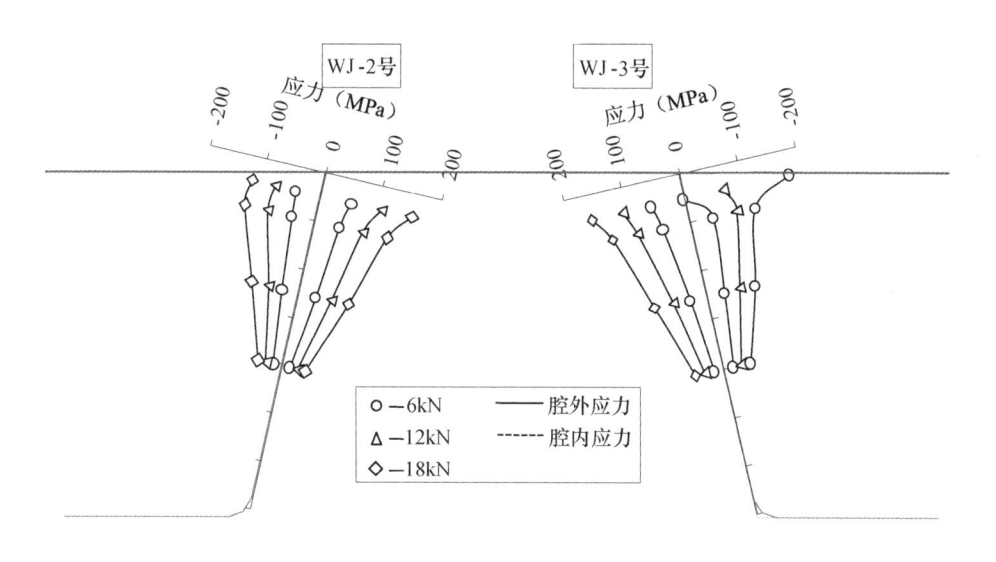

图 5.3.17　OSD5 纵肋腹板应力分布

图 5.3.17 给出了 OSD5 构件在 WJ-2 号和 WJ-3 号焊缝部分的 U 肋腹板的应力分布。从图中可以看出：①腹板腔内应力为压应力，腔外应力为拉应力，同一荷载水平下，非热点区域的腔内、外应力绝对值基本相等；②热点应力区域外，腔内、外应力空间位置逐渐接近

147

焊接细节而线性增加；③热点应力区域内，腔外应力集中效应的规律较为明显：随着位置逐渐接近焊接细节，其应力迅速增加；④热点应力区域内，腔内的应力分布存在一定的特异性。例如：对于WJ-2号细节，随着位置逐渐接近焊接细节，腹板腔内应力水平逐渐降低。对于WJ-3号细节，应力分布规律与荷载水平间存在着一定的相关性：随着荷载水平的提高，其变化规律逐渐由应力分散表现为应力集中。

对比图 5.3.16 和 5.3.17 可以看出，①非隐蔽区域（无U肋的顶板底和U肋腹板腔外）的应力分布规律更为明确，即表现为十分明显的应力集中效应，而隐蔽区域内的应力分布则可能因焊接随机性的影响而规律性较不突出；②对于非隐蔽区域，顶板整体和热点应力水平均比U肋部分高，因此，该处可能将在疲劳试验中首先出现疲劳裂纹。

（5）应力集中系数（SCF）。

由上文所述，对于顶板和U肋腹板非隐蔽区域内应力分布，其在顶板-纵肋细节的焊趾影响区域内表现为较为显著的应力集中效应，而这一效应在名义应力疲劳分析理论和方法中无法体现。图 5.3.18 给出了顶板纵肋细节的构造图，同时给出了两个焊趾附近的应变片位置，焊趾Ⅰ和Ⅱ分别对应于顶板部位的焊趾，应变片Ⅰ和Ⅱ分别对应于贴近于焊趾Ⅰ和Ⅱ位置的应变片。从图中可以看出，应变片Ⅰ和Ⅱ的边缘与焊趾位置基本重合，因此可以忽略应变片和焊趾位置间的应变差异。

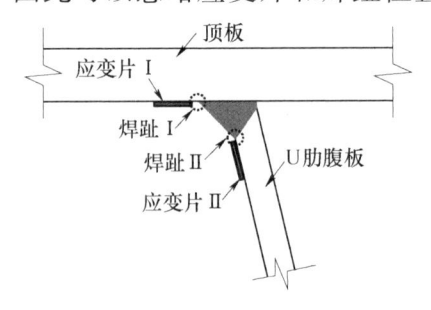

图 5.3.18 顶板-纵肋细节详图

由经典力学理论和上节中的疲劳应力分布试验结果可知，顶板板底名义应力可取非隐蔽区域顶板跨中的板底应力，而 U 肋腹板墙外名义应力应取非热点区域的应力线性外推值。因此，焊趾Ⅰ处的应力集中系数 *SCF*(Stress Concentration Factor) 可采用式（5.3.1）计算。名义应力 S_{nomi} 为非 U 肋处顶板跨中板底应力，热点应力 S_{hot} 为焊趾Ⅰ处应变片的应力试验值。由上述方法，分别计算得到了各细节的 *SCF*，具体参见表 5.3.4。从表中可以看出，各构件不同细节间的 *SCF* 值差异性较大，即 *SCF* 存在着显著的离散性特点。这是由于各构件的板件尺寸均相同，而焊缝尺寸因加工的原因而可能存在变化。

表 5.3.4　各构件焊趾Ⅰ处应力集中系数（*SCF*）试验值结果汇总

编组号	构件编号	焊缝编号	应力集中系数	编组号	构件编号	焊缝编号	应力集中系数
1	OSD1	WJ-2 号	0.92	2	OSD7	WJ-3 号	1.11
		WJ-3 号	1.03			WJ-4 号	1.55
	OSD2	WJ-2 号	1.04		OSD8	WJ-5 号	1.56
		WJ-3 号	1.26			WJ-2 号	1.29
		WJ-4 号	0.49			WJ-3 号	1.13
		WJ-5 号	1.20			WJ-4 号	1.00
	OSD3	WJ-2 号	1.11			WJ-5 号	1.00
		WJ-3 号	1.17	3	OSD9	WJ-2 号	1.22
		WJ-4 号	1.11			WJ-3 号	1.21
		WJ-5 号	1.24		OSD10	WJ-2 号	1.15
	OSD4	WJ-2 号	0.85			WJ-3 号	1.31
		WJ-3 号	1.05			WJ-4 号	1.22
		WJ-4 号	1.21			WJ-5 号	1.20
		WJ-5 号	1.13		OSD11	WJ-2 号	1.17
2	OSD5	WJ-2 号	1.12			WJ-3 号	1.18
		WJ-3 号	1.46		OSD12	WJ-2 号	0.97
		WJ-4 号	1.06			WJ-3 号	1.10
		WJ-5 号	1.32			WJ-4 号	1.13
	OSD7	WJ-2 号	1.25			WJ-5 号	1.28

5.3.3.2 考虑应力集中效应的疲劳性能评估

依据 Miner 线性疲劳损伤累积准则，结合大量的疲劳试验研究，Eurocode 规范[19]给出了推荐的 $S-N$ 曲线模型，疲劳损伤 D 可表示为

$$D = \sum_{S_i \geqslant \Delta\sigma_D} \frac{n_i S_i^3}{K_C} + \sum_{S_j \leqslant \Delta\sigma_D} \frac{n_j S_j^5}{K_D} \tag{5.3.2}$$

式中，S_i 为应力幅，n_i 为对应的应力循环次数，$\Delta\sigma_C$ 为细节类型，$\Delta\sigma_D$ 为常幅疲劳极限，K_C 和 K_D 为与焊接细节类型有关的参数。

由图 5.2.5 可知，当 $\Delta\sigma_R \leqslant \Delta\sigma_D$ 时，常数 m 由 3 变为 5。当 $\Delta\sigma_R \leqslant \Delta\sigma_L$ 时，认为焊接细节的疲劳寿命是无限的，即认为小于 $\Delta\sigma_L$ 的应力循环不会造成焊接细节的疲劳损伤。因此，$\Delta\sigma_L$ 也被称为截止疲劳极限。对于顶板-纵肋焊接细节，$\Delta\sigma_C$、$\Delta\sigma_D$ 和 $\Delta\sigma_L$ 分别为 71MPa、52MPa 和 29MPa，K_C 和 K_D 分别为 7.16×10^{11} 和 1.90×10^{15}。

从前述分析结果可知，大胜关大桥顶板-纵肋焊接细节的应力幅的分布范围为 0~1.0MPa，日等效应力幅的分布范围为 0.67~0.80MPa。考虑应力集中效应的影响，根据上节应力集中效应的试验结果，偏于保守地取应力集中系数为 1.35，则顶板-纵肋焊接细节的日等效应力幅分布范围为 0.90~1.08MPa。注意到该类型焊接细节的 $\Delta\sigma_L = 29$MPa，如果不考虑疲劳抗力的衰减和列车荷载的增长等不利因素，顶板-纵肋焊接细节的应力幅将远小于 $\Delta\sigma_L$，即可以认为焊接细节的疲劳寿命是无限的。

5.3.3.3 考虑环境腐蚀影响的疲劳性能评估

（1）考虑环境腐蚀影响的疲劳性能评估方法。

由于腐蚀性潮湿环境的长期作用，江河和近海桥梁钢结构的疲劳性能将出现下降，进而容易发生疲劳破坏。研究表明，钢材锈蚀对桥梁钢结构疲劳性能的影响主要体现在两个方面：①焊接节点处板件有

效截面的衰减,使得有效应力幅增大;②焊接节点疲劳抗力退化,造成疲劳寿命降低[20,21]。

首先分析环境腐蚀对有效应力幅的影响。研究表明,钢材在腐蚀潮湿环境下的锈蚀深度与其暴露的时间呈幂函数关系[22],可表示为

$$\delta(t) = bt^r \tag{5.3.3}$$

其中,$\delta(t)$为钢材腐蚀深度函数,t为结构服役年限,b和r为材料参数。

对于板结构,厚度方向对应力幅的影响远大于长度和宽度方向,因此,本节仅考虑厚度损失对有效应力幅的影响。由于顶板-纵肋细节处的应力以横桥向的弯曲应力为主,则构件截面抵抗距损失率$\eta(t)$可以表示为

$$\eta(t) = \frac{W - \overline{W}(t)}{W} = \frac{2\delta(t)}{B} - \frac{\delta^2(t)}{B^2} \tag{5.3.4}$$

其中,W为构件初始横截面面积,$\overline{W}(t)$为构件有效截面积函数,B为构件厚度。

假设构件在服役过程中处于线弹性工作状态,顶板-纵肋焊接细节处有效应力幅主要由受弯控制,则

$$E \cdot \varepsilon \cdot W = E \cdot \overline{\varepsilon}(t) \cdot \overline{W}(t) \tag{5.3.5}$$

其中,E为钢材的弹性模量,ε和$\overline{\varepsilon}(t)$分别为名义应变和有效应变函数。

将公式5.3.4代入公式5.3.5,可得

$$\overline{\varepsilon}(t) = \frac{1}{1 - \frac{2\delta(t)}{B} + \frac{\delta^2(t)}{B^2}} \varepsilon \tag{5.3.6}$$

因此,有效应力幅函数$S(t)$可以表示为

$$S(t)=\cfrac{1}{1-\cfrac{2\delta(t)}{B}+\cfrac{\delta^2(t)}{B^2}}S_n \qquad (5.3.7)$$

下面分析钢材锈蚀对疲劳抗力的影响。由于钢材锈蚀与其服役时间和服役环境有关,因此材料性能参数 C 可看作为时间 t 的函数,而 m 的变异性很小,可视为常数[22]。因此,考虑钢材锈蚀的焊接节点 S-N 曲线可表示为

$$\lg N = \lg C(t) - m\lg S \qquad (5.3.8)$$

其中,$C(t)=C_0\varphi(t)$,C_0 为未锈蚀疲劳性能参数,$\varphi(t)$ 为疲劳性能退化函数,根据文献[22],$\varphi(t)$ 可表示为

$$\varphi(t)=\mathrm{e}^{-\alpha t} \qquad (5.3.9)$$

其中,α 为焊接节点疲劳性能退化参数,与结构服役环境和细部构造类型有关。

(2)考虑环境腐蚀影响的疲劳性能评估结果。

从上文分析可得,环境腐蚀仅影响应力幅的大小和疲劳抗力参数,而对应力循环次数无影响,并且不考虑环境腐蚀影响的顶板-纵肋细节的疲劳寿命是无限的,即列车作用下的最大应力幅小于截止疲劳极限 $\Delta\sigma_L$。为此,首先需要分析环境腐蚀因素对焊接细节在列车作用下的应力幅以及疲劳抗力参数的影响规律,以确定顶板-纵肋细节疲劳性能的长期演化特征。

本节采用如上所述的考虑环境腐蚀影响的疲劳寿命评估方法,对钢桥面板的顶板-纵肋细节进行疲劳寿命评估。首先分析环境腐蚀影响下有效应力幅的长期变化规律。考虑钢材锈蚀对焊接节点有效抵抗距衰减的影响。采用文献[22]所推荐的锈蚀深度函数,则公式5.3.3中的 b 和 r 分别取 60 和 0.48,将其代入公式 5.3.7 可以得到等效应力

幅随服役时间的变化规律。由于日等效应力幅的分布范围较小，本书取如表 5.2.5 所示的日等效应力幅的平均值作为初始值，再考虑应力集中效应的影响。图 5.3.19 给出了日等效应力幅均值的年度变化曲线。从图中可以看出，日等效应力幅随着服役年限的增长呈现非线性增加的变化趋势，增长速度随着时间的累积而逐渐下降。当服役年限为 100 年时，其等效应力幅为 1.04MPa；当服役年限为 200 年时，其等效应力幅为 1.07MPa；当服役年限为 300 年时，其等效应力幅为 1.09MPa。

下面分析环境腐蚀影响下疲劳抗力参数的衰变规律。根据文献 [23] 的相关研究结果，取焊接细节的疲劳性能退化参数 α 为 0.006。Eurocode 规范所推荐的 S-N 曲线模型中，疲劳抗力参数包括 K_C 和 K_D。而由公式 5.3.3 可知，$\Delta\sigma_L$ 与 K_D 分别存在着函数关系，因此可以得到 $\Delta\sigma_L$ 随时间的变化规律。图 5.3.20 给出了 $\Delta\sigma_L$ 的年度变化曲线。从图中可以看出，$\Delta\sigma_L$ 随着服役年限的增长呈现非线性下降的变化趋势。当服役年限为 100 年时，$\Delta\sigma_L$ 分别为 15.9MPa；当服役年限为 200 年时，$\Delta\sigma_L$ 为 8.7MPa；当服役年限为 300 年时，$\Delta\sigma_L$ 为 4.8MPa。

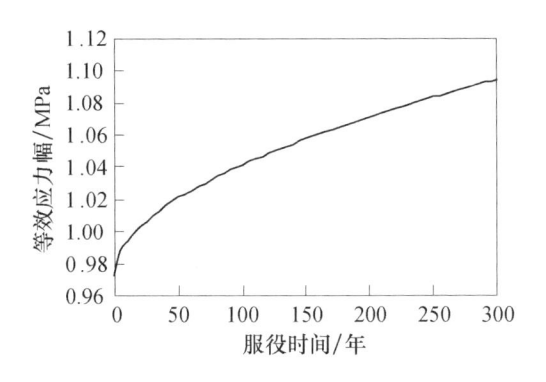

图 5.3.19 等效应力幅随服役时间的变化曲线

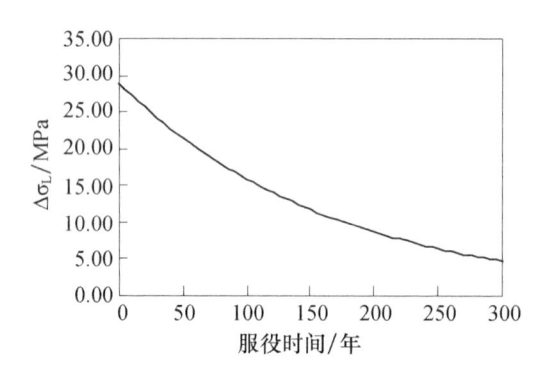

图 5.3.20　截止疲劳极限随服役时间的变化曲线

由等效应力幅和 $\Delta\sigma_L$ 的长期分析结果可知，当服役年限达到设计使用年限时（即 100 年），顶板-纵肋细节的等效应力幅值为 $\Delta\sigma_L$ 的 6.5%；当服役年限达到两倍的设计使用年限时（即 200 年），顶板-纵肋细节的等效应力幅值为 $\Delta\sigma_L$ 的 12.3%；当服役年限达到三倍的设计使用年限时（即 300 年），顶板-纵肋细节的等效应力幅值为 $\Delta\sigma_L$ 的 22.7%。上述分析结果表明，尽管长期环境腐蚀将较大程度地影响焊接细节处的应力幅值和疲劳抗力参数，但是由于列车荷载作用下应力变化值较小，在大胜关大桥的设计使用年限内将不产生疲劳损伤，即钢桥面板的顶板-纵肋细节的疲劳寿命是无限的。即使当大胜关大桥的服役年限三倍于其设计使用年限时，当不考虑列车荷载的增加时，其疲劳寿命也是无限的。

5.3.3.4　列车荷载增长对疲劳性能的影响

由上节分析结果可知，在现有的列车荷载水平下，无论是否考虑环境腐蚀的影响，顶板-纵肋焊接细节处的应力幅均小于截止疲劳极限 $\Delta\sigma_L$，即顶板-纵肋焊接细节的疲劳寿命是无限的。然而，随着国家交通运输业的发展，列车荷载在未来将可能出现较大幅度地增加，因此有必要分析列车荷载的增长对钢桥面板疲劳寿命的影响。

由上节分析可知，等效应力幅随着服役时间的增加而增加，截止

疲劳极限 $\Delta\sigma_L$ 随着服役时间的增加而减小。由于等效应力幅与列车荷载呈线性关系，因此等效应力幅随列车荷载的增长而线性增大。分别考虑列车荷载的年增长速度为 1%、3% 和 5%，图 5.3.21 给出了等效应力幅、常幅疲劳极限 $\Delta\sigma_D$ 和截止疲劳极限 $\Delta\sigma_L$ 随服役时间的变化曲线。从图中可以看出，当列车荷载的年增长速度为 1% 时，顶板-纵肋焊接细节的等效应力幅均低于截止疲劳极限 $\Delta\sigma_L$，即疲劳寿命为无限大；当车辆荷载的年增长速度为 3% 时，顶板-纵肋焊接细节的等效应力幅在服役时间为 93 年时超过截止疲劳极限 $\Delta\sigma_L$，但整个设计使用年限内均小于常幅疲劳极限 $\Delta\sigma_D$；当车辆荷载的年增长速度为 5% 时，顶板-纵肋焊接细节的等效应力幅在服役时间为 61 年时超过截止疲劳极限 $\Delta\sigma_L$，在服役时间为 72 年时超过常幅疲劳极限 $\Delta\sigma_D$。

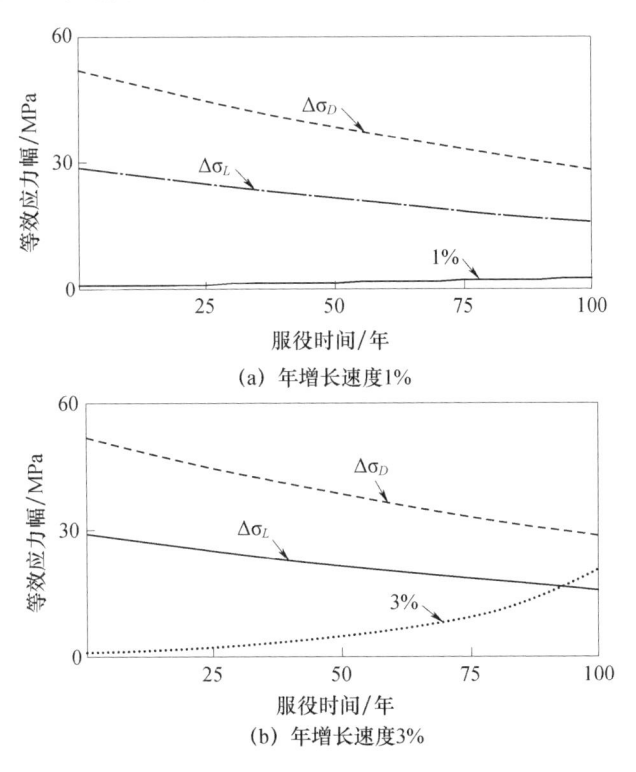

(a) 年增长速度1%

(b) 年增长速度3%

图 5.3.21 等效应力幅、常幅疲劳极限和截止疲劳极限随服役时间的变化曲线（一）

(c) 年增长速度5%

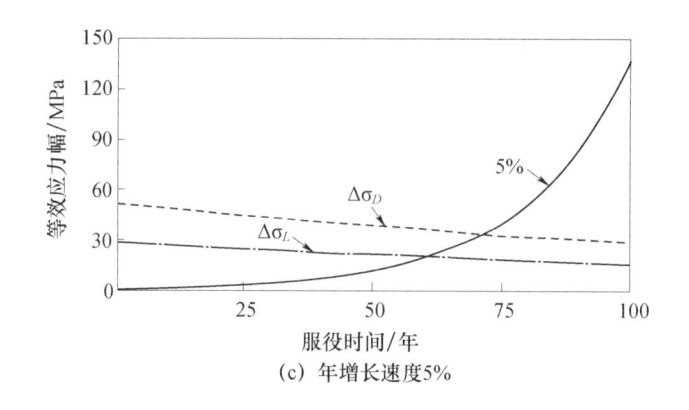

图 5.3.21　等效应力幅、常幅疲劳极限和截止疲劳极限随服役时间的变化曲线（二）

不考虑列车通行量和编组数的增加，分别对列车荷载的年增长速度为3％和5％条件下的疲劳寿命进行计算，结果分别为225年和112年。由此可知，当列车荷载的年增长率为5％时，钢桥面板顶板-纵肋焊接细节处的疲劳寿命接近设计使用年限。如果计入列车通行量和编组数增加的影响，当车辆荷载的年增长速度为5％时，顶板-纵肋焊接细节将可能在设计使用年限内发生疲劳破坏。

5.4　本章小结

本章通过分析大胜关大桥钢桥面板的长期动应变数据，分析了两类疲劳效应——等效应力幅和应力循环次数的长期变化规律，建立了等效应力幅和应力循环次数的概率统计分布模型。在此基础上，基于欧洲规范推荐的疲劳评估方法，开展了考虑应力集中效应和腐蚀环境因素影响的钢桥面板疲劳寿命评估研究，重点讨论了列车荷载增长对疲劳寿命的影响特点。分析结果表明：

（1）不同编组的高速列车作用下钢桥面的等效应力幅较为接近，

而应力循环次数则与列车的编组数成正比。这表明等效应力幅与列车的编组形式无关，而应力循环次数随着列车编组数的增加而线性增加。

（2）大胜关大桥钢桥面板日等效应力幅的概率统计模型可以采用正态分布、对数正态分布和 t 分布模型，而日应力循环次数的概率统计模型则采用对数正态分布模型更为准确。

（3）大胜关大桥服役年限内在保持列车荷载不变的条件下，无论是否考虑环境腐蚀因素的影响，钢桥面板顶板-纵肋焊接细节均可以认为无限疲劳寿命。

（4）列车荷载的年增长速度对顶板-纵肋焊接细节的疲劳寿命影响较大，当年增长速度为5%左右时，该焊接细节将可能在设计使用年限内发生疲劳破坏。因此，当未来列车车辆荷载增加时，应对钢桥面板的疲劳性能重新验算和复核。

参 考 文 献

[1] Fisher J W, Roy S. Fatigue of steel bridge infrastructure. Structure and Infrastructure Engineering. 2011, 7: 457—475.

[2] 刘莉媛, 王元清, 石永久等. 基于加固的正交异性钢桥面板裂纹成因分析. 第九届全国现代结构工程学术研讨会论文集, 2009.

[3] Fisher J W. Fatigue and fracture in steel bridges: case studies. New York: John Willey & Sons, 1984.

[4] Guo T, Chen Y W. Field stress/displacement monitoring and fatigue reliability assessment of retrofitted steel bridge details. Engineering Failure Analysis, 2011, 18: 354—363.

[5] Domling N E. Fatigue failure predictions for complicated stress-strain histories. 1972, 7(1): 71—87.

[6] Downing S D, Socie D F. Simplified rainflow cycle counting algorithms. International Journal of Fatigue, 1982, 4(1): 31—40.

[7] Miner M A. Cumulative damage in fatigue. Journal of Applied Mechanics, 1945, 12(3): 159—164.

[8] Henry D L. A theory of fatigue damage accumulation in steel. Transac. of the ASME, 1955, 77: 913—918.

[9] Shang D G, Yao W X, Wang D J. A new approach to the determination of fatigue crack

initiation size. International Journal of Fatigue, 1998, 20 (9): 683—687.
[10] 钱冬生. 关于正交异性钢桥面板的疲劳. 桥梁建设, 1996, (2): 8—14.
[11] 张丽芳, 艾军, 张鹏飞, 等. 大跨度钢箱梁病害及成因分析. 公路与汽运, 2013, (3): 203—206.
[12] 姜竹生, 瞿涛, 吕磊, 等. 钢箱梁典型病害分析及其检测与维护技术研究. 防灾减灾工程学报, 2011, 31 (5): 572—577.
[13] 曾勇, 向中富, 于福等. 大跨度悬索桥钢加劲梁典型病害及维修策略. 重庆交通大学学报: 自然科学版, 2012, 21 (1): 700—704.
[14] 刘梦麟. 正交异性钢板-超薄RPC组合桥面结构疲劳性能研究. 湖南大学硕士学位论文. 2012.
[15] 陈伟健. 正交异性板公路钢桥疲劳荷载研究. 西南交通大学硕士学位论文. 2013.
[16] 张东波. 正交异性钢桥面板疲劳性能研究. 湖南大学硕士学位论文. 2012.
[17] 冯亚成. 正交异性钢桥面板的疲劳性能研究. 长安大学硕士学位论文. 2009.
[18] 王高新. 钢桥面板温度场及其疲劳效应的长期监测与分析研究. 东南大学硕士学位论文. 2012.
[19] European Committee for Standardization. Eurocode3: Design of steel structures, part1-9: Fatigue. BS EN1993-1-9: 2005.
[20] Ma Y T, Li Y, Wang F H. The atmospheric corrosion kinetics of low carbon steel in a tropical marine environment. Corrosion Science, 2010, 52 (5): 1796—1800.
[21] Ma Y T, Li Y, Wang F H. Corrosion of low carbon steel in atmospheric environments of different chloride content. Corrosion Science, 2009, 51 (5): 997—1006.
[22] Hou W, Liang, C. Eight-year atmospheric corrosion exposure of steels in China. Corrosion, 1999, 55 (1): 65—73.
[23] 叶肖伟, 傅大宝, 倪一清, 等. 考虑多因素共同作用的钢桥焊接节点疲劳可靠度评估. 土木工程学报, 2013, 46 (10): 89—99.

第6章 高速铁路桥梁结构振动监测与评估

6.1 高速铁路桥梁结构振动监测概述

6.1.1 问题的提出

振动是一切运动机械以及承受动态载荷的工程结构所具有的运动现象。随着科学技术的发展，无论是机械或工程结构，均日益向大型化、高速化、复杂化和轻量化发展，由此带来的工程振动问题更为突出。振动测量和试验分析已经成为最为常用、有效的基本试验手段之一，在机械工程和工程结构部门有着广泛的应用。其中，机械与工程结构的整体状态监测是振动测试的重要应用之一。运动机械在运行中必然会产生振动。即使是那些我们视为不运动的工程结构，在环境激励的影响下，也会发生振动。振动信号中包含着机械及结构的内在特性和运行状况的信息。振动状态还体现着结构运行的品质，如车辆、航空航天设备等运载工具的安全性及舒适性；桥梁、水坝以及其他大型结构的抗灾害能力及寿命等。因此，从20世纪80年代起，利用振动测试对运行机械的故障进行诊断和对工程结构的损伤进行检测已为众多工程师和科研工作者所重视。运行监测和故障诊断已逐渐成为由振动理论、振动测试和信号分析相结合而衍生出来的一门重要的学科[1-3]。

大胜关大桥具有体量大、跨度大、荷载大、行车速度高等显著特点，高速列车在桥上运行时可能产生比较大的振动，对高速列车运行安全和结构安全的影响必须予以重视。因此，针对大胜关大桥主梁和吊杆开展长期振动监测，对于保障大胜关大桥运营安全具有重要的应用价值。为此，本章以大胜关长江大桥主梁和吊杆的加速度和速度监测数据为对象，开展高速列车通过时大胜关大桥主梁和吊杆的振动加速度、振动位移和振动频率分析，在此基础上建立基于振动监测的主梁和吊杆振动性能退化监控方法。

6.1.2 大胜关大桥结构振动监测简介

大胜关大桥结构健康监测系统分别在钢桁拱梁和吊杆安装了加速度传感器和速度传感器，用以监测主梁和吊杆在高速列车作用下的长期振动响应及其振动性能。大胜关大桥结构振动监测系统布置方案为：①为了监测主梁在高速列车作用下的振动加速度响应，分别在主梁1-1断面、2-2断面、3-3断面和4-4断面处各安装1个竖向加速度传感器和横向加速度传感器，如图6.1.1所示。横向加速度传感器编号分别为传感器JSD-11-04、JSD-15-06、JSD-04-02和JSD-18-08；竖向加速度传感器编号分别为传感器JSD-11-05、JSD-15-07、JSD-04-03和JSD-18-09，其布置位置如图6.1.2（a）和图6.1.2（b）所示；②为了监测主梁在高速列车作用下的振动位移响应，分别在主梁1-1断面、2-2断面、3-3断面和4-4断面处各安装1个竖向速度传感器和横向速度传感器，如图6.1.1所示。横向速度传感器编号分别为传感器 ZD-11-07、ZD-15-11、ZD-04-02 和 ZD-18-14；竖向速度传感器编号分别为传感器 ZD-11-08、ZD-15-12、ZD-04-03 和 ZD-18-15，其布置位置如图 6.1.2（a）至图 6.1.2（d）所示；③为了监测吊杆在高速列车作用下的振动位移响应，在主梁 1-1 断面处的吊杆上各安装 1 个横向速度传感器和纵向速度传感器，如图 6.1.1 所示。横向速度传感器编号为传感器 ZD-11-06；纵向速度传感器编号为传感器 ZD-11-05，其布置位置如图 6.1.2（a）所示。加速度传感器和速度传感器的采样频率均为 200Hz。

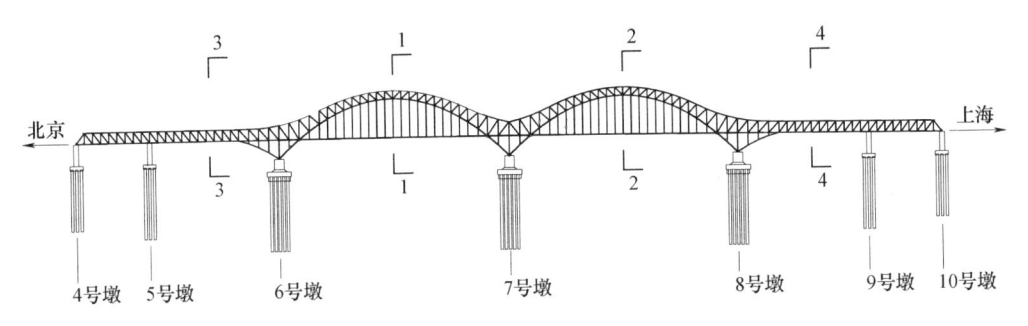

图 6.1.1 大胜关大桥振动传感器布置断面图

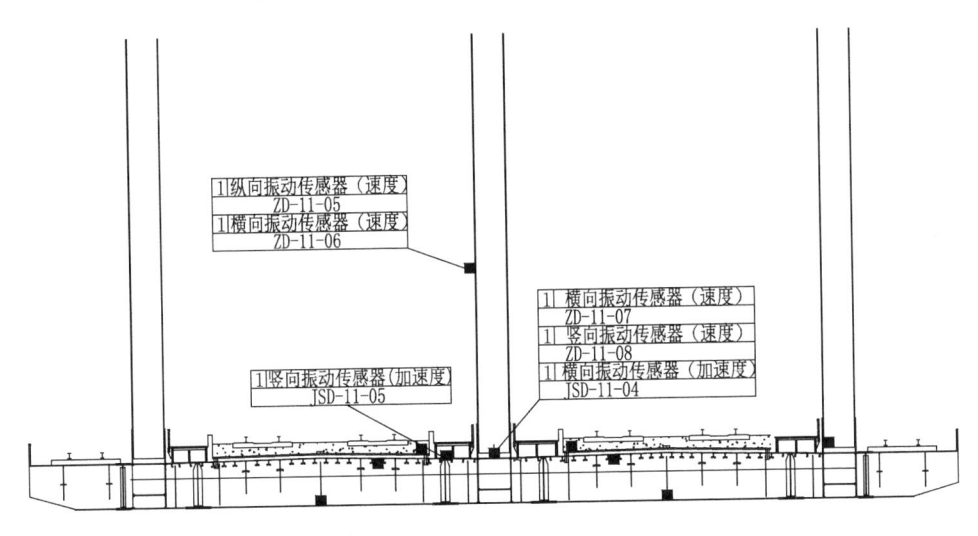

(a) 1-1 断面处详细布置图

图 6.1.2 大胜关大桥振动传感器详细布置图（一）

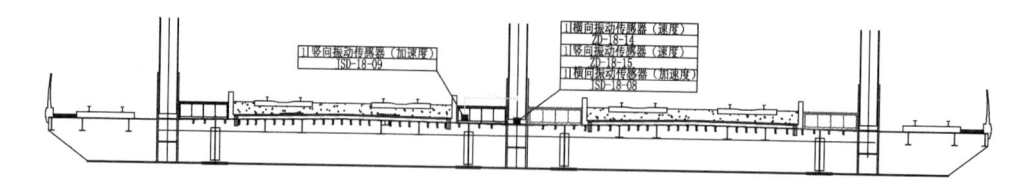

(b) 2-2 断面处详细布置图

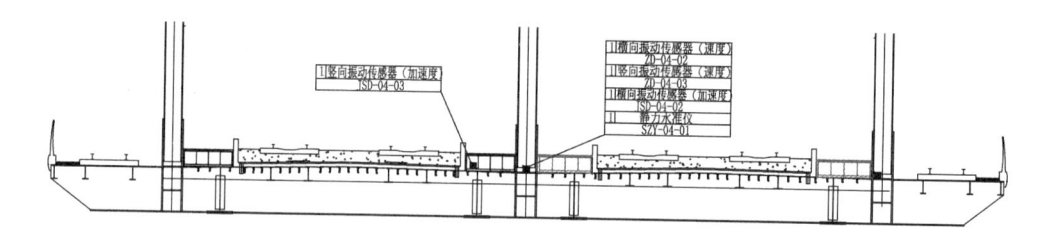

(c) 3-3 断面处详细布置图

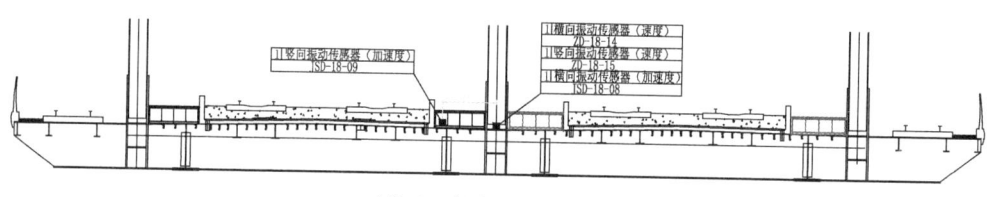

(d) 4-4 断面处详细布置图

图 6.1.2　大胜关大桥振动传感器详细布置图（二）

6.2　大胜关大桥主梁振动加速度监测与评估

6.2.1　主梁振动加速度长期监测结果

本节选取大胜关大桥两个主跨跨中的横向加速度和竖向加速度传感器监测数据进行分析，横向加速度传感器编号分别为 JSD－11－04

和 JSD-15-06，竖向加速度传感器编号分别为 JSD-11-05 和 JSD-15-07。首先考察 2013 年 1 月 1 日和 7 月 1 日的加速度监测数据。图 6.2.1 给出了 1 月 1 日 5 时 2 分 17 秒至 5 时 3 分 30 秒（列车通过）的横向加速度和竖向加速度监测结果。图 6.2.2 给出了 1 月 1 日 5 时 3 分 30 秒至 5 时 15 分 34 秒（无列车通过）的横向加速度和竖向加速度监测结果。

(a) 横向加速度传感器JSD-11-04的监测结果

(b) 竖向加速度传感器JSD-11-05的监测结果

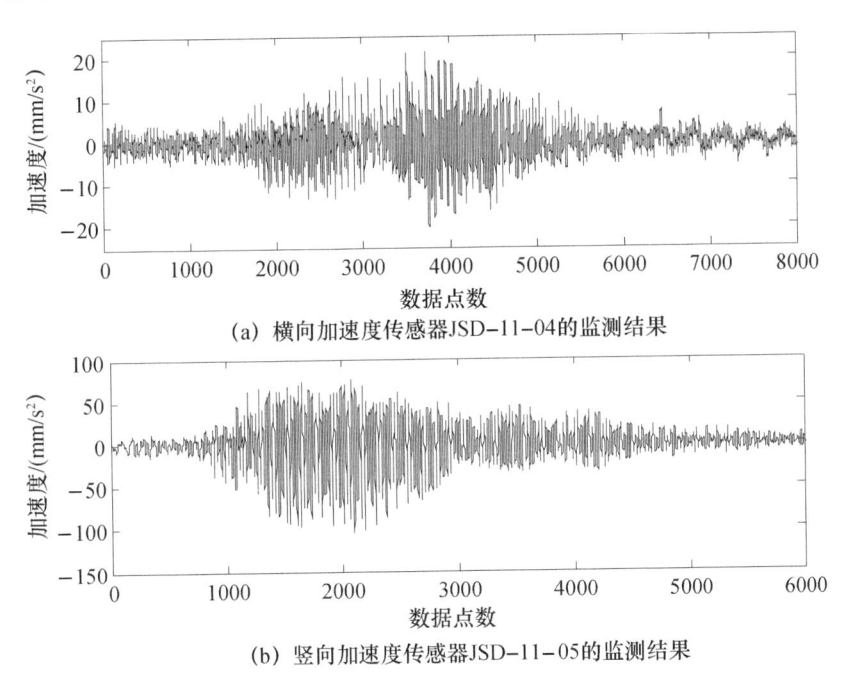

图 6.2.1 列车通过时横向和竖向加速度典型监测结果

加速度幅值特性一般指加速度响应的某种最大值或某种意义下的有效值。针对高速列车通过引起的主梁横向加速度和竖向加速度响应，本节选取加速度的最大值 $a_{\max}$ 和均方根值 a_{rms} 两种加速度幅值参数进行分析。其中，均方根值 a_{rms} 定义为

$$a_{\mathrm{rms}}^2 = \frac{1}{T_d}\int_0^{T_d} a^2(t)\mathrm{d}t \tag{6.2.1}$$

(a) 横向加速度传感器JSD-11-04的监测结果（部分）

(b) 竖向加速度传感器JSD-11-05的监测结果（部分）

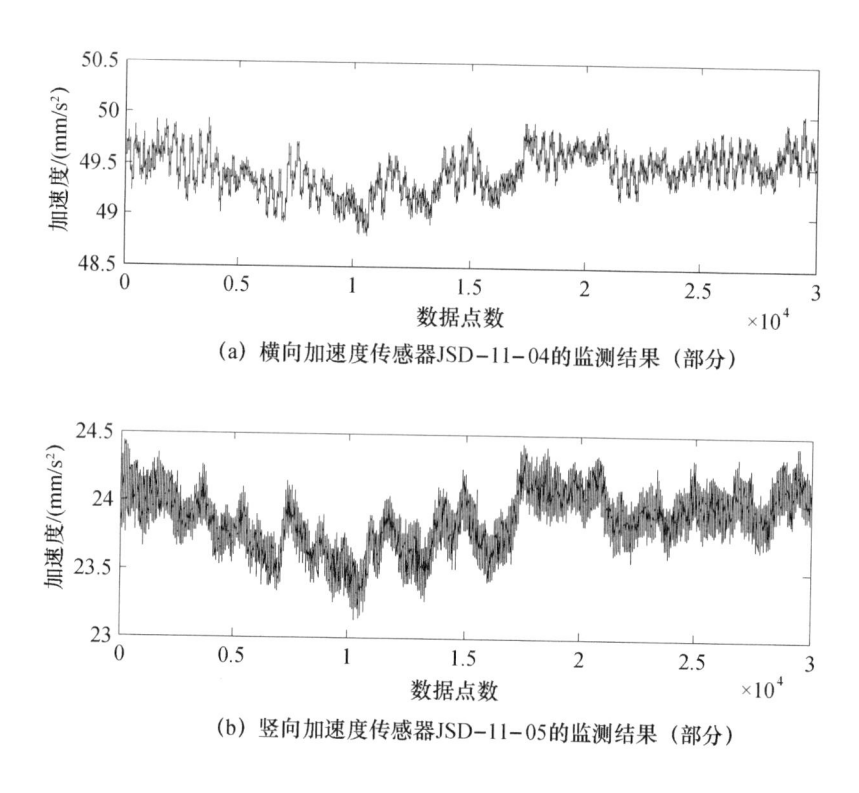

图 6.2.2　无列车通过时横向和竖向加速度典型监测结果

式中，T_d 为列车通过阶段的持续时间。

分别计算 2013 年 1 月 1 日和 7 月 1 日每一次列车通过时的加速度最大值 a_{max} 和均方根值 a_{rms}。图 6.2.3 和图 6.2.4 分别给出了两个主跨跨中的横向加速度和竖向加速度幅值参数的监测结果。从图中可以看出，高速列车通过时主梁竖向加速度响应明显大于横向加速度响应，并且第一个主跨跨中的横向加速度响应要小于第二个主跨跨中响应，而第一个主跨跨中的竖向加速度响应则要大于第二个主跨跨中响应。

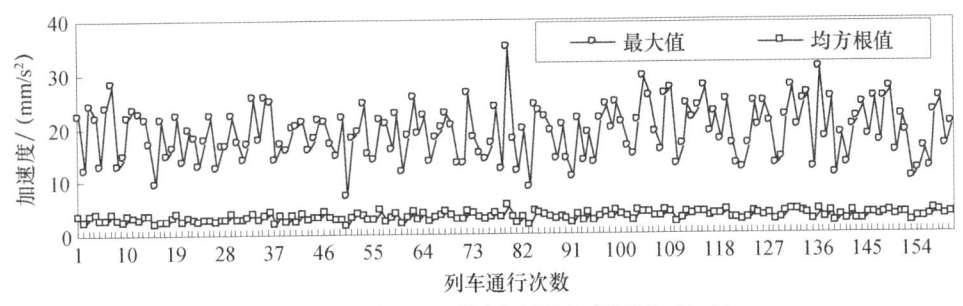

(a) 2013年1月1日横向加速度传感器JSD-11-04

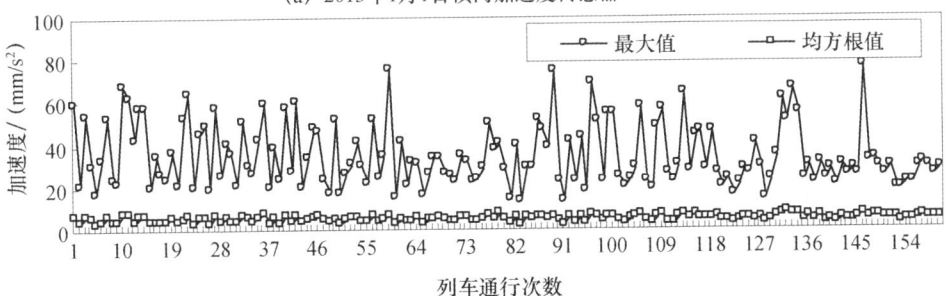

(b) 2013年1月1日横向加速度传感器JSD-15-06

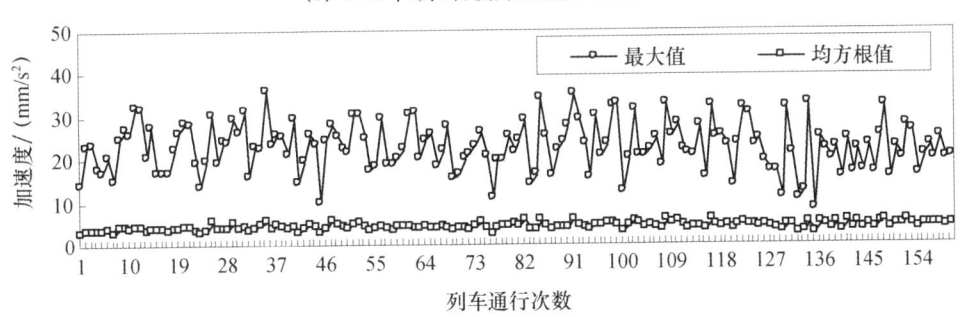

(c) 2013年7月1日横向加速度传感器JSD-11-04

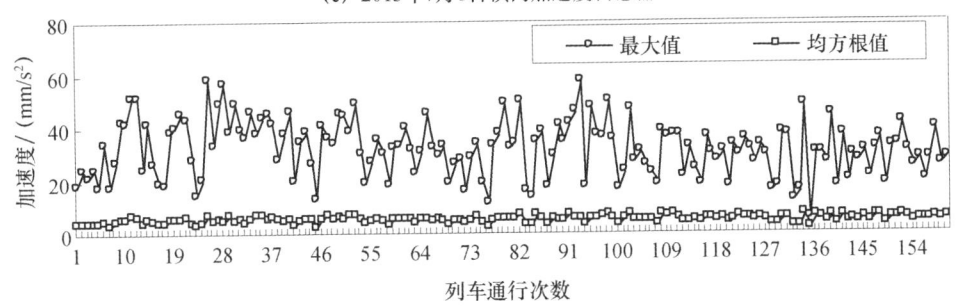

(d) 2013年7月1日横向加速度传感器JSD-15-06

图 6.2.3 列车通过时的横向加速度幅值参数（二）

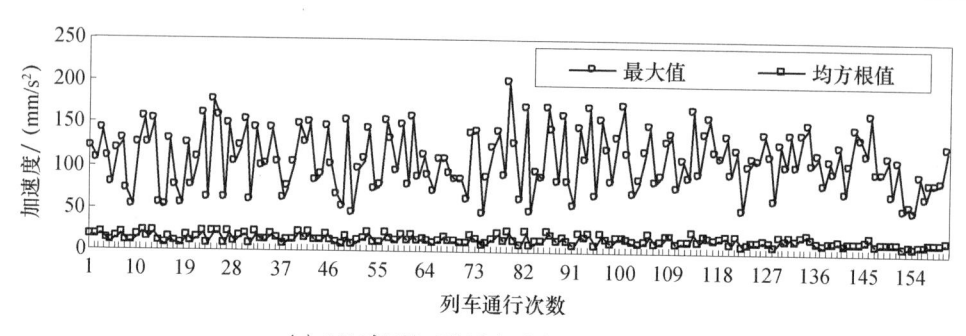

(a) 2013年1月1日竖向加速度传感器JSD-11-05

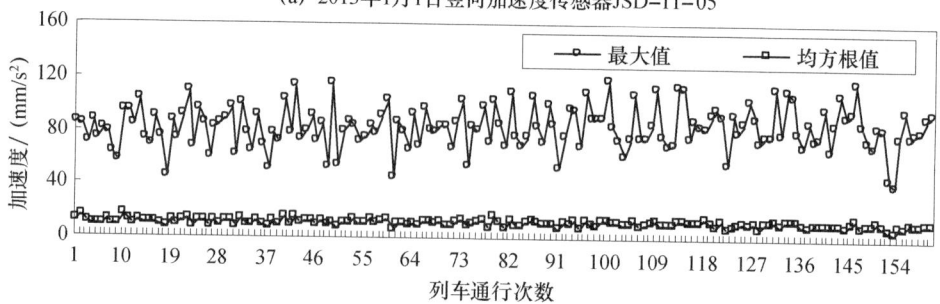

(b) 2013年1月1日竖向加速度传感器JSD-15-07

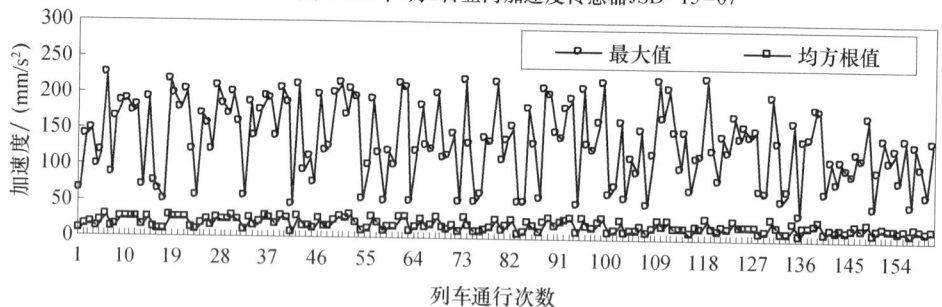

(c) 2013年7月1日竖向加速度传感器JSD-11-05

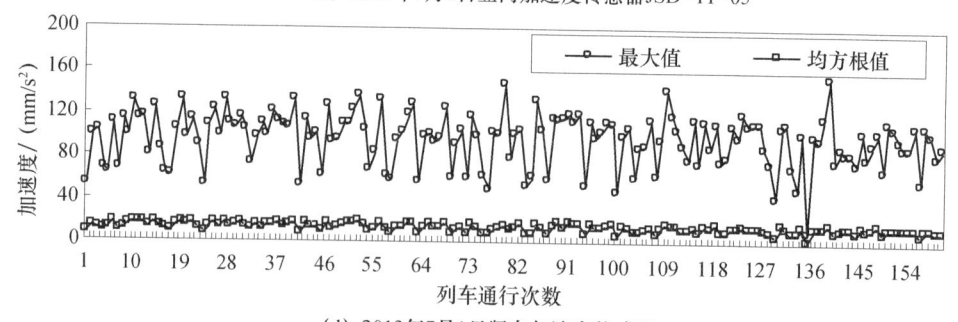

(d) 2013年7月1日竖向加速度传感器JSD-15-07

图 6.2.4 列车通过时的竖向加速度幅值参数

6.2.2 振动加速度与列车车速的相关性分析

从图 6.2.3 和图 6.2.4 中可以看出，高速列车通过时引起的主梁横向加速度和竖向加速度幅值特性存在一定的波动，难以直接表征大胜关大桥主梁的振动性能。为此，本节首先研究加速度幅值特性与列车速度的相关性特征。图 6.2.5 和图 6.2.6 分别给出了 2013 年 1 月 1 日每一次列车通过时的加速度幅值特性与列车速度的相关性散点图及二次多项式拟合结果。从图中可以看出，无论是横向加速度或是竖向加速度，列车低速通过时加速度幅值特性与列车速度具有一定的相关性，但是列车高速通过时的幅值特性与列车速度的相关性较差，特别

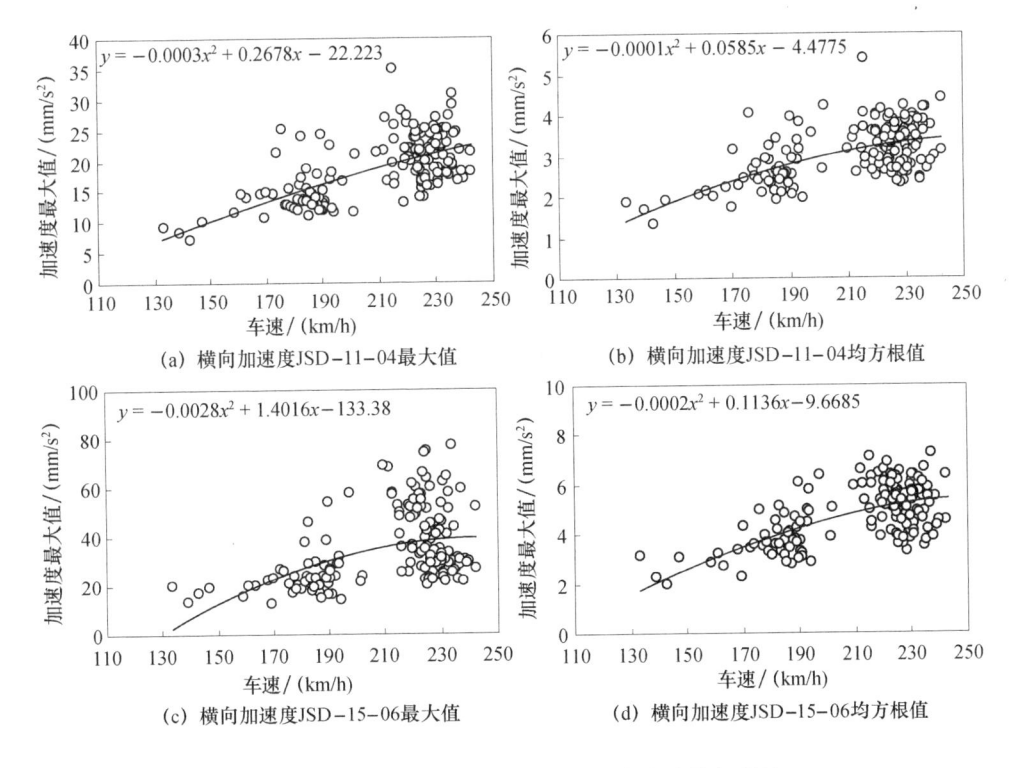

(a) 横向加速度JSD-11-04最大值
$y = -0.0003x^2 + 0.2678x - 22.223$

(b) 横向加速度JSD-11-04均方根值
$y = -0.0001x^2 + 0.0585x - 4.4775$

(c) 横向加速度JSD-15-06最大值
$y = -0.0028x^2 + 1.4016x - 133.38$

(d) 横向加速度JSD-15-06均方根值
$y = -0.0002x^2 + 0.1136x - 9.6685$

图 6.2.5 横向加速度幅值特性与列车速度的相关性

是当列车速度超过 200km/h 后，无论是加速度最大值或是均方根值的变化幅度均较大。这表明同一车速各次行车的实测加速度响应相差较多，这主要是由于各次行车的轮轨接触状态不同引起的。上述分析结果表明，加速度幅值特性与列车速度之间难以建立有效的相关性模型用以表征列车通过时的主梁振动性能。

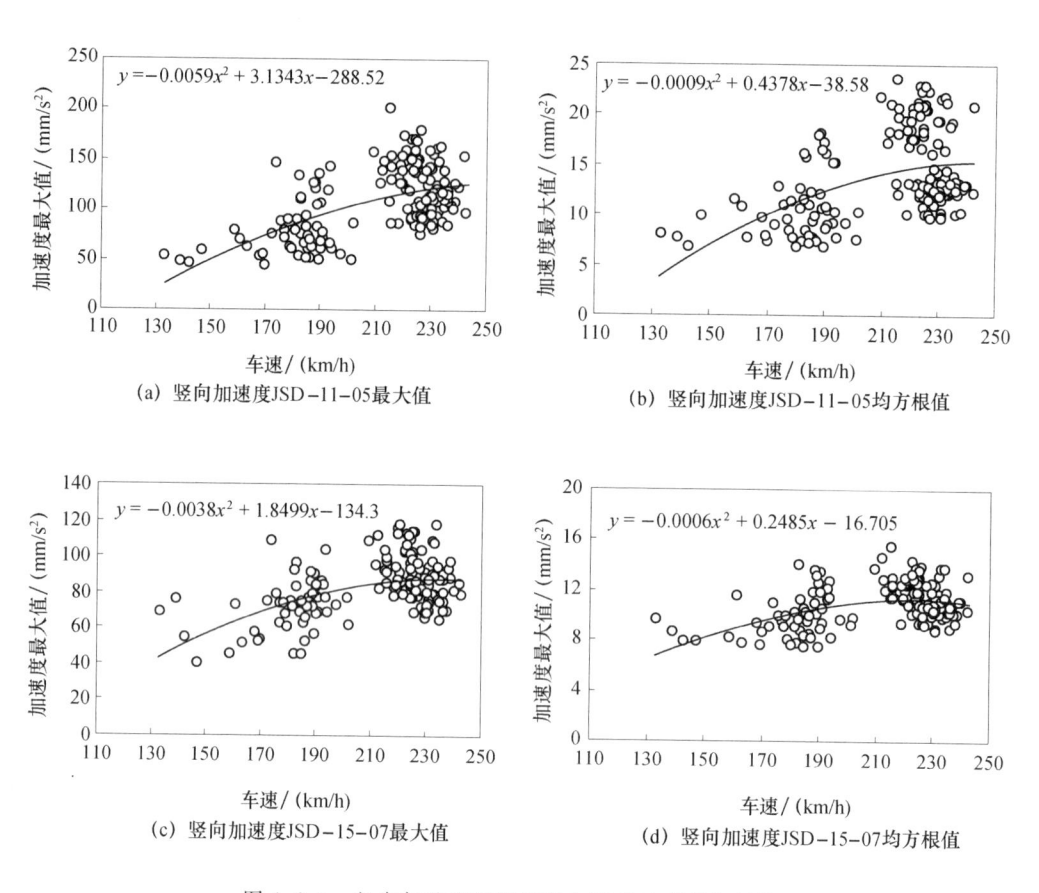

(a) 竖向加速度JSD-11-05最大值　$y=-0.0059x^2+3.1343x-288.52$

(b) 竖向加速度JSD-11-05均方根值　$y=-0.0009x^2+0.4378x-38.58$

(c) 竖向加速度JSD-15-07最大值　$y=-0.0038x^2+1.8499x-134.3$

(d) 竖向加速度JSD-15-07均方根值　$y=-0.0006x^2+0.2485x-16.705$

图 6.2.6　竖向加速度幅值特性与列车速度的相关性

6.2.3　振动加速度的空间相关性分析

下面考察主梁两个主跨跨中加速度响应之间的相关性。图 6.2.7

和图 6.2.8 分别给出 2013 年 1 月 1 日和 7 月 1 日的加速度峰值特性的相关性散点图及二次多项式拟合结果。表 6.2.1 给出了 2013 年 1 月 1 日和 7 月 1 日的二次多项式拟合公式。从中可以看出，采用均方根值表征的加速度幅值参数的互相关性要明显优于加速度峰值。

(a) 横向加速度最大值的互相关性

(b) 横向加速度均方根值的互相关性

(c) 竖向加速度最大值的互相关性

(d) 竖向加速度均方根值的互相关性

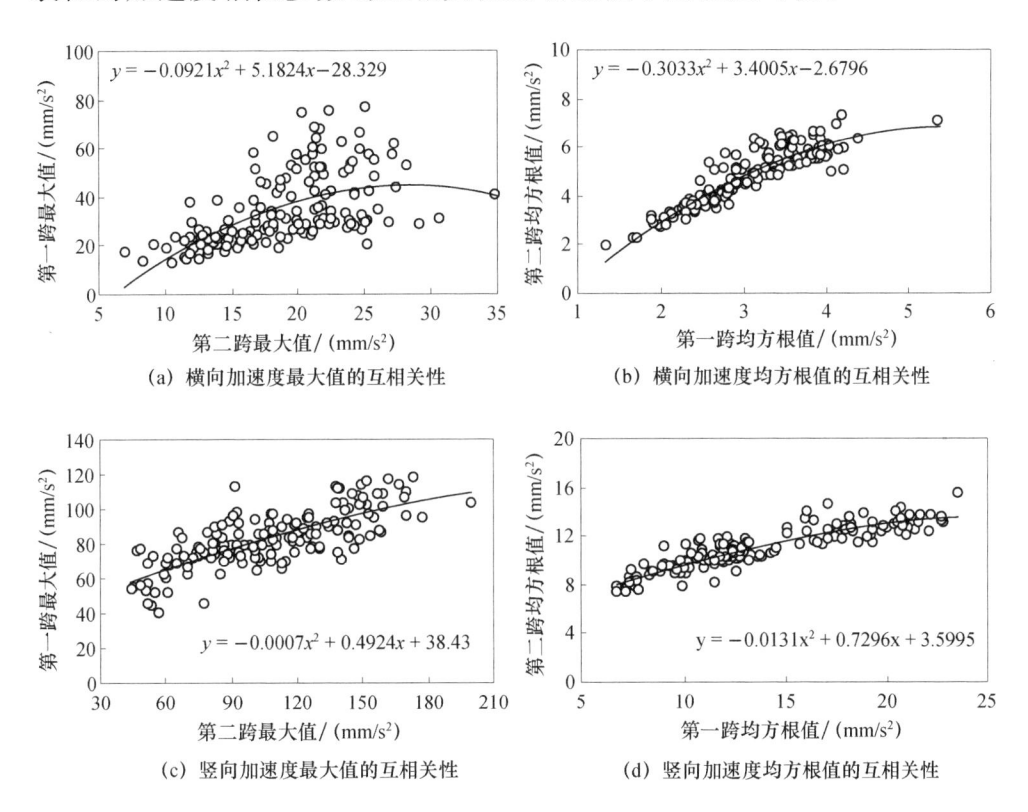

图 6.2.7　2013 年 1 月 1 日两个主跨跨中加速度幅值特性的互相关性

表 6.2.1　　　　　　　　二次多项式拟合公式

加速度响应		2013 年 1 月 1 日	2013 年 7 月 1 日
横向加速度	最大值	$y=-0.0921x^2+5.1824x-28.329$	$y=-0.0433x^2+3.3346x-20.121$
	均方根值	$y=-0.3033x^2+3.4005x-2.6796$	$y=-0.2642x^2+3.7075x-5.6125$
竖向加速度	最大值	$y=-0.0007x^2+0.4924x+38.43$	$y=-0.0018x^2+0.8646x+17.965$
	均方根值	$y=-0.0131x^2+0.7296x+3.5995$	$y=-0.0158x^2+0.9985x+1.1687$

(a) 横向加速度最大值的互相关性

(b) 横向加速度均方根值的互相关性

(c) 竖向加速度最大值的互相关性

(d) 竖向加速度均方根值的互相关性

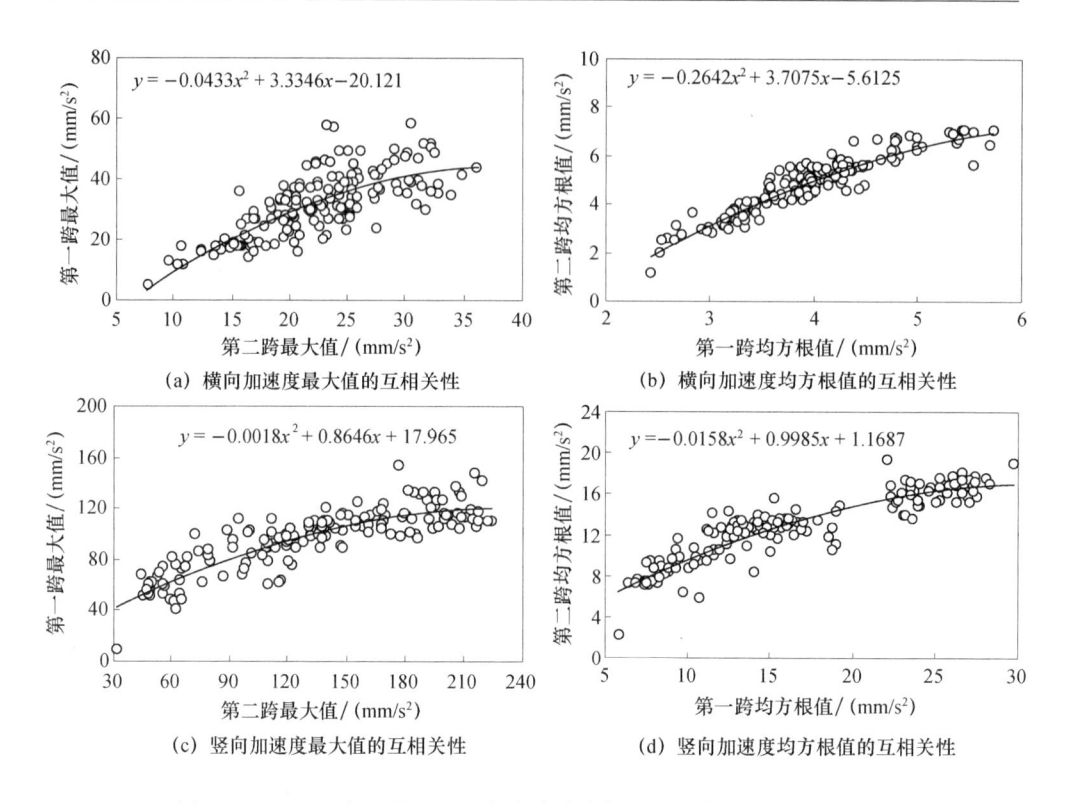

图 6.2.8　2013 年 7 月 1 日两个主跨跨中加速度幅值特性的互相关性

根据表 6.2.1 建立的均方根值的二次多项式拟合公式进一步绘制 2013 年 1 月 1 日和 7 月 1 日第 2 跨跨中横向加速度均方根和竖向加速度均方根的实测值与拟合值的相关性散点图，如图 6.2.9 和图 6.2.10 所示。其中，第 2 跨跨中加速度均方根的拟合值由第 1 跨跨中均方根值代入二次多项式拟合公式计算得到。在此基础上，进一步采用相关系数 R 表征加速度均方根的实测值与拟合值之间的相关性，数学表达式为

$$R = \frac{\sum_{i=1}^{N}(X_i - \overline{X})(Y_i - \overline{Y})}{\sqrt{\sum_{i=1}^{N}(X_i - \overline{X})^2}\sqrt{\sum_{i=1}^{N}(Y_i - \overline{Y})^2}} \quad (6.2.2)$$

式中，R 为样本 X 和 Y 的相关系数；X_i 和 Y_i 分别为对应的第 i 个样

本值；$\overline{X}$、$\overline{Y}$ 分别为样本 X 和 Y 的一阶原点矩。相关系数 R 愈接近 1，就说明相关性愈好。

(a) 横向加速度均方根值的拟合效果　　(b) 竖向加速度均方根值的拟合效果

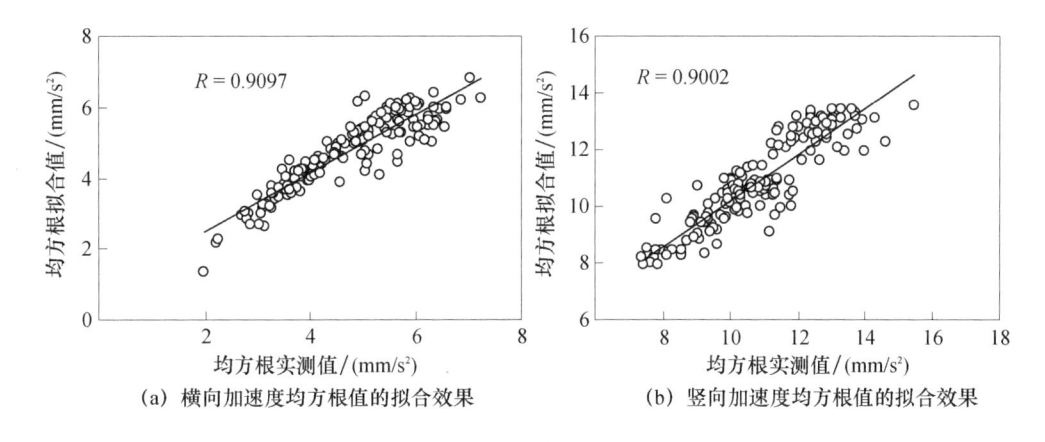

图 6.2.9　2013 年 1 月 1 日加速度均方根值互相关性的二次多项式拟合效果

(a) 横向加速度均方根值的拟合效果　　(b) 竖向加速度均方根值的拟合效果

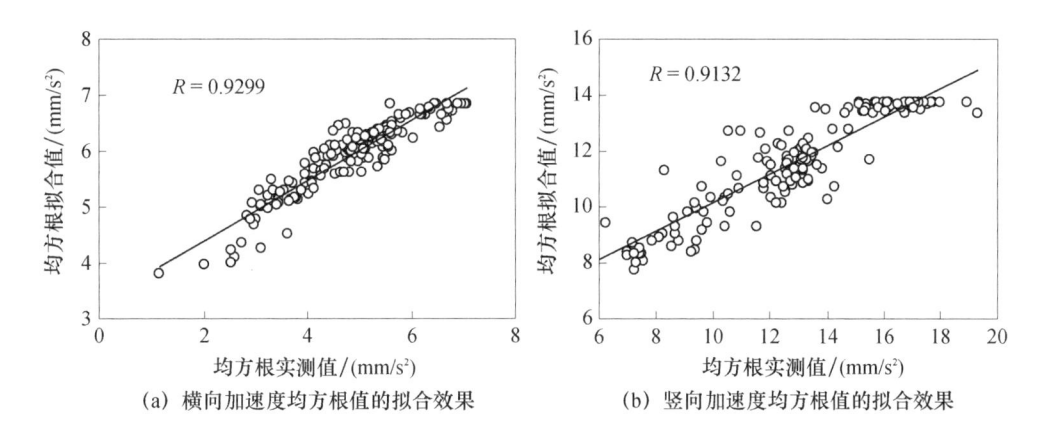

图 6.2.10　2013 年 7 月 1 日加速度均方根值互相关性的二次多项式拟合效果

采用式 6.2.2 计算了 2013 年 1 月 1 日和 7 月 1 日横向加速度实测值与拟合值的相关系数分别为 0.9097 和 0.9299，竖向加速度实测值与拟合值的相关系数分别为 0.9002 和 0.9132。上述分析结果表明，高速列车通过时主梁两主跨跨中的横向和竖向加速度响应的均方根值具有良好的互相关性。这是因为，主梁振动加速度的均方根值表征了列车-轨道-桥梁系统振动的能量，不同测点之间均方根值的互相关性

171

可以表征输入此系统振动的能量在系统中各测点的空间分布情况。这样，可将系统振动响应的随机性转化为系统振动能量在系统空间分布中的确定性，从而通过建立横向和竖向加速度均方根值的互相关性模型可以表征高速列车通过时的主梁振动性能。因此，通过长期监测横向和竖向加速度均方根值的互相关性模型并及时发现互相关性模型的异常变化可以实现主梁振动性能退化监控。

6.2.4 基于振动加速度监测的主梁振动性能退化监控方法

6.2.4.1 加速度均方根值互相关性模型的长期监测结果

根据 6.2.3 节的分析结果，大胜关大桥主梁不同测点之间加速度均方根值的互相关性模型可以作为主梁振动性能评价模型。在此基础上，本节讨论大胜关大桥基于加速度监测的主梁振动性能退化监控方法。

考虑到互相关模型采用二次多项式回归模型，并且二次项系数对于加速度幅值异常变化的敏感性最大，因此，选取加速度均方根值互相关性模型的二次项系数作为监控指标，用以监控主梁振动性能是否发生退化。选取 2013 年 1 月到 2013 年 11 月共 271 天的监测数据为研究对象，以天为单位建立主梁横向加速度和竖向加速度均方根值的互相关性模型，进一步得到二次多项式回归模型中的二次项拟合系数。图 6.2.11 和图 6.2.12 分别给出了主梁不同测点之间互相关性模型的二次式系数的长期监测结果。从图中可以看出，虽然每一天的加速度监测数据可以拟合相关性良好的二次多项式模型，但是每一天的二次项式系数仍存在较大的波动。为此，需要在长期监测结果的基础上进一步建立二次项系数的概率统计分布模型。

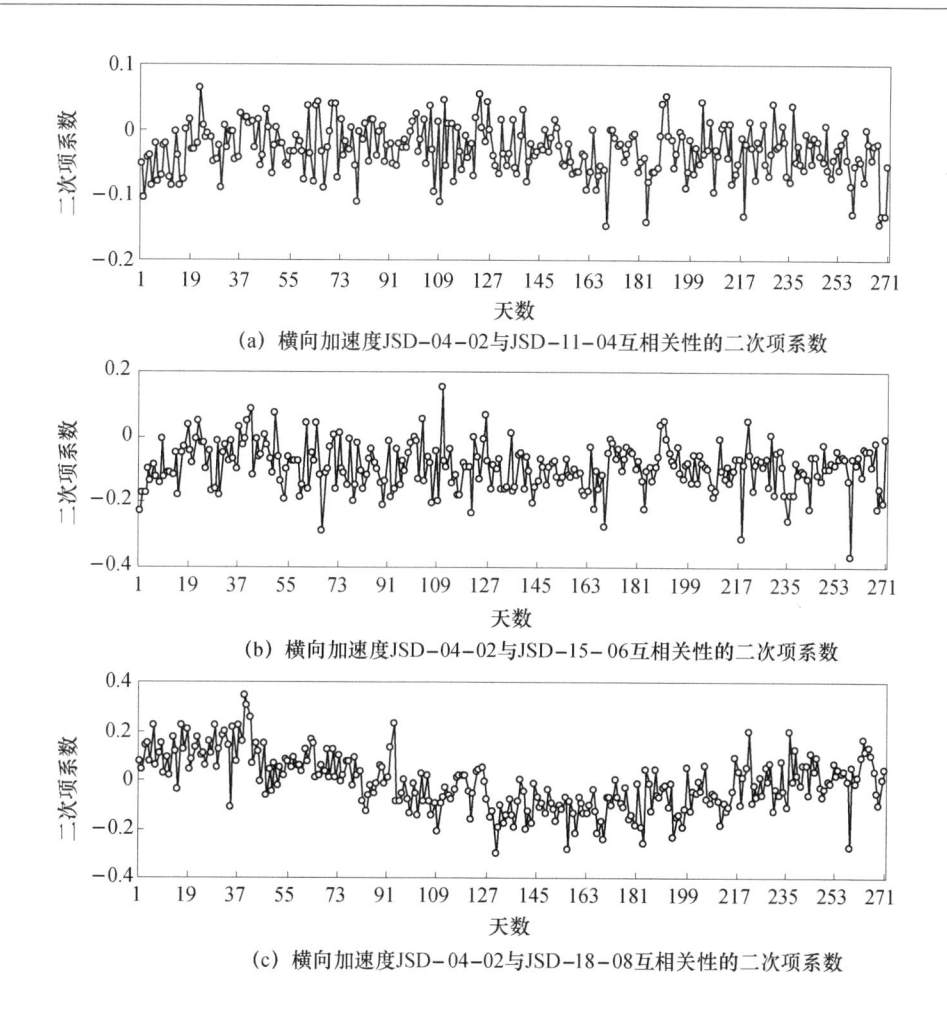

(a) 横向加速度JSD-04-02与JSD-11-04互相关性的二次项系数

(b) 横向加速度JSD-04-02与JSD-15-06互相关性的二次项系数

(c) 横向加速度JSD-04-02与JSD-18-08互相关性的二次项系数

图 6.2.11　横向加速度均方根值互相关性的二次项系数长期监测结果

下面对二次项系数进行概率统计分析，分别采用正态分布、t 分布和 Logistic 分布拟合概率密度函数。图 6.2.13 分别给出了上述互相关性的二次项系数的概率分布直方图和概率密度函数拟合结果。从图中可以看出，对于横向加速度和竖向加速度的二次项系数，Logistic 分布均具有更好的拟合效果。

6.2.4.2　采用统计模式识别方法进行主梁振动性能退化监控

大胜关大桥主梁振动性能退化监控的基本思想是：若主梁振动性

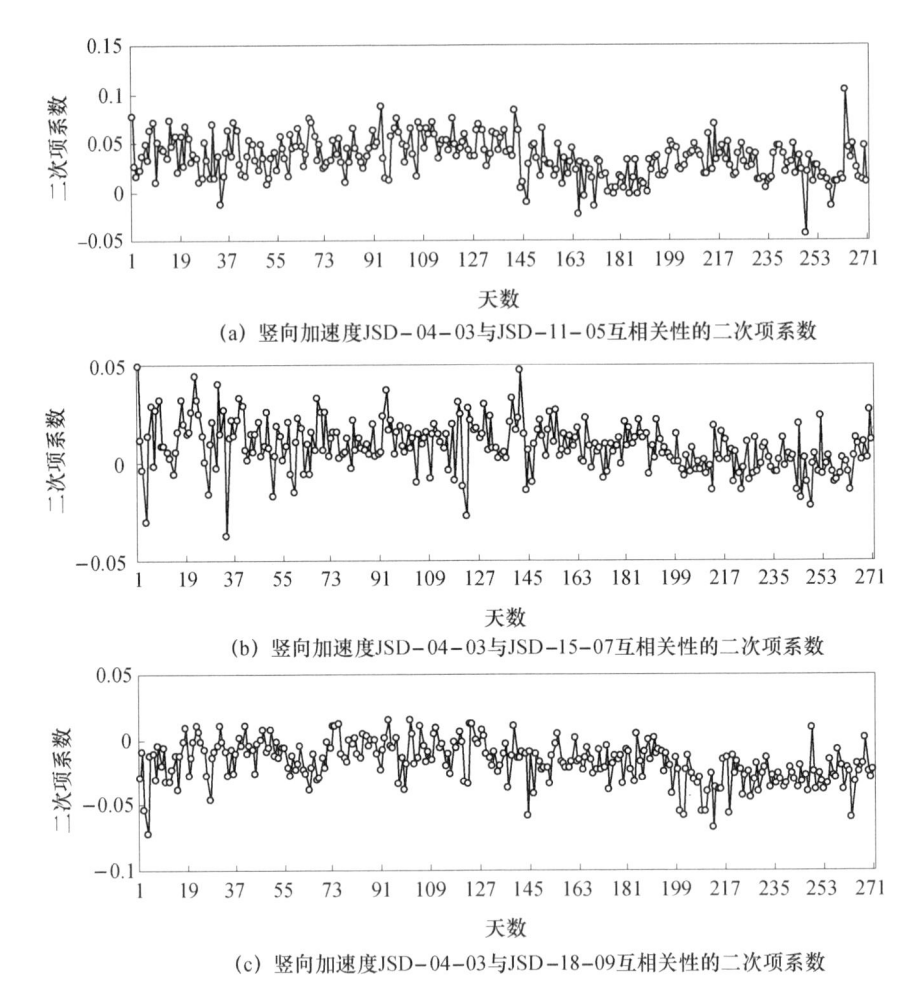

(a) 竖向加速度JSD-04-03与JSD-11-05互相关性的二次项系数

(b) 竖向加速度JSD-04-03与JSD-15-07互相关性的二次项系数

(c) 竖向加速度JSD-04-03与JSD-18-09互相关性的二次项系数

图 6.2.12　竖向加速度均方根值互相关性的二次项系数长期监测结果

能发生退化，则从退化状态下得到的主梁加速度响应中提取的均方根互相关性的二次项系数指标的均值同正常状态下提取出的均值将存在显著的差异。为此，本节采用 t 检验的方法比较正常状态和退化状态下均方根互相关性的二次项系数指标是否存在显著性的差异，达到主梁振动性能退化监控的目的。

设 μ_1、μ_2 分别是来自训练样本和测试样本指标的均值，要检验假设

第 6 章　高速铁路桥梁结构振动监测与评估

(a) JSD-04-02与JSD-11-04互相关性的二次项系数

(b) JSD-04-02与JSD-15-06互相关性的二次项系数

(c) JSD-04-02与JSD-18-04互相关性的二次项系数

(d) JSD-04-03与JSD-11-05互相关性的二次项系数

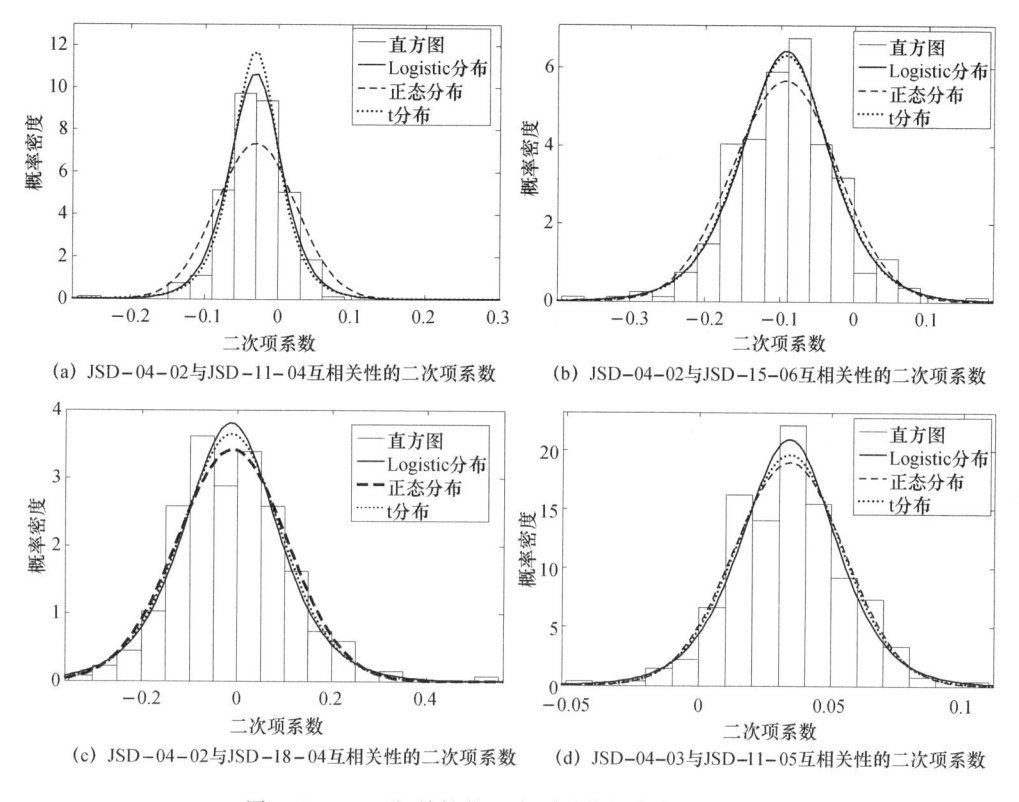

图 6.2.13　互相关性的二次项系数概率密度统计图

$$H_0: \mu_1 = \mu_2, H_1: \mu_1 \neq \mu_2 \qquad (6.2.3)$$

定义 t 检验的 p 值小于 0.1 时，检验结果为 H_1，说明测试样本和训练样本的均值存在显著差异，即表明主梁振动性能发生显著退化。

下面以主梁横向加速度和竖向加速度均方根互相关性的二次项系数的长期监测数据为对象，考察 t 检验方法应用于主梁振动性能退化监控的效果。从总共 271 的监测样本中连续抽取前 200 天作为训练数据，后 71 天则作为待检验样本。对后 71 天的待检验样本进行 t 检验，p 值均大于 0.1，即检验结果为 H_0，表明后 71 天的主梁振动性能处于正常状态。下面对大胜关大桥后 71 天检验样本的二次项系数按下式施加一定的变化，用以模拟主梁振动性能退化对二次项系数的影响

$$R = R^a - \varepsilon R^a_{\max} \tag{6.2.4}$$

式中，R^a 是主梁加速度均方根互相关性的二次项系数的实测值；R 为考虑主梁性能退化影响的二次项系数值；ε 为用百分比表示的退化程度；$R^a_{\max}$ 为二次项系数实测值的最大值。ε 取值范围为 [0.2%，10%]。

图 6.2.14 和图 6.2.15 分别给出了主梁横向加速度和竖向加速度二次项系数监控指标的假设检验结果。图中，竖坐标为 t 检验的 p 值，虚线左边的检验结果为 H_0，而虚线右边的检验结果为 H_1。可以看出，采用 t 检验方法可以识别横向加速度二次项系数的最小异常变化分别为 8.6% 和 5.0%，可以识别竖向加速度二次项系数的最小异常变化分别为 2.0% 和 1.0%。

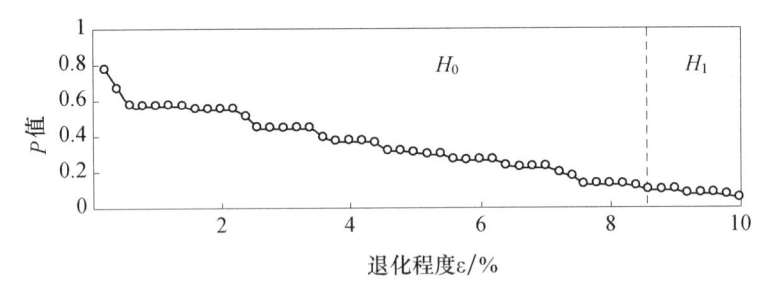

(a) 横向加速度 JSD-04-02 与 JSD-11-04 互相关性的二次项系数

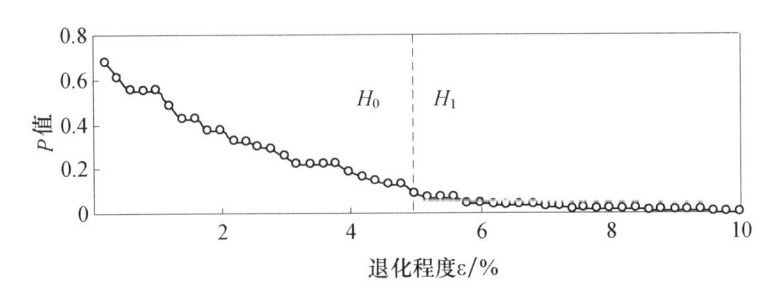

(b) 横向加速度 JSD-04-02 与 JSD-15-06 互相关性的二次项系数

图 6.2.14　横向加速度二次项系数的 t 检验结果

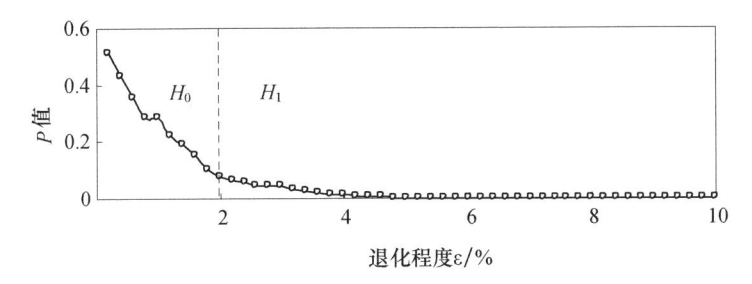

(a) 竖向加速度JSD-04-03与JSD-11-05互相关性的二次项系数

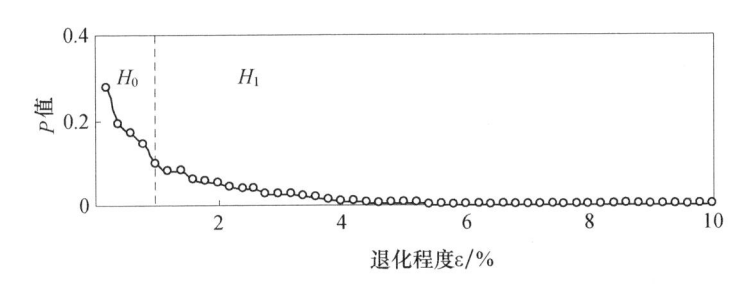

(b) 竖向加速度JSD-04-03与JSD-15-07互相关性的二次项系数

图6.2.15 竖向加速度二次项系数的 t 检验结果

6.3 大胜关大桥吊杆振动位移监测与评估

6.3.1 吊杆振动位移长期监测结果

本节采用振动速度积分获得位移时程的方法来考察大胜关大桥吊杆振动位移的长期变化规律。首先考察单次列车通过时吊杆振动位移曲线。选取三个通车时间段：①2013年5月1日8时19分53秒至8时21分5秒；②2013年5月11日8时20分36秒至8时21分48秒；③2013年5月21日8时20分12秒至8时21分24秒。图6.3.1、图6.3.2分别给出了速度传感器计算得到的振动位移时程曲线。从图中

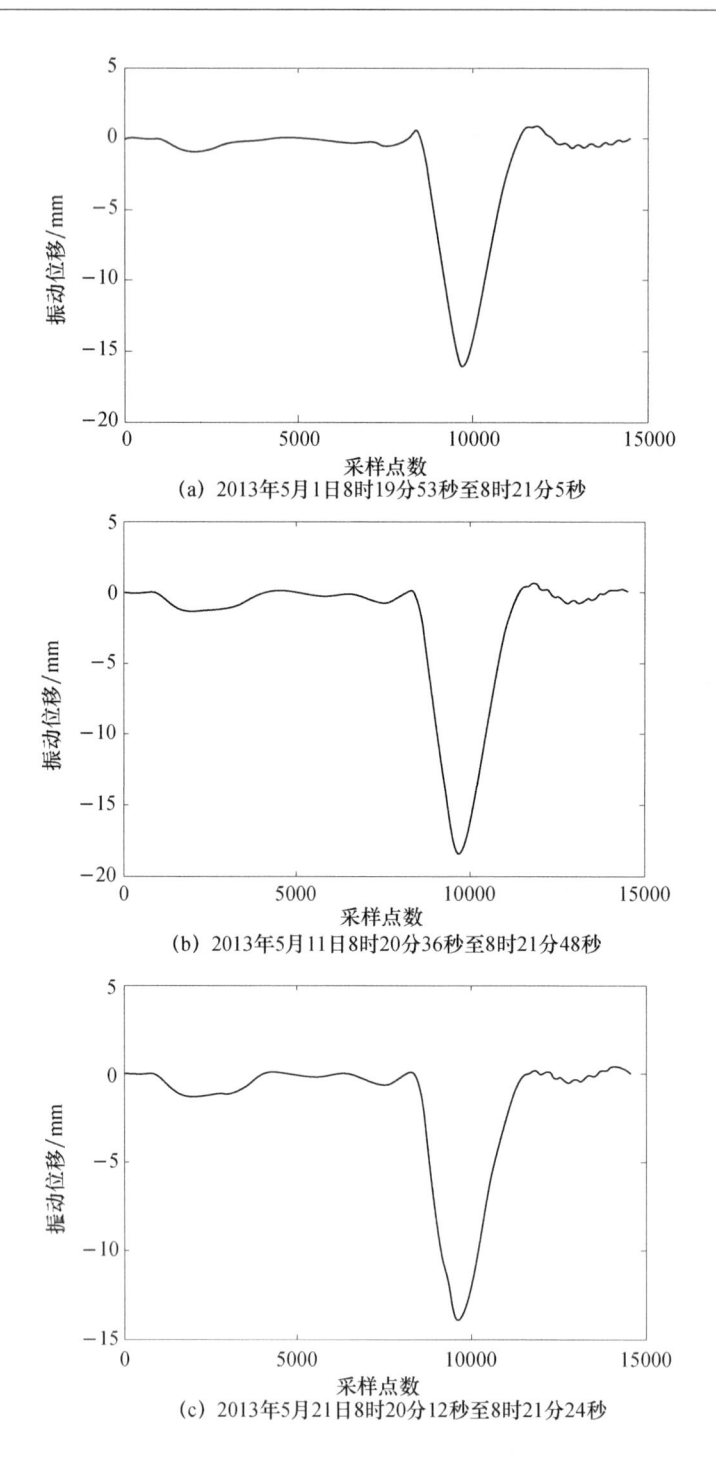

图 6.3.1　ZD-11-05 振动位移时程曲线

第 6 章 高速铁路桥梁结构振动监测与评估

(a) 2013年5月1日8时19分53秒至8时21分5秒

(b) 2013年5月11日8时20分36秒至8时21分48秒

(c) 2013年5月21日8时20分12秒至8时21分24秒

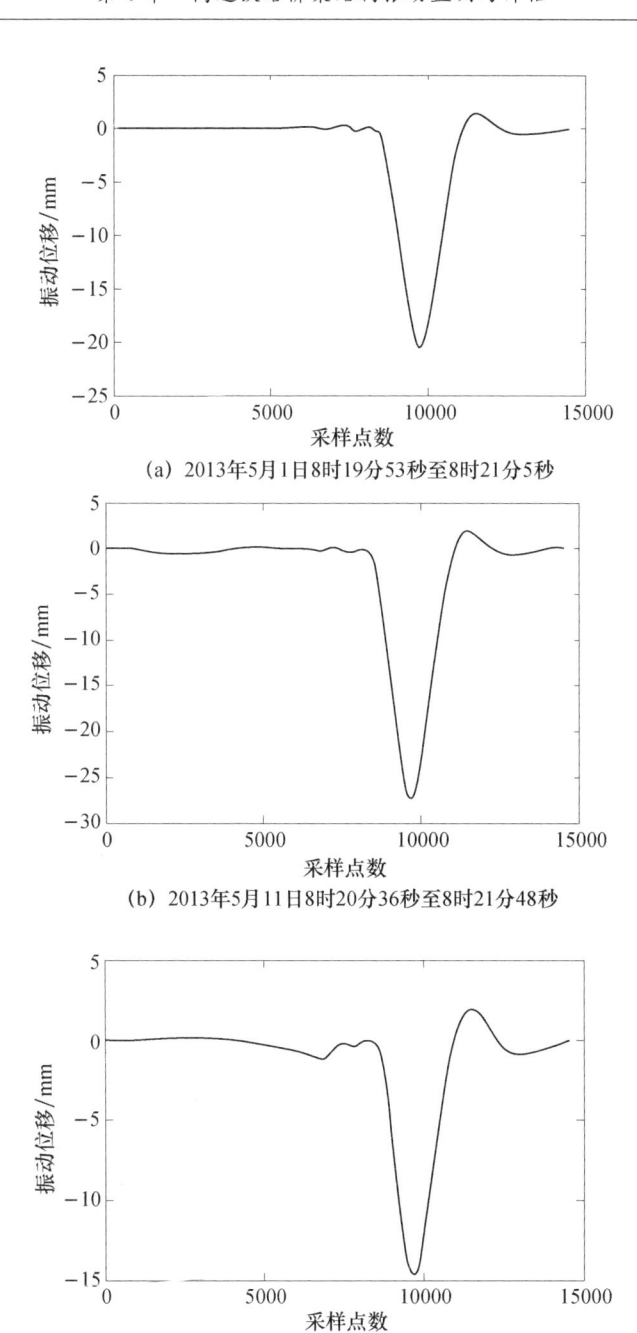

图 6.3.2 ZD-11-06 振动位移时程曲线

可以看出，高速列车通过时吊杆纵向振动位移幅值（传感器 ZD-11-05）和横向振动位移幅值（传感器 ZD-11-06）均呈现出明显的单峰曲线形式。

在吊杆振动位移时程曲线的基础上进一步计算吊杆振动位移幅值，在此基础上计算 ZD-11-05（吊杆纵向振动）和 ZD-11-06（吊杆横向振动）在 2013 年一年中所有列车通过时的振动位移幅值。振动位移幅值的长期监测结果如图 6.3.3 所示。从图中可以看出：高速列车通过时吊杆横向振动位移幅值较大，年最大值达到 418.57mm，而吊杆纵向振动位移幅值相对较小，年最大值为 51.67mm。此外，吊杆横向振动位移幅值和纵向振动位移幅值在 2013 年呈现出随机变化特性，需要在长期监测结果的基础上进一步建立振动位移幅值的概率统计分布模型。

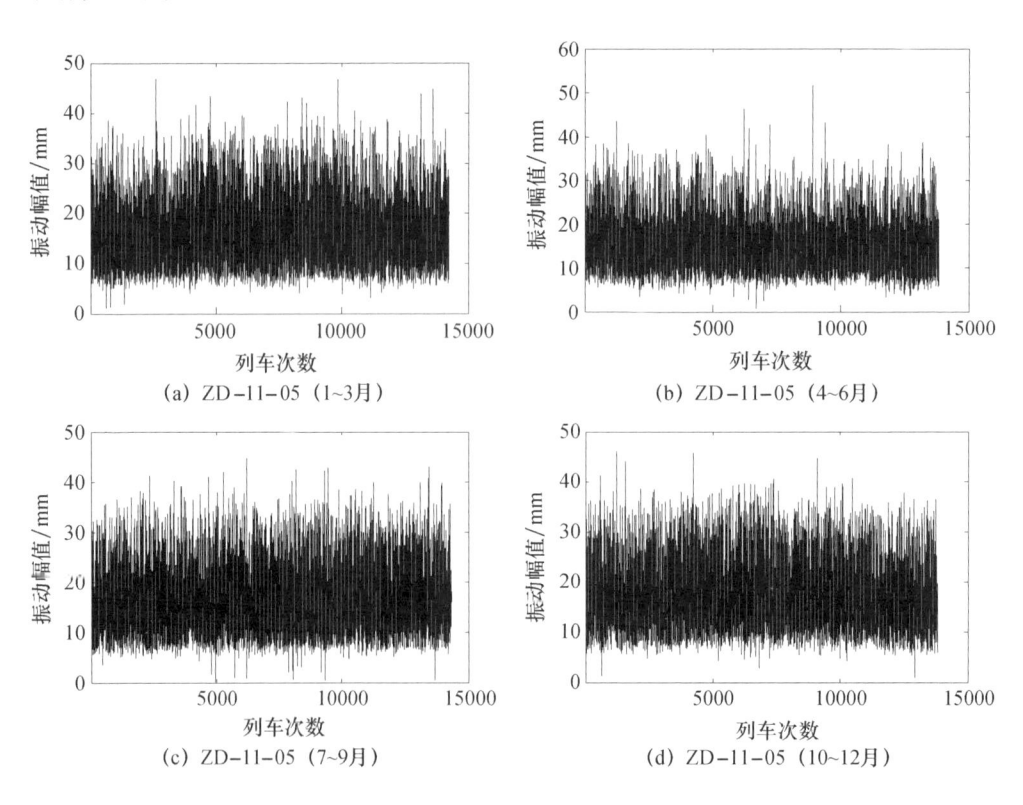

(a) ZD-11-05（1~3月）

(b) ZD-11-05（4~6月）

(c) ZD-11-05（7~9月）

(d) ZD-11-05（10~12月）

图 6.3.3 2013 年振动位移幅值的长期监测结果（一）

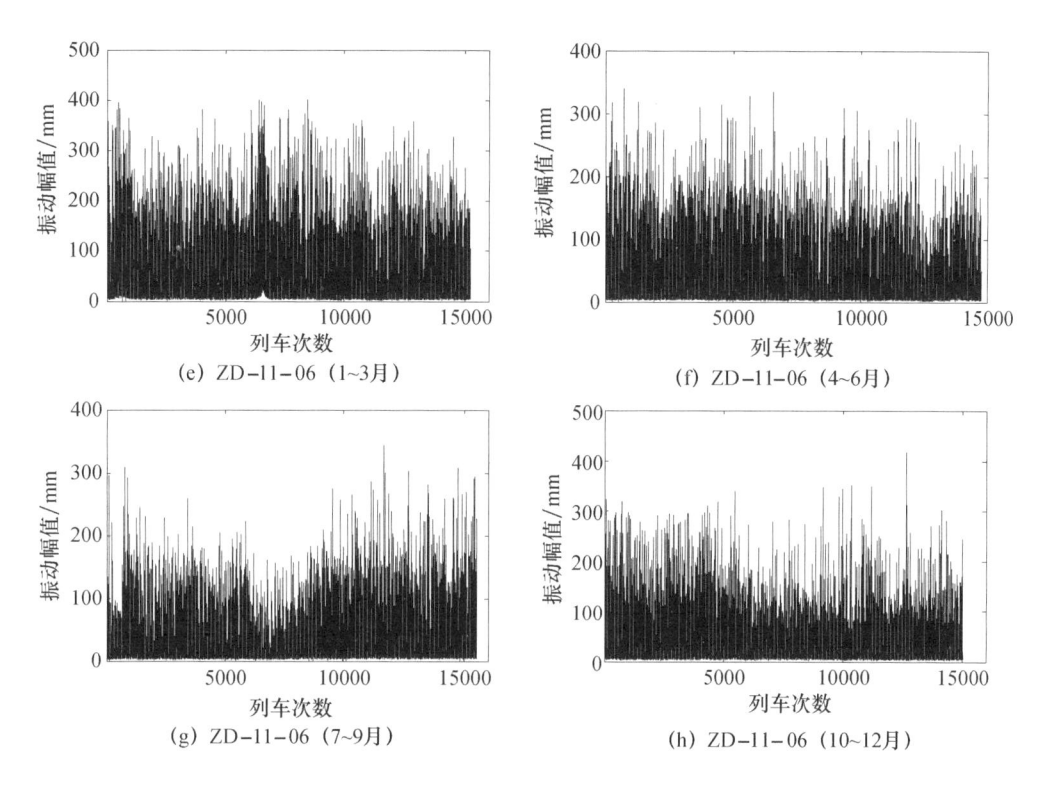

第6章 高速铁路桥梁结构振动监测与评估

(e) ZD-11-06（1~3月）

(f) ZD-11-06（4~6月）

(g) ZD-11-06（7~9月）

(h) ZD-11-06（10~12月）

图 6.3.3　2013年振动位移幅值的长期监测结果（二）

下面对吊杆横向振动位移幅值和纵向振动位移幅值进行概率统计分析。经过对多种概率密度函数的拟合优度比较，最终选用一个广义极值分布函数来描述其概率密度统计特性，其函数表达式为

$$f(T)=\frac{1}{a}\left[1+r\left(\frac{T-b}{a}\right)\right]^{-\frac{1}{r}-1}\exp\left\{-\left[1+r\left(\frac{T-b}{a}\right)\right]^{-\frac{1}{r}}\right\} \quad (6.3.1)$$

式中，r、b、a 分别是形状参数、位置参数和尺度参数。利用式 6.3.1 对振动位移幅值的概率密度进行最小二乘拟合，便可确定参数取值。基于该分析方法，吊杆纵向振动位移幅值（ZD-11-05）和吊杆横向振动位移幅值（ZD-11-06）2013年的概率密度柱状图及其广义极值分布函数拟合曲线如图 6.3.4 所示，从图中可以看出，采用广义极值

181

(a) 吊杆纵向振动位移幅值（ZD-11-05）

(b) 吊杆横向振动位移幅值（ZD-11-06）

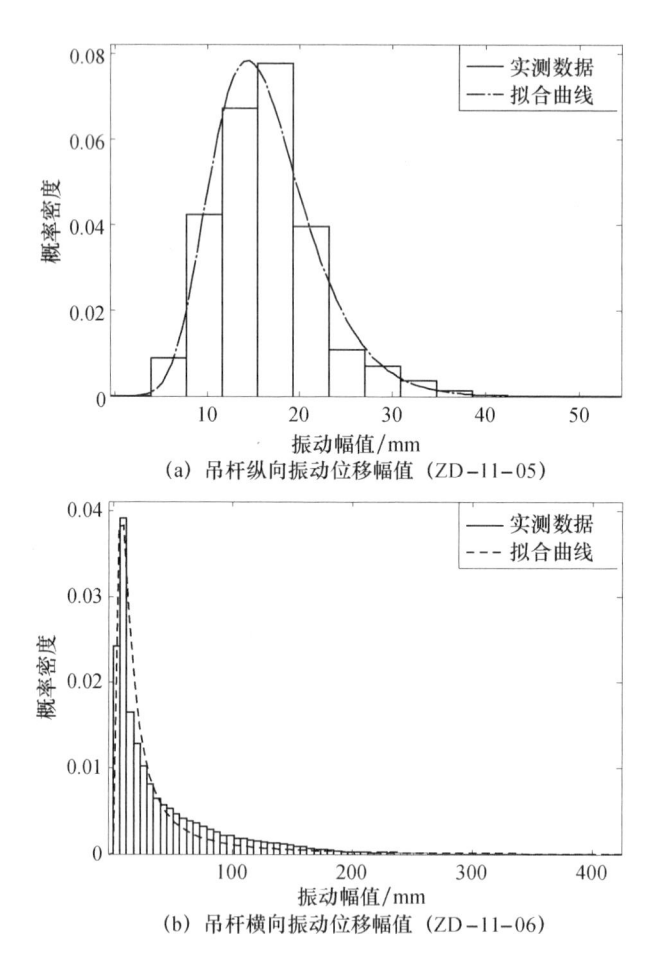

图 6.3.4　振动位移幅值在 2013 年全年的概率密度柱状图及其拟合曲线

分布函数可以较好地描述其概率密度统计特性，参数估计值如表 6.3.1 所示。

表 6.3.1　　　　　　　广义极值分布函数的参数估计值

参数估计值	纵向振动位移幅值（ZD-11-05）	横向振动位移幅值（ZD-11-06）
r	−0.0779103	0.992311
b	13.9246	12.4994
a	4.70493	12.6751

6.3.2 基于振动位移监测的吊杆振动性能退化监控方法

与大胜关大桥主梁振动性能退化监控原理相同，本节通过采用 t 检验的方法比较正常状态和退化状态下吊杆振动位移幅值的均值是否存在显著性的差异，达到吊杆振动性能退化监控的目的。

下面以吊杆纵向振动位移幅值（ZD-11-05）和吊杆横向振动位移幅值（ZD-11-06）2013年的长期监测数据为对象，考察 t 检验方法应用于吊杆振动性能退化监控的效果。计算吊杆纵向振动位移幅值（ZD-11-05）和吊杆横向振动位移幅值（ZD-11-06）的日平均值，在此基础上从总共365天的监测样本中连续抽取前250天作为训练数据，后115天则作为待检验样本。对后115天的待检验样本进行 t 检验，p 值均大于0.1，即检验结果为 H_0，表明后115天的吊杆振动性能处于正常状态。

下面对大胜关大桥后115天检验样本的吊杆振动位移幅值按下式施加一定的变化，用以模拟吊杆振动性能退化对振动位移幅值的影响

$$D = D^a - \varepsilon D_{\max}^a \tag{6.3.2}$$

式中，D^a 是振动位移幅值的实测值；D 为考虑吊杆性能退化影响的振动位移幅值；ε 为用百分比表示的退化程度；$D_{\max}^a$ 为振动位移幅值实测值的最大值。ε 取值范围为 [0.2%, 10%]。

图6.3.5分别给出了吊杆纵向振动位移幅值和横向振动位移幅值监控指标的假设检验结果。图中，竖坐标为 t 检验的 p 值，虚线左边的检验结果为 H_0，而虚线右边的检验结果为 H_1。可以看出，采用 t 检验方法可以识别吊杆纵向振动位移幅值和横向振动位移幅值的最小异常变化分别为3.2%和2.8%。

(a) 吊杆纵向振动位移幅值

(b) 吊杆横向振动位移幅值

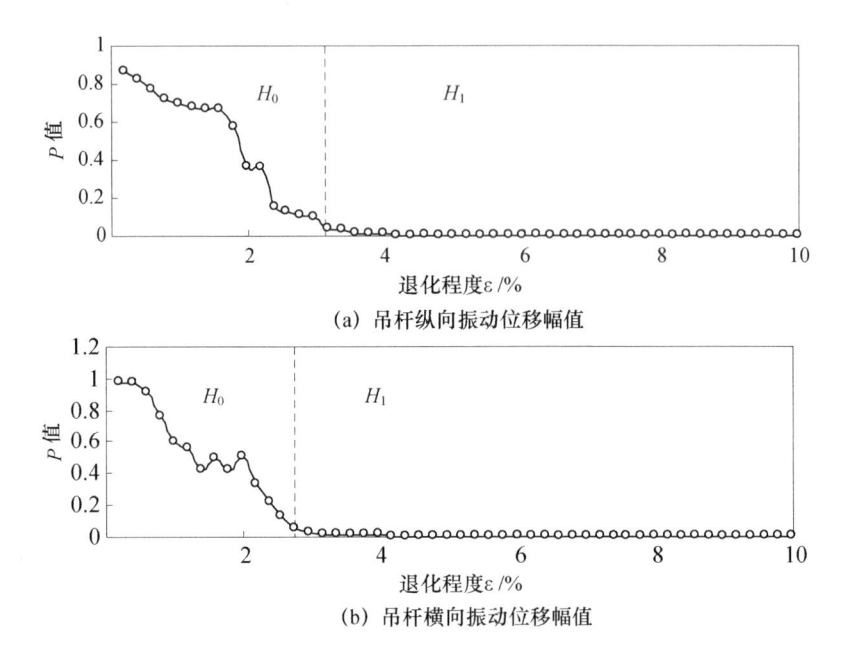

图 6.3.5　吊杆振动位移幅值的 t 检验结果

6.4　大胜关大桥主梁和吊杆振动频率监测与评估

6.4.1　桥梁振动频率识别方法

6.4.1.1　桥梁振动频率识别的基本原理

本节采用峰值拾取法确定大胜关大桥的振动频率。峰值拾取(Peak Picking，简称PP)法属于频域法，它是根据频率响应函数在结构的固有频率处出现峰值的原理，采用环境振动响应信号的功率谱代替频率响应函数以求得结构的模态参数。工程上选取一固定参考测点，其余测点与它做双通道FFT，并从频率谱图上识别出共振频率，在此频率下，各测点与参考点的幅值谱之比作为该参考点的振型相对值。该方法原理简单、识别迅速、容易操作，适用于稀疏模态的实模态参数识别。

峰值法的具体理论推导简述如下：当观测信号是加速度信号时，桥梁系统的状态空间模型可以表示为

$$\begin{cases} \dot{\boldsymbol{X}}(t) = \boldsymbol{A}_c \boldsymbol{X}(t) + \boldsymbol{B}_c \boldsymbol{U}(t) \\ \boldsymbol{Y}(t) = \boldsymbol{C}_c \boldsymbol{X}(t) + \boldsymbol{D}_c \boldsymbol{U}(t) \end{cases} \quad (6.4.1)$$

式中，$\boldsymbol{X} \in \boldsymbol{R}^{n \times l}$ 是系统状态变量，$\boldsymbol{Y} \in \boldsymbol{R}^{m \times l}$ 是观测变量，$\boldsymbol{U} \in \boldsymbol{R}^{r \times l}$ 可以视为在各个观测点上有限个环境激励，$\boldsymbol{A}_c \in \boldsymbol{R}^{n \times n}$、$\boldsymbol{B}_c \in \boldsymbol{R}^{n \times r}$、$\boldsymbol{C}_c \in \boldsymbol{R}^{m \times n}$ 和 $\boldsymbol{D}_c \in \boldsymbol{R}^{m \times r}$ 分别为系统的转移矩阵、输入矩阵、输出矩阵和直接传递矩阵。将系统的状态转移矩阵 $\boldsymbol{A}_c$ 进行特征值分解：$\boldsymbol{A}_c = \boldsymbol{\Psi} \boldsymbol{\Lambda}_c \boldsymbol{\Psi}^{-1}$。$\boldsymbol{\Lambda}_c$ 的对角线元素即 $\boldsymbol{\Lambda}_c$ 的特征值为：$\lambda_k = -\xi_k \omega_k + j \cdot \omega_k \sqrt{1 - \xi_k^2}$，$\omega_k$ 和 ξ_k 分别为系统第 k 阶的模态频率和阻尼。

平稳随机输入与输出的互相关函数等于系统的脉冲响应函数与输入的自相关函数的卷积。假设输入激励为零均值白噪声，则输入激励的谱函数为

$$\boldsymbol{S}_u(s) = \int_{-\infty}^{+\infty} \boldsymbol{R}_u(t) \mathrm{e}^{-st} \mathrm{d}t = \boldsymbol{R}_u \quad (6.4.2)$$

可以证明系统观测信号的谱函数为

$$\boldsymbol{S}_y = \boldsymbol{H}_c(s) \boldsymbol{R}_u \boldsymbol{H}_c^{\mathrm{T}}(s^*) \quad (6.4.3)$$

式中，$\boldsymbol{H}_c(s)$ 为系统的传递函数，由式 6.4.1 的 Laplace 变换得到

$$H_c(s) = \frac{Y(s)}{U(s)} = C_c(sI - A_c)^{-1} B_c + D_c \quad (6.4.4)$$

式中，$Y(s)$ 和 $U(s)$ 分别为观测信号和输入激励的 Laplace 变换。将 $H_c(s)$ 分解成极点/留数形式

$$H_c(s) = \sum_{k=1}^{n} \frac{s^2}{\lambda_k^2(s-\lambda_k)} \{v_{ck}\}\{l_{ck}^T\} \tag{6.4.5}$$

式中，$\{v_{ck}\}$ 和 $\{l_{ck}\}$ 分别为矩阵 $\boldsymbol{V}_c$ 和 $\boldsymbol{L}_c$ 的列矢量。$\{v_{ck}\} \in \boldsymbol{R}^{m \times l}$ 是相应模态的振型矢量，$\{l_{ck}\} \in \boldsymbol{R}^{m \times l}$ 为模态参与系数。将式 6.4.5 代入式 6.4.4 得到系统的功率谱

$$\boldsymbol{S}_y(s) = \left\{ \sum_{k=1}^{n} \frac{s^2}{\lambda_k^2(s-\lambda_k)} \{v_{ck}\}\{l_{ck}^T\} \right\} \boldsymbol{R}_u \left\{ \sum_{k=1}^{n} \frac{(s^*)^2}{\lambda_k^2(s^*-\lambda_k)} \{l_{ck}\}\{v_{ck}^T\} \right\}$$

$$(6.4.6)$$

从上式可以看出，当 $s = -\xi_k\omega_k + j \cdot \omega_k\sqrt{1-\xi_k^2}$ 时，$\boldsymbol{S}_y(s)$ 达到极值。因此，当各阶模态之间的间距足够大时，幅值谱 $|S_y(j\omega)|$ 的每个峰值与一个模态频率相对应，从而可得到系统的各阶模态频率。假设系统的模态频率可以较好地区分开来，那么，位于任一模态频率 ω_k 处的功率谱 $S_y(j\omega_k)$ 主要由第 k 阶的模态所决定，则可以表示如下

$$\boldsymbol{S}_y(j\omega_k) \approx \frac{\{v_{ci}\{l_{ck}^T\}\boldsymbol{R}_u\{l_{ck}^*\}\{v_{ck}^T\}\}}{(\xi_k\omega_k)^2} \tag{6.4.7}$$

从上式拾取各阶峰值所对应的频率值（决定峰值产生的主导频率），即可确定结构的各阶固有频率。

6.4.1.2 改进的桥梁振动频率识别方法

本节针对大胜关大桥主梁和吊杆的振动监测数据开展基于峰值拾取法的振动频率识别方法研究。分别采用主梁横向加速度传感器 JSD-11-04 和 JSD-15-06 的振动数据识别主梁横向振动频率，采用主梁竖向加速度传感器 JSD-11-05 和 JSD-15-07 的振动数据识别主梁

竖向振动频率，采用吊杆横向速度传感器 ZD-11-06 的振动数据识别吊杆横向振动频率，采用吊杆纵向速度传感器 ZD-11-07 的振动数据识别吊杆纵向振动频率。

以主梁振动加速度为例进行分析，图 6.4.1（a）和图 6.4.1（b）分别给出了 2013 年 1 月 1 日主梁横向加速度传感器 JSD-11-04 和竖向加速度传感器 JSD-11-05 的典型振动时程曲线，图 6.4.2（a）和图 6.4.2（b）分别给出了相应的功率谱识别结果。从图中可以看出，无论是主梁横向振动加速度或是竖向振动加速度，其功率谱均在 0.5Hz 和 1.0Hz 附近存在周期性干扰信号，并且在 0~0.2Hz 范围内存在显著的低频干扰信号。这种周期性干扰信号和低频干扰信号导致大胜关大桥实际振动频率附近的功率谱值较小，难以有效识别主梁一阶横向振动频率（计算值为 0.3244Hz）和一阶竖向振动频率（计算值为 0.3138Hz）。根据上述分析，大胜关大桥这种高速铁路桥梁的振动测试中存在明显的信号干扰，难以直接根据功率谱准确识别结构的振

(a) 横向加速度传感器 JSD-11-04

(b) 竖向加速度传感器 JSD-11-05

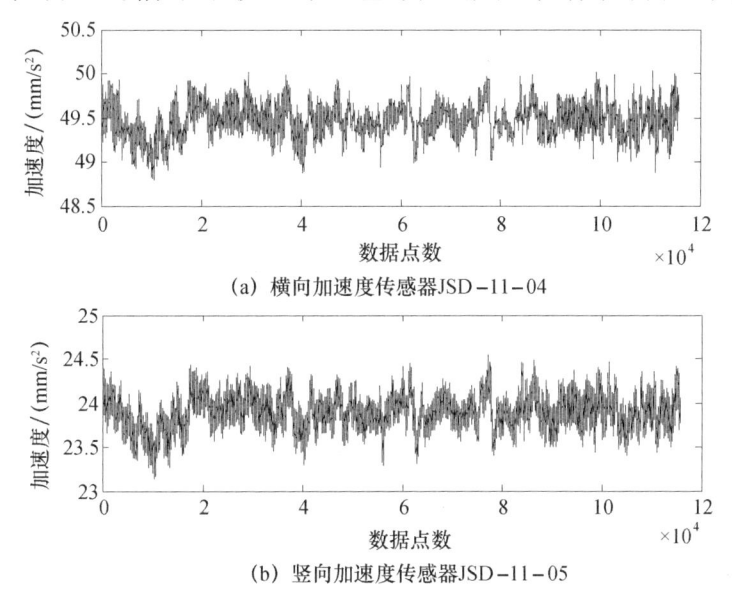

图 6.4.1　主梁典型振动监测结果

(a) 横向振动功率谱

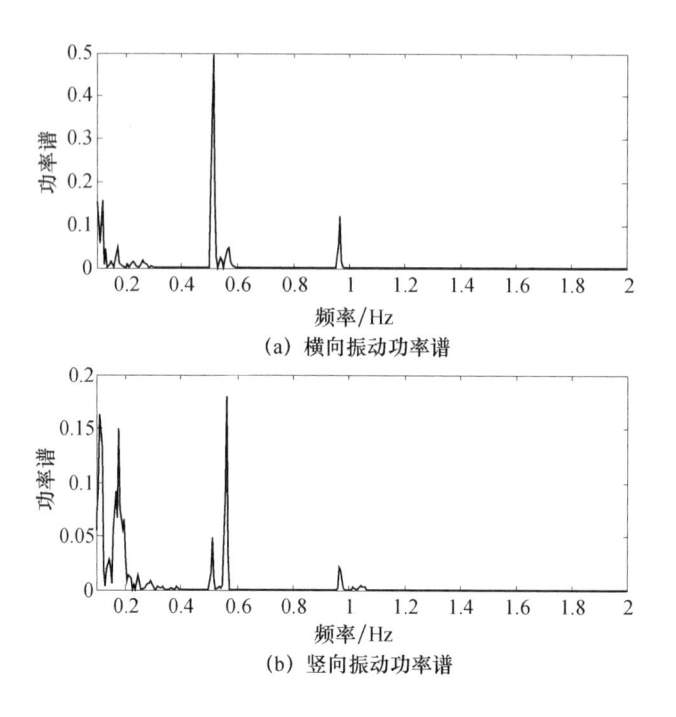

(b) 竖向振动功率谱

图 6.4.2 主梁振动功率谱识别结果

动频率。

为了提高大胜关大桥结构振动频率识别的准确性，本节将信息融合技术引入到功率谱识别中。根据信息论的观点，对于一个复杂问题而言，来自不同信息源的证据仅包含片面的、准确性存在欠缺的认识，必须对各种信息进行融合和重构才能获得对问题性质的全面把握。信息融合所采用的主要技术有：经典推理和统计方法、贝叶斯推理技术、Dempster-Shafer 证据理论（简称 D-S 证据理论）、模糊集理论等。相对于传统的概率理论和贝叶斯理论，D-S 证据理论在不确定因素处理、基于知识的证据进化、适用条件和应用范围等方面具有明显优势。因此，本节采用 D-S 证据理论对大胜关大桥的功率谱识别方法进行改进[4-6]。

D-S 证据理论的基本原理是：设 m_1 和 m_2 分别为两信息源对应的

基本概率赋值，焦元分别为 $A_1, A_2, \cdots, A_k$ 和 $B_1, B_2, \cdots, B_k$，又设

$$K_1 = \sum_{A_i \cap B_j = \phi} m_1(A_i) m_2(B_j) < 1 \tag{6.4.8}$$

则两信息源的组合为

$$m(C) = \begin{cases} \sum_{A_i \cap B_j = C} m_1(A_i) m_2(B_j)/(1-K_1) & (\forall C \subset U \quad C \neq \Phi) \\ 0 & (C = \Phi) \end{cases} \tag{6.4.9}$$

从信息融合的角度分析，假设从振动测试中采集了 n 个结构动力响应（测试样本），每个测试样本识别的功率谱都能一定程度上反映结构振动特性，但每个测试样本的辨识能力都是有限的，即在信号干扰等复杂不确定因素影响下仅能从一个侧面反映结构的真实状态，此时若采用信息融合技术从所有测试样本识别的功率谱中抽取有效信息并对其重构，则可以获得对结构动力特性更为准确的描述，从而提高功率谱识别鲁棒性。

根据上述方法，本节对主梁竖向加速度和横向加速度以及吊杆纵向速度和横向速度数据采用信息融合技术进行功率谱识别。图 6.4.3 至图 6.4.6 给出了采用信息融合技术和未采用信息融合技术的功率谱识别结果。从图中可以看出，未采用信息融合技术时，振动信号的干扰导致多次识别的功率谱较为紊乱，无法有效确定结构振动频率，而采用信息融合技术识别的功率谱能够通过集合不确定性提取有效信息，并较大限度地区分不同量值所代表的函数状态信息，从而可以准确识别结构振动频率。因此，采用 D-S 证据理论对少量测试样本进行信息融合就可以有效地降低功率谱识别结果的波动性，这表明该方法适用于高速铁路桥梁这类存在强信号干扰的结构振动频率识别。从图 6.4.3（b）至图 6.4.6（b）可以看出，吊杆横向振动的识别频率为 2.808 Hz，

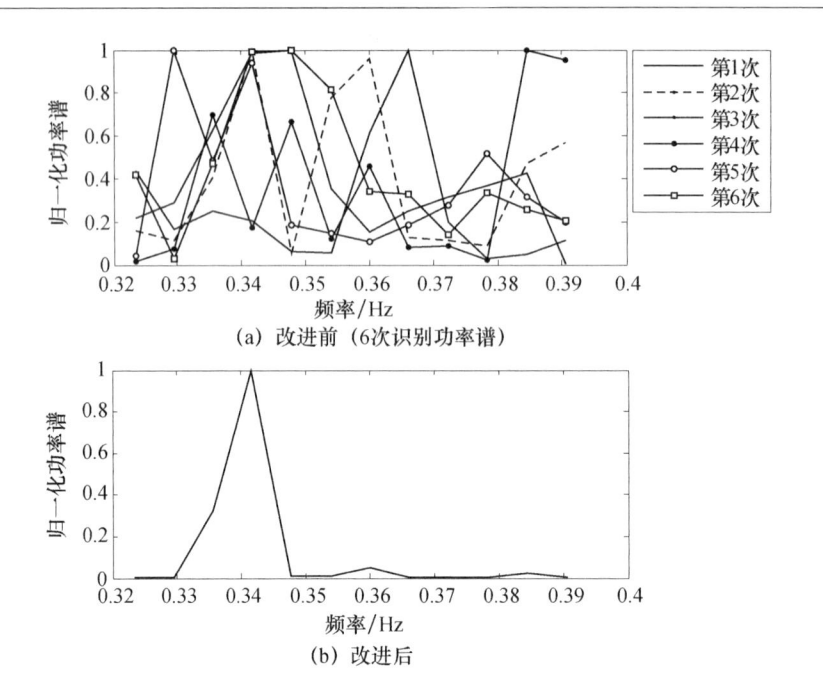

图 6.4.3 主梁横向振动功率谱的改进识别结果

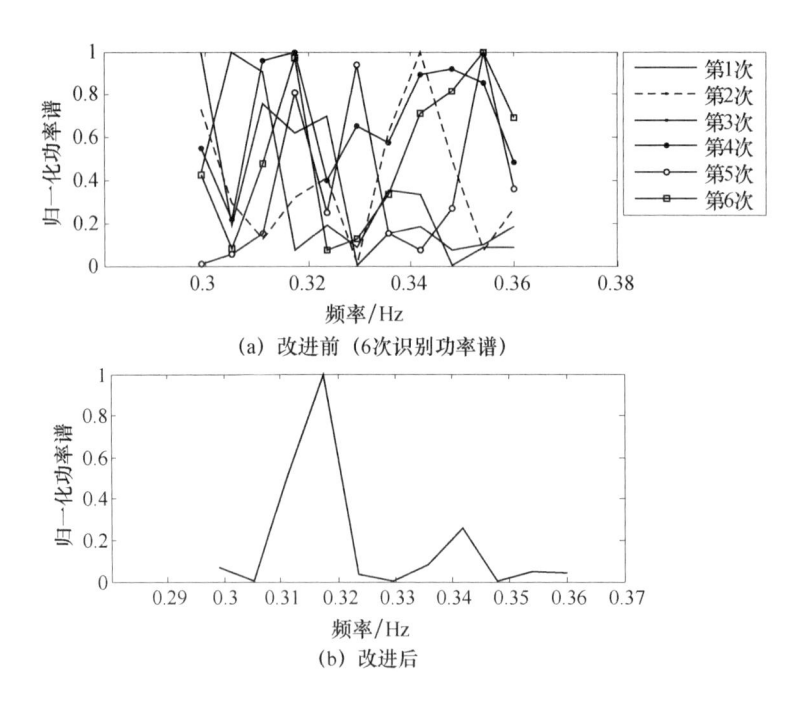

图 6.4.4 主梁竖向振动功率谱的改进识别结果

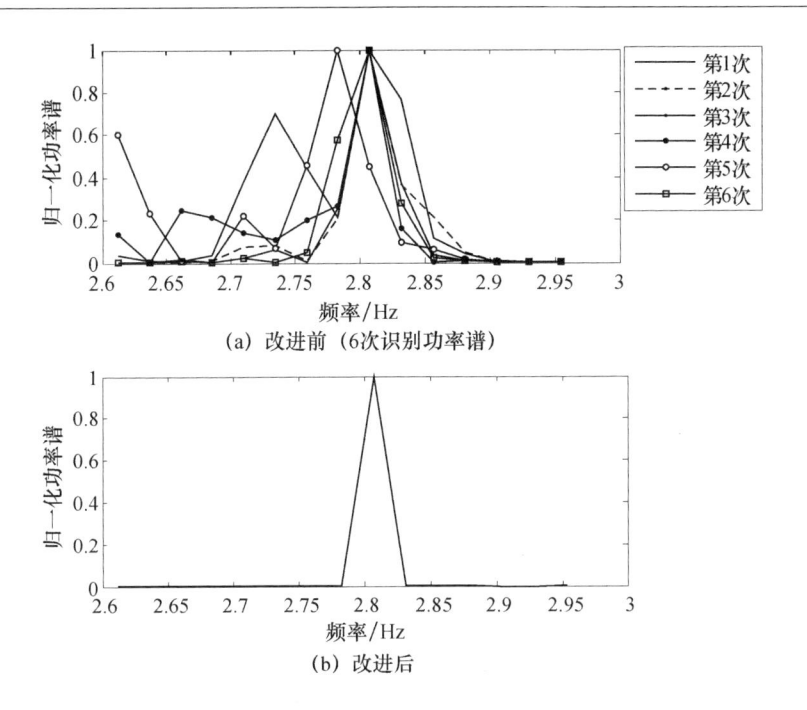

图 6.4.5 吊杆横向振动功率谱的改进识别结果

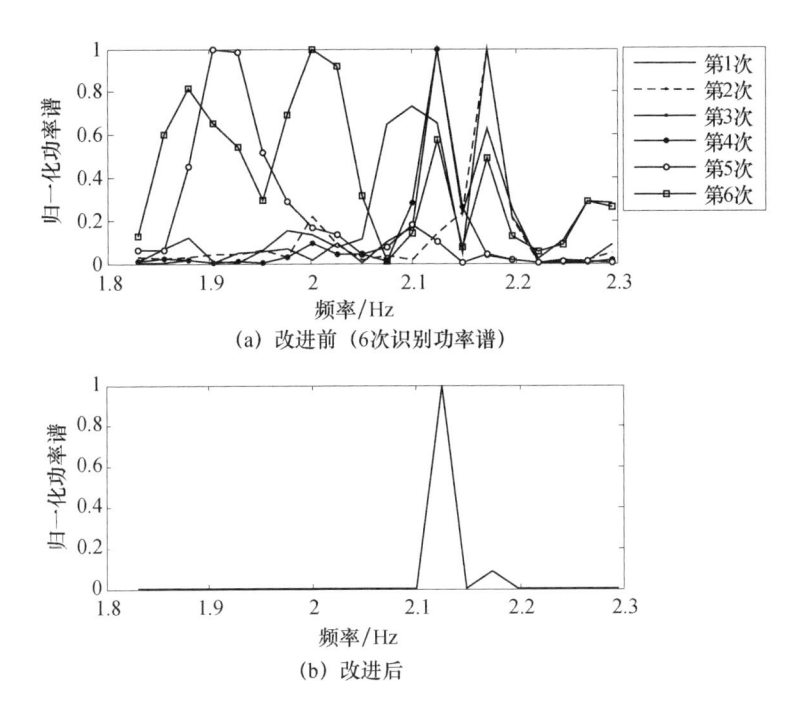

图 6.4.6 吊杆纵向振动功率谱的改进识别结果

文献[7]中横向振动频率 2.73Hz；吊杆纵向振动的识别频率为 2.124Hz，文献[7]中纵向振动频率为 2.11Hz；主梁一阶横向振动频率为 0.3418Hz，文献[8]中横向振动频率为 0.3244Hz；主梁一阶竖向振动频率为 0.3174Hz，文献[8]中竖向振动频率为 0.3138Hz。可以看出，上述主梁和吊杆振动频率的准确识别为后续开展主梁和吊杆振动频率的长期监测与评估提供了分析基础。

6.4.2 主梁和吊杆振动频率的长期监测结果

采用6.4.1节主梁和吊杆振动频率的识别方法，对2013年主梁和吊杆振动频率进行长期识别和分析，在此基础上得到主梁和吊杆振动频率的日平均值。图6.4.7给出了主梁一阶横向振动频率和一阶竖向

(a) 主梁一阶竖向振动频率

(b) 主梁一阶横向振动频率

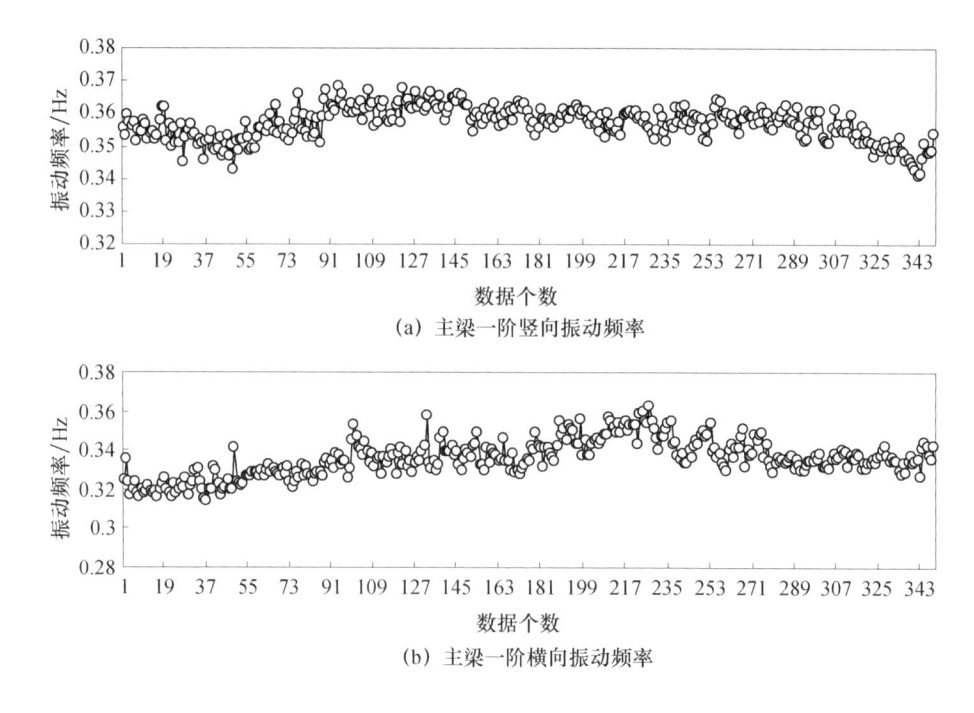

图 6.4.7 2013年主梁振动频率的长期监测结果

振动频率日平均值的长期监测结果，图 6.4.8 给出了吊杆一阶横向振动频率和一阶竖向振动频率日平均值的长期监测结果。从图中可以看出，无论是主梁振动频率或是吊杆振动频率，振动频率变化趋势总体稳定，主梁一阶竖向振动频率和一阶横向振动频率分别在 0.342～0.368Hz 和 0.314～0.362Hz 范围内呈现出随机变化特性，而吊杆一阶纵向振动频率和一阶横向振动频率分别在 2.12～2.13Hz 和 2.775～2.785Hz 范围内呈现出随机变化特性，需要在长期监测结果的基础上进一步建立振动频率的概率统计分布模型。

(a) 吊杆一阶纵向振动频率

(b) 吊杆一阶横向振动频率

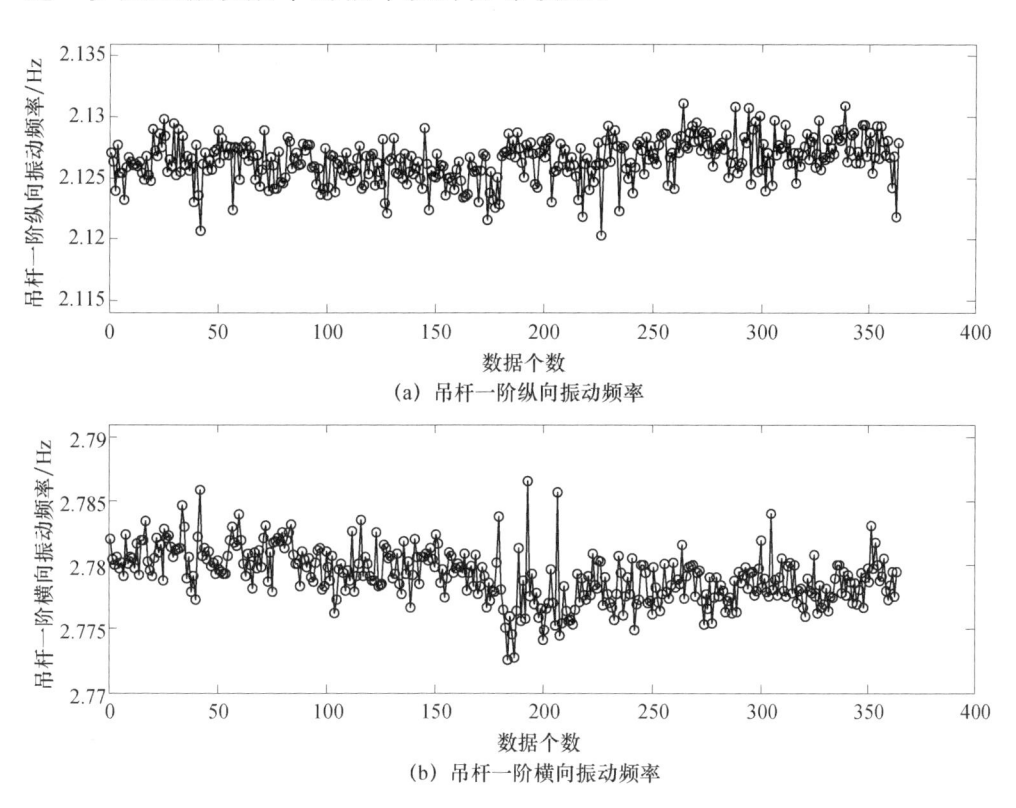

图 6.4.8　2013 年吊杆振动频率的长期监测结果

下面对主梁和吊杆的振动频率长期监测结果进行概率统计分析。经过对多种概率密度函数的拟合优度比较，最终选用一个广义极值分

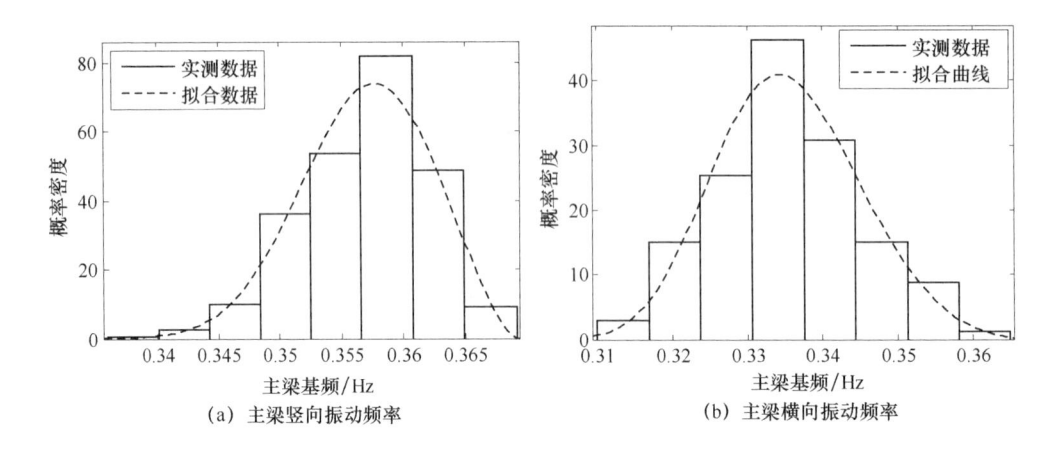

图 6.4.9　主梁振动频率在 2013 年全年的概率密度柱状图及其拟合曲线

布函数来描述其概率密度统计特性。利用式 6.3.1 对振动频率的概率密度进行最小二乘拟合，便可确定参数取值。基于该分析方法，主梁竖向振动频率和横向振动频率 2013 年的概率密度柱状图及其广义极值分布函数拟合曲线如图 6.4.9 所示，而吊杆的纵向振动频率和横向振动频率 2013 年的概率密度柱状图及其广义极值分布函数拟合曲线如图 6.4.10 所示。从图中可以看出，采用广义极值分布函数可以较好地描述其概率密度统计特性，参数估计值如表 6.4.1 所示。

表 6.4.1　广义极值分布函数的参数估计值

参数估计值	主梁竖向振动频率	主梁横向振动频率
r	−0.3932	−0.2344
b	0.0055	0.0093
a	0.3553	0.3319
参数估计值	吊杆纵向振动频率	吊杆横向振动频率
r	−0.2079	−0.3226
b	2.7784	2.1259
a	0.0020	0.0018

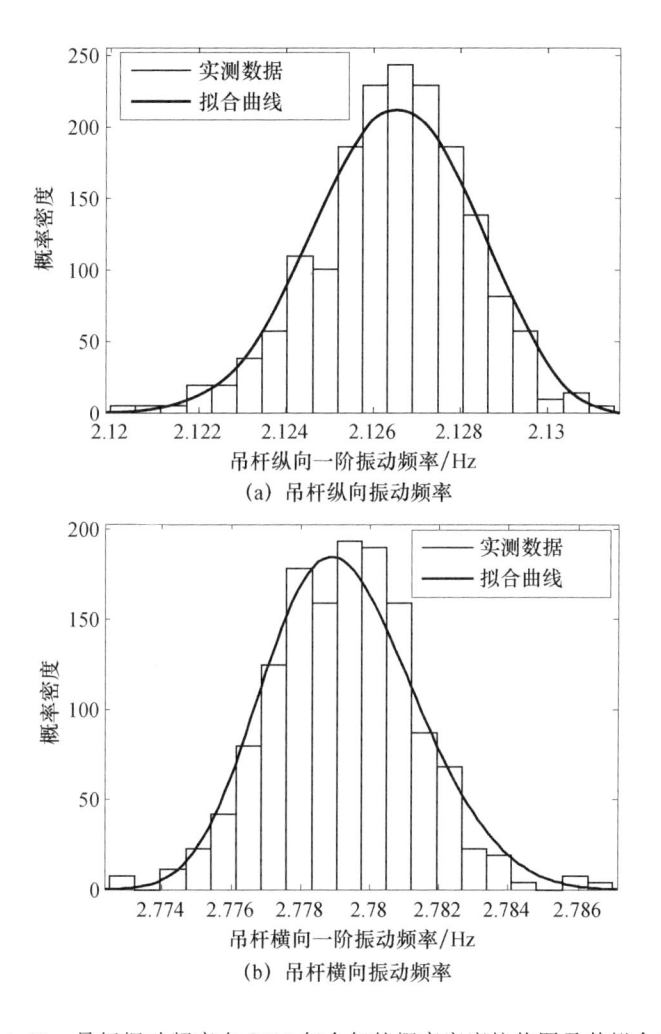

图 6.4.10　吊杆振动频率在 2013 年全年的概率密度柱状图及其拟合曲线

6.4.3　基于振动频率监测的主梁和吊杆振动性能退化监控方法

与大胜关大桥主梁振动性能退化监控原理相同，本节通过采用 t 检验的方法比较正常状态和退化状态下主梁和吊杆振动频率的均值是否存在显著性的差异，达到主梁和吊杆振动性能退化监控的目的。

下面以主梁和吊杆振动频率 2013 年的长期监测数据为对象，考察

t 检验方法应用于主梁和吊杆振动性能退化监控的效果。从主梁总共 349 天的监测样本中连续抽取前 200 天作为训练数据,后 149 天则作为待检验样本;从吊杆总共 365 天的监测样本中连续抽取前 250 天作为训练数据,后 115 天则作为待检验样本。对主梁和吊杆的待检验样本进行 t 检验,p 值均大于 0.1,即检验结果为 H_0,表明主梁和吊杆振动性能处于正常状态。

下面对大胜关大桥主梁和吊杆待检验样本的振动频率按下式施加一定的变化,用以模拟主梁和吊杆振动性能退化对振动频率的影响

$$f = f^a - \varepsilon f^a_{\max} \tag{6.4.10}$$

式中,f^a 是振动频率的实测值;f 为考虑主梁和吊杆性能退化影响的振动频率值;ε 为用百分比表示的退化程度;$f^a_{\max}$ 为振动频率实测值的最大值。ε 取值范围为 [0.2%,10%]。

图 6.4.11 和图 6.4.12 分别给出了主梁和吊杆振动频率监控指标的假设检验结果。图中,竖坐标为 t 检验的 p 值,虚线左边的检验结

(a) 主梁一阶竖向振动频率

(b) 主梁一阶横向振动频率

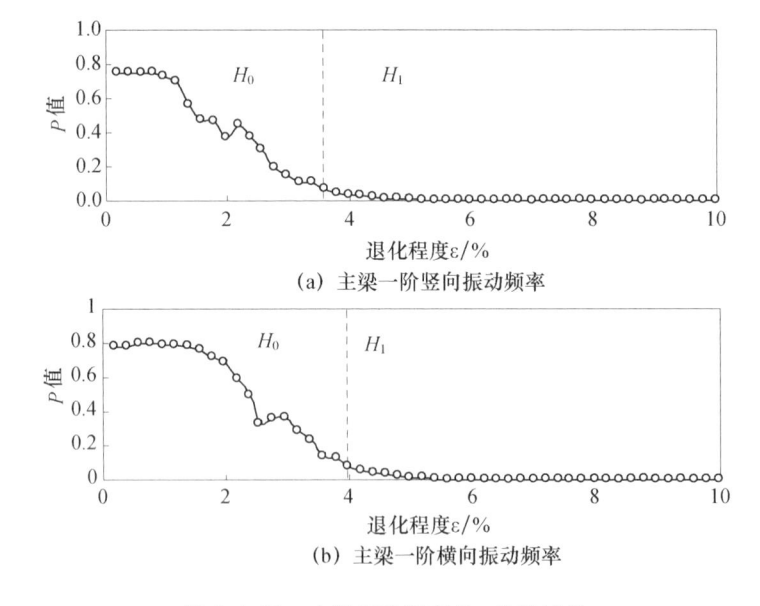

图 6.4.11 主梁振动频率的 t 检验结果

果为 H_0，而虚线右边的检验结果为 H_1。可以看出，采用 t 检验方法可以识别主梁竖向振动频率和横向振动频率的最小异常变化分别为 3.6% 和 4.0%，可以识别吊杆纵向振动频率和横向振动频率的最小异常变化分别为 3.4% 和 2.6%。

(a) 吊杆一阶纵向振动频率

(b) 吊杆一阶横向振动频率

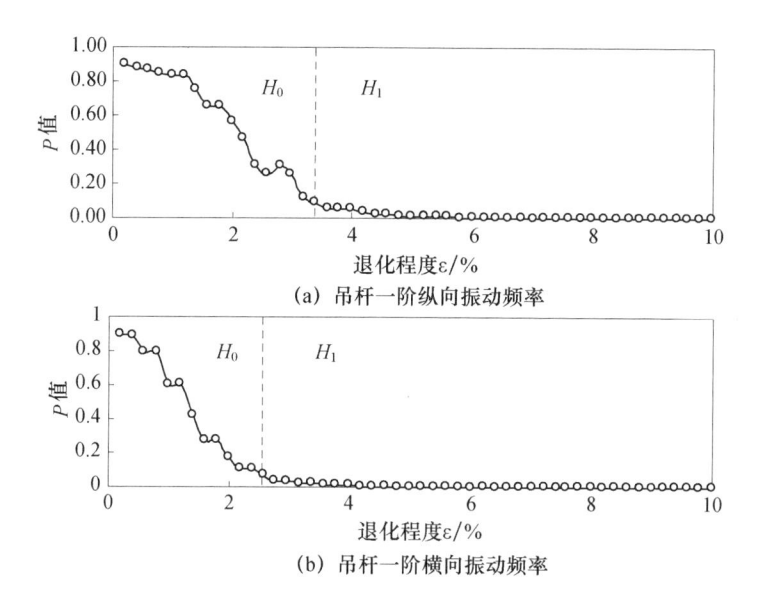

图 6.4.12　吊杆振动频率的 t 检验结果

6.5　本 章 小 结

本章以大胜关大桥 2013 年的主梁和吊杆振动监测位移对研究对象，开展高速列车通过时大胜关大桥主梁和吊杆的振动加速度、振动位移和振动频率分析，在此基础上建立基于振动监测的主梁和吊杆振动性能退化监控方法。分析结果表明：

(1) 大胜关大桥主梁加速度幅值特性与列车速度的相关性较差，而不同测点间加速度均方根值的相关性较好。对于横向加速度和竖向加速度而言，加速度均方根值互相关性的二次项系数符合 Logistic 分布特性。在此基础上采用 t 检验的方法监测均方根互相关性的二次项系数的异常变化。计算表明，采用 t 检验方法可以识别横向加速度二次项系数的最小异常变化分别为 8.6% 和 5.0%，可以识别竖向加速度二次项系数的最小异常变化分别为 2.0% 和 1.0%。

(2) 高速列车通过时大胜关大桥吊杆横向振动位移幅值较大，而吊杆纵向振动位移幅值相对较小。长期监测结果表明，采用广义极值分布函数可以较好地描述吊杆横向振动位移幅值和纵向振动位移幅值的概率密度统计特性。在此基础上，采用 t 检验方法可以识别吊杆纵向振动位移幅值和横向振动位移幅值的最小异常变化分别为 3.2% 和 2.8%。

(3) 大胜关大桥主梁和吊杆振动功率谱受信号干扰较为明显，为此，基于 D-S 证据理论建立了功率谱改进识别方法，该方法适用于铁路桥梁这类存在信号通信干扰的结构振动频率识别。长期监测结果表明，采用广义极值分布函数可以较好地描述主梁和吊杆振动频率的概率密度统计特性。在此基础上，采用 t 检验方法可以识别主梁竖向振动频率和横向振动频率的最小异常变化分别为 3.6% 和 4.0%，可以识别吊杆纵向振动频率和横向振动频率的最小异常变化分别为 3.4% 和 2.6%。

参 考 文 献

[1] 周传荣，赵淳生. 机械振动参数识别及其应用. 北京：科学出版社，1989.
[2] 傅志方. 振动模态分析与参数辨识. 北京：机械工业出版社，1990.
[3] 刘习军，贾启芬. 工程振动理论与测试技术. 北京：高等教育出版社，2004.
[4] 张清华，李乔，唐亮. 基于证据理论的结构损伤识别方法研究. 振动工程学报，2007，20 (2)：200—205.
[5] 丁幼亮，李爱群，邓扬. 小波包分析和信息融合在结构损伤预警中的联合应用. 工程力学，2010，27 (8)：72—76.

[6] 刘涛,李爱群,赵大亮,等. 改进模态应变能法在混凝土组合箱梁桥损伤诊断中的应用. 工程力学,2008,25(6):44—50.

[7] 李荣庆,朱世峰,李东超. 新型吊杆减振器(TLMD)在南京大胜关长江大桥中的应用. 世界桥梁,2012,40(6):68—72.

[8] 京沪高速铁路南京大胜关大桥工程主桥计算报告. 中铁大桥勘测设计院有限公司,2007.